钱基博 著

中国文学史

新校本

下

第六编　近代文学

第一章　明　文

第一节　总　论

近代文学之有明，如近古文学之有唐；盖承前代文学之极王而厌以别开风气者也。明有何景明、李梦阳之复古以矫唐宋八家之庸懦，犹唐有韩愈、柳宗元之复古以救汉、魏、六朝之缛靡。唐有裴度、段文昌等扬六朝之颓波；亦与明有唐顺之、归有光辈振八家之坠绪，仿佛差似。大抵宋元以来，文以平正雅驯为宗，其究渐流于庸肤。庸肤之极，不得不变而求奥衍。何李之起，文以沉博奥峭为尚，其极渐流于虚愊。虚愊之过，不得不返而求平实。一张一弛，盖理势之自然。然汉魏之声，由此高论于后世，而与韩愈、欧阳修争长；唐宋之文运，于是乎变，迁流以至晚明。钱谦益、艾南英准北宋之矩矱；张溥、陈子龙撷东汉之芳华，旗鼓相当而文，亦斐然有彩。明文源流，大抵如此。今博考诸家之集，参以众论，录其著者。

第二节　杨维桢　宋濂附张孟兼
刘基附王祎　徐一夔　胡翰　苏平仲

　　明太祖起自畎亩，开国文臣，首称金华宋濂字景濂；次则青田刘基字伯温。其时前朝文学家，风流照映，独推会稽铁崖杨维桢字廉夫为首，其生平行事已见于前。有大名于时。诗擅一时之雄，号铁崖体。其为诗以奇谲兀鼻，自辟町畦；而文则文从字顺，演迤澄泓。传有《东维子文集》三十一卷，附录一卷（《四部丛刊》景印江南图书馆藏鸣野山房钞本），其中文二十八卷。维桢遨嬉同尘，而自谓无所浼于世也。

　　维桢文有《竹夫人传》以见志曰：

　　　夫人，竹氏，名茹，字珍珑，自号抱节君。其先为孤竹君之子曰智，谏武王伐纣，不听，遂不食周粟，饿于首阳山。且死，以其族告曰："吾不食死。百年后，当有不食饮者为吾女氏以救世之浊热，然未尝如锁子妇之騴其节也。"越若干世，为宋之元祐年，果生夫人。夫人生而瘠如簬器，成将作匠之罗织；巧慧其中，玲珑空洞无他肠。又善滑稽圆转；虽与人狎，其情邈，亦如木偶氏。诮夫人者无螽斯分；而善之者，则无内荒长舌之祸也。尝见聘赵氏子充家奴畜之。豫章黄太史庭坚闻其人，作诗雪之，以为："憩臂体膝，辱夫人；而况又奴之乎？"夫人亦犯而不校。夫人自以家世素青节，终耻屈身于人。铅华眉黛，弗之御矣；荆钗棘簪之微，一皆弃斥。而王后嫔妃下至公卿百执事，无不器重之。召亦无不往，然所在抱节，终身未尝少污其洁。先是得长生久视术于羿娥氏，用能辟谷导引以应鼻祖氏之言。其踪迹诡秘，当炎而出，方秋节遁去，或谓尸解，不知其终。

史氏曰：庄周称："姑射山有神人，肌肤若冰雪，绰约若处子。"夫人岂其流亚欤？惟其辟谷不食饮，故老不死，人疑为女仙。后人有见于葛陵者，与壶丈人同蜕去云。

其辞坦迤，绝无雕藻淫艳之态。维桢之为《鹿皮子文集序》曰："言有高而弗当，义有奥而弗通，若是者，后世有传焉？无有也。又况言庞而弗律，义淫而无轨者乎？"是其为文，言求有当而合于文律，义求能通而避淫僻。宋濂志其墓，谓"非先秦两汉弗之学，久与俱化，见诸论撰，如睹商敦周彝，云雷成文，而寒光横逸，夺人目睛"；则有过情之誉矣。维桢之文，虽其志在力驾宋人而卒未能力破宋人之藩篱，气畅而词适，亦不堕恶道，尚未能与韩柳争长，而比之于先秦两汉之文，则不相类。故其文故与宋濂同其冲融清遒夷犹耳。惟维桢词笔瘦拗，而濂则才章富健，则又不同。

元末文章以浦阳吴莱字立夫、浦江柳贯字道传、金华黄潘字晋卿为一朝之后劲。而宋濂初从莱学，又学于贯与潘，其授受具有源流。自少至老，未尝一日去书卷，于学无所不通，下笔缊缊不能自休。及事明太祖，在朝郊社宗庙山川百神之典，朝会宴享律历衣冠之制，四裔贡赋赏劳之仪，旁及元勋巨卿碑记刻石之辞，咸以委濂，屡推为开国文臣之首。士大夫造门乞文者后先相踵。外国贡使亦知其名，每问宋先生无恙。高丽、安南、日本至出兼金购文集。修《元史》，充总裁官。累官翰林院学士；四方学者悉称为"太史公"，不以姓氏。为文章醇深演迤，而乏裁剪之功；体流沿而不返，词枝蔓而不修，此其短也。吴莱恃气纵横，笔情闳肆；论者谓他人患其浅陋，而莱独患其宏博。濂则得法于莱，而以才多为累，亦与同讥。惟莱雄崭矫举而失之矜张，濂则敷腴朗畅而不免冗芜；顾笔力遒足以自振，故不以冗芜为病。传有《宋学士文集》七十五卷（《四部丛刊》影印明正德间张潛刻本，内分《銮坡集》，即《翰苑前集》、《翰苑后集》，又《翰苑续集》、《翰苑别集》、《芝园集》、《芝园后集》、《朝京稿》），又《宋文宪全集》五十三卷，卷首四卷（清嘉庆间严荣刻本）。其为《竹溪逸民传》曰：

> 竹溪逸民者，幼治经，长诵百家言；造文蔚茂喜驰骋，声闻烨烨起荐绅间。意功名可以赤手致。忽抵掌于几曰："人生百岁，能几旦暮？所难遂者适意尔，他尚何恤哉！"乃戴青霞冠，披白鹿裘，不复与尘事接。所居近大溪，篁竹翛翛然生。当明月高照，水光潋滟，共月争清辉。逸民辄腰短箫，乘小舫，荡漾空明中；箫声挟秋气为豪，直入无际，宛转若龙鸣深泓，绝可听。箫已，逸民叩舷歌曰："吹玉箫兮弄明月，明月照兮头成雪。头成雪兮将奈何，白沤起兮冲素波。"人见之，叹曰："是诚世外人也。欲常见且不可得，况狎而近之乎！"性嗜鞠，种之满园，顾视若孩婴；黄花一开，独引觞对酌，日入不倦。人让其留物。怒曰："举世无知我，知我惟此花尔。一息自怡，尚可谓滞于物耶？"复爱梅；梅孕绿萼微吐，赤脚踏雪中若温，见辄凝视移时，目不瞬，且大言曰："知我者惟鞠；鞠已谢我去，幸汝梅继之。汝梅脱又谢我去，我当上白鹤山采五芝耳！"白鹤山盖溪上诸峰云。

> 逸民年五十，益恬泊无所系；间私谓其友曰："吾于

世味愈孤矣,将渔于山樵于水矣。"其友疑其诞。逸民曰:"樵于水,志岂在薪?渔于山,志岂在鱼?是无所利也。无所利,乐矣。子以予果滞于梅与鞠耶?"君子以其语近道,有类于古隐者,相与传其事。逸民所未尝言,则无从知之矣。逸民,陈姓,泂其名,乌伤人。

史官曰:昔者李白与孔巢父等六人隐居徂徕山,世仰之以为不可狎近,因号为竹溪六逸。寥寥七百年后,而逸民亦以竹溪自名,若出一辙。岂闻风而兴起欤?纵曰其地或殊,人之众独有异;高风绝尘,照映后先,其安有不同者欤?士之沉酣声利而弗返者,盍亦知所自警欤!夫自范蔚宗著《后汉书》以隐逸登诸史传,历代取法而莫之废者,其意又岂无所激欤?虽然,逸民之自为则善矣。

或以濂一代文宗,比之宋之有欧阳修,而文章实非其伦。欧阳态有余妍,而出之容与闲易。濂则笔无剩肆,而好为纵横驰骤。欧裕于养,濂逞其才。刘基负气甚豪,明太祖尝以文学之臣为问。基对曰:"当今文章第一,舆论所属,实在翰林学士臣濂。其次臣基,不敢他有所让,又次则太常丞臣孟兼。"孟兼,张氏,名丁,以字行,浦江人,传有《白石山房逸稿》二卷(南京龙蟠里图书馆藏有钞本);其诗文温雅清丽,而奇气烨然,不可掩抑,亦以追踪于濂。宜基有以亟称之也。

刘基雄迈有奇气,而宋濂自命儒者。然基炼气入遒,而不为濂之泛滥;又造辞欲洁,亦不如濂之曼衍。濂蛟腾凤起,其文赡;基剑气珠光,其辞崄。清臣修《明史·基传》,称:"基所为文章,气昌而奇。"奇则有之,昌非所尚。而《四库全书提要》则曰:"濂文雍容浑穆,如天闲良骥,鱼鱼雅雅,自中节度。基文神锋四出，如千金骏足，飞腾飘瞥，蓦涧注坡；虽皆极天下之选，而以德以力，则有间矣。"此亦似是而非之论。其实濂闳放若有余肆，差似雍容，未为浑穆。而基则敛抑如恐绝尘，自中节度，岂欲飞腾。一肆一遒，其大较也。基博通古今，文章精卓；传有《诚意伯刘文成公文集》二十卷（《四部丛刊》影印明隆庆壬申刻本，又清乾隆丙子刻本）；其中《郁离子》二卷，杂文六卷。而《郁离子》者，在元季屏居青田山时所著之书，发愤而有作，正名察治，托物取譬，以自命一家言者也。其辞曰：

> 楚太子以梧桐之实养枭而冀其凤鸣焉。春申君曰："是枭也，生而殊性，不可易也。食何与焉？"朱英闻之，谓春申君曰："君知枭之不可以食易其性而为凤矣。而君之门下，无非狗偷鼠窃亡赖之人也，而君宠荣之，食之以玉食，荐之以珠履；将望之以国士之报。以臣观之，亦何异乎以梧桐之食养枭而冀其凤鸣也？"春申君不寤，卒为李园所杀，而门下之士无一人能报者。（《千里马篇》）

> 郁离子曰："貀之智，其出于庶兽者乎？呜呼！岂独兽哉，人之无知也，亦不如之矣。故貀之力，非虎敌也，而独见焉则避；及其朋之来，则相与犄角之。尽虎之力，得一貀焉，未暇顾其后也，而犄之者至矣。虎虽猛，其奚以当之？长平之役，以四十万之众，投戈甲而受死，惟其知之不如貀而已。"（《鲁般篇》）

> 瓠里子自吴归粤。相国使人送之，曰："使自择官舟以渡。"送者未至，于是舟泊于浒者以千数，瓠里子欲择之而不能识。送者至，问之曰："舟若是多也，恶乎择？"

对曰:"甚易也。但视其敝篷折橹而破帆者,即官舟也。"从而得之。瓠里子仰天叹曰:"今之治政,其亦以民为官民欤?则爱之者鲜矣。宜其敝也。"(《灵丘丈人篇》)

楚有养狙以为生者,楚人谓之狙公。旦日必部分众狙于庭,使老狙率以之山中,求草木之实,赋什一以自奉;或不给,则加鞭棰焉。群狙皆畏苦之,弗敢违也。一日,有小狙谓众狙曰:"山之果,公所树欤?"曰:"否也,天生也。"曰:"非公不得而取欤?"曰:"否也,皆得而取也。"曰:"然则吾何假于彼而为之役乎?"言未既,众狙皆寤。其夕,相与伺狙公之寝,破栅毁柙,取其积相携而入于林中,不复归。狙公卒馁而死。

郁离子曰:"世有以术使民而无道揆者,其如狙公乎?惟其昏而未觉也。一旦有开之,其术穷矣。"(《瞽聩篇》)

孽摇之虚有鸟焉,一身而九头;得食则八头皆争,呀然而相衔,洒血飞毛,食不得入咽,而九头皆伤。海凫观而笑之曰:"胡不思九口之食同归于一腹乎,而奚其争也?"(《省敌篇》)

辞谲而义贞,指小而喻大。其他《九难》仿《七发》,遒丽得枚乘之体;会稽山水诸记,幽秀有柳州之意;其音清越,殊胜濂也。义乌王祎字子充,与濂偕总裁修《元史》。太祖谓濂曰:"浙东人才,惟卿与王祎。才思之雄,祎不如卿。学问之博,卿不如祎。"传有《王忠文公集》二十四卷(南京龙蟠里图书馆藏有明万历刊本)。而濂为之序,称:"其文凡三变:初年所作,幅程广而运化宏。壮年出游之后,气象益以沉雄。暨四十以后,乃浑然天成,条理不爽。"则亦服祎之深矣。祎尝荐天台徐一夔字大章者同修《元史》。一夔不出，而有《与祎论修史书》；诵者称其有鉴裁。传有《始丰稿》十四卷（南京龙蟠里图书馆藏有钞配明初刻本）。又濂乡人胡翰字仲子，从吴莱学，与濂同门；其文亦为黄溍柳贯所称；传有《胡仲子集》十卷（南京龙蟠里图书馆藏有明洪武刻本），其中文九卷，持论多切世用，文章与宋濂王祎相上下。而濂独亟称苏平仲，以为不求似古人，而未尝不似也。平仲，名伯衡，亦濂乡人。濂以翰林学士承旨致仕。太祖问代者。濂对曰："臣乡人苏伯衡学博行修，文词蔚赡有法。"传有《苏平仲集》十六卷（《四部丛刊》景印明正统壬戌本）。而濂序其书曰："精博而不粗涩，敷腴而不苛缛。"盖文章蹊径与濂同；故相契合如此。而濂与基，皆不安为宋人之文。明之有濂基以开何李之复古，犹唐之有燕（张说）许（苏颋）以为韩柳之前茅也。

第三节　方孝孺_{附解缙}

宁海方孝孺，字希直，一字希古，从宋濂学；濂门下知名士皆出其下。先辈胡翰、苏伯衡亦自谓弗如。孝孺顾末视文艺，恒以明王道、致太平为己任；欲以驾轶汉唐，锐复三代；而毅然自命之气，发扬蹈厉，时露于笔墨之间。其文章纵横豪放，颇出入南北宋苏轼陈亮之间；与濂同其赡肆，而不同其枝碎。濂宏博而不免缓散；所病在取径太阔大，遣词太繁缛，未能浑灏流转；故不如孝孺之直抒欲言，纵笔所之，疏快成片段也。传有《逊志斋集》二十四卷（《四部丛刊》影印明嘉靖辛酉刻本）。感物写怀，每有悲天悯人之意。录《蚊对》曰：

天台生困暑，夜卧绨帷中。童子持翣飏于前，适甚，就睡。久之，童子亦睡，投翣倚床，其音如雷。生惊寤，以为风雨且至也，抱膝而坐。俄而耳旁闻有飞鸣声，如歌如诉，如怨如慕，拂肱刺肉，扑股嘬面，毛发尽竖，肌肉欲颤；两手交拍，掌湿如汗，引而嗅之，赤血腥然。大愕不知所为，蹴童子，呼曰："吾为物所苦，亟起索烛照。"烛至，绨帷尽张；蚊数千皆集帏旁，见烛乱散，如蚁如蝇，利觜饫腹，充赤圆红。生骂童子曰："此非嚼吾血者耶？皆尔不谨，褰帷而放之入。且彼异类也，防之苟至，乌能为人害？"童子拔蒿束之，置火于端，其烟勃郁，左麾右旋，绕床数匝，逐蚊出门，复于生曰："可以寝矣，蚊已去矣。"生乃拂席将寝，呼天而叹曰："天胡产此微物而毒人乎？"

童子闻之，哑尔笑曰："子何待己之太厚，而尤天之太固也？夫覆载之间，二气细缊，赋形受质，人物是分。大之为犀象，怪之为蛟龙，暴之为虎豹，驯之为麋鹿与庸狨，羽毛而为禽，裸身而为人为虫，莫不皆有所养；虽巨细修短之不同，然寓形于其中则一也。自我而观之，则人贵而物贱。自天地而观之，果孰贵而孰贱耶？今人乃自贵其贵，号为长雄；水陆之物，有生之类，莫不高罗而卑网，山贡而海供；蛙黾莫逃其命，鸿雁莫匿其踪。其食乎物者，可谓泰矣，而物独不可食于人耶？兹夕蚊一举喙，即号天而诉之。使物为人所食者，亦皆呼号告于天，则天之罚人，又当何如耶？且物之食于人，人之食于物，异类也，犹可言也。而蚊且犹畏谨恐惧，白昼不敢露其形，瞰人之不见，乘人之困怠，而后有求焉。今有同类者，啜粟而饮汤同，畜妻而育子同也，衣冠仪貌，无不同者；白昼俨然乘其同类之间而陵之,吮其膏而齕其脑,使其饿踣于草野,离流于道路,呼天之声相接也,而且无恤之者。今子一为蚊所噆,而浸辄不安;闻同类之相噆而若无闻,岂君子先人后身之道耶?"天台生于是投枕于地,叩心太息,披衣出户,坐以终夕。

顿挫浏亮,一洗宋濂冗滞之敝,不得不有出蓝之誉也。孝孺既以不事成祖诛死,其文章亦禁不行。门人王稔藏遗稿,宣德(宣宗年号)间始稍传播。原本凡三十卷,拾遗十卷,附录一卷,乃黄孔昭、谢铎所编。世所传二十四卷本,则正德(武宗年号)中顾磷守台州时所重刊也。

吉水解缙,字大绅,与孝孺同辈,而才气放逸,下笔不能自休;当时有才子之目。迄今委巷流传其少年宿慧诸事,多鄙诞不经;传有《解学士文集》十卷(南京龙蟠里图书馆藏有明嘉靖刻本)。其奏议如《大庖西封事》、《白李善长冤》诸篇,俱明白剀切,有孝孺之风。大抵宋濂刘基,饱更世难,其辞敛,其意深。缙及孝孺新进用事,其文激,其气锐。

第四节　杨士奇附杨荣　黄淮　金幼孜　杨溥

太祖之世,运当开国,多峭健雄博之文。成祖而后,太平日久,为台阁雍容之作。作者递兴,皆冲融演迤,不矜才气;而泰和杨士奇名寓(以字行)、建安杨荣字勉仁、石首杨溥字弘济并世当国,历相仁宗、宣宗、英宗三朝,黼黻承平;中外翕然称三杨。推士奇文章特优,一时制诰碑版,出其手者为多。仁宗雅好欧阳修文。士奇文平正纡余,时论称其仿佛。后来馆阁著作，沿为流派，所谓台阁体是也。传有《东里全集》九十卷，别集四卷（南京龙蟠里图书馆中藏有明天顺刊本）。录《沈学士墓碑》曰：

呜呼！此吾友翰林学士沈公之墓。沈世家松江华亭。大考讳德辉，尝为郡史，平反冤狱百数十人；乡称长者。妣宋氏。考讳易，仕为谘议参军；无几，弃官养亲，而授徒里中，惇行伦谊，集《五伦诗》以教学者；而甘贫乐义，人号苦节先生。妣顾氏，有善德。二子：长即公，讳度，字民则。次粲，字民望。公天资温雅敦实；自幼嗜学，博涉经史。洪武中，郡邑交举文学，弗就。坐累谪云南，跋涉万里，处患难，其中裕然。时同谪者多名人，率于公交。达官重帅，争欲迎致公馆下。岷王具礼币聘之。既至，屡进直言，居无几，辞去。都督瞿能知贤下士，延于家塾为弟子师，旦暮躬请益焉。其入京师也，以公偕行。

时太宗皇帝初临御，命翰林举贤才。今礼部尚书江陵杨公为编修，以公名上，擢翰林典籍。方时，制敕填委，既视草，学士以下，率分书之。上独览公书称善。一时翰林善书，如解大绅之真行草，胡光大之行草，滕用亨之篆八分，王汝玉、梁用行之真，杨文遇之行，皆知名当世；而解及公之书，独为上所爱。凡玉册金简，用之宗庙朝廷，藏秘府，施四裔，刻诸贞石，传于后世，一切大制作，必命公书。公之书婉丽飘逸，雍容矩度，兼篆八分；八分尤高古，浑然汉意。而日侍清密无间，赏赐二品金织衣，新制象笏镂公氏名，涂金以赐。以其弟与子皆善书，皆官之近侍；父子兄弟，并荣于朝。古今以书遭承宠遇，莫或加公。书盖公一艺耳。为文章，尚兴致，平淡雅则，不为浮靡。事上必尽诚,被顾问必以正对。由典籍升检讨,复升修撰,遂升侍讲学士奉直大夫。仁宗皇帝赐诰命,进协正庶尹;赠其考奉直大夫协正庶尹,翰林侍讲学士;其妣宜人。予诰归焚黄,赐钞给驿传。宣宗皇帝临御,进翰林学士,奉政大夫。年逾七十,再上章乞致仕归,不听。

公事亲孝,与弟粲友爱相笃终身;与人交,久益敬。为人贞静不苟附。初入翰林,乡人有为大宗伯者,得君,有气势赫赫;朝士希进者日奔走其门。公以故旧独自守,未尝轻造;间或邀公,辄以礼辞;士论高之。闲暇,闭户焚香,鸣琴赋诗以自乐,人号自乐先生。襟宇澄澹,风韵萧散;所好惟载籍法书,名画古器,自题其斋居曰乐琴书处,杂列花卉奇石。高人韵士至,必具觞酌,或吟或弈,意度翛然。所作诗文有《滇南稿》、《随笔录》、《西清余暇》、《自乐稿》,藏于家。年七十有八。一日微疾,犹作《和王行俭詹事小洞天词》,明日捐馆,宣德甲寅十月二十二日也。

讣闻,上遣礼部郎中陈谟赐祭,给驿舟归丧,命有司营葬。元配顾,赠宜人。继陈。子二:芹,先十五年卒。藻,中书舍人,升右大理寺副。孙男二:潮,秀敏好学,先十年卒。次源。女三:长归俞珙,余在室。曾孙男一。士奇与公同入翰林,相交三十有三年,最相得。其殁也,盖哭之恸。于是粲及藻求予表墓。予忍以衰朽而忘情老友哉?敬为之表。

遣言措意,切近的当;然遽以拟欧阳修,亦似少过。欧阳气逸韵流,意态无穷。士奇言尽而意止,趣味不长。只是纡徐委备,无艰难劳苦之态,所以得欧阳之仿佛;然亦以启冗弱之病。欧阳意有余于词，故耐咀味，士奇词或饶于意，不免芜弱也。

杨荣与士奇同主一代之文柄，而传有《杨文敏集》二十五卷（南京龙蟠里图书馆藏有明正统刻本）。其文章雍容平易，体格与士奇略同。虽无深湛幽渺之思、纵横驰骤之才足以震耀一世，而逶迤有度，醇实不炫。其他永嘉黄淮字宗豫，有《省愆集》二卷（南京龙蟠里图书馆藏有明正统刊本）。新淦金幼孜名善（以字行），有《金文靖集》十卷（南京龙蟠里图书馆藏有明弘治间刻本），春容雅步，颇亦肩随。盖其时天下康乐，故廊庙赓飏，具有气象，操觚者亦不知也。

杨溥以弘识雅操骖驾三杨，而刻意遒古，力摹昌黎；而不以文名，其集亦不传。睹所为《承恩堂记》曰：

> 皇上嗣登天宝，嘉念苍生，期底雍熙，图任老成人，弥纶治化；少师吏部尚书蹇公实为之冠。宣德七年秋，诏有司，若曰："予有辅臣，粤自先朝，伟著德望，暨于今启沃居多。予于庶政咨焉，予于庶官审焉。克允克谐，实惟其人。欲新厥居以称予优礼之意；其绘图以进。"有司明日以图进，弗称。又明日更为图进，弗称。上乃自规画授有司。乃卜地于都城东南，厥位维阳，厥土维刚；董材于肆，厥木维良，厥石维贞，陶瓦维坚；乃卜日之吉鸠工；衰高以平，筑虚以实，引绳缩板，以垣厥周。乃建厥堂，翼之以室；乃辟厥路，重之以门；甓之甃之，涂之沐之，不逾月告成。祀先有庙，礼宾有馆，庖有厨，汲有井，有库有厩，以储以牧。轮奂成美，百用具备。复命大臣燕饮以落之，肴核酒醴，咸出大官。
>
> 公谓翰林学士杨溥曰："昔晋献文子成室，诸大夫发焉。

当时善颂善祷者见称于君子。子何以语我？"溥不敢以不敏辞，乃酌而祝曰："惟天佑国家，乃实以贤哲简畀平格，复锡以寿，若周之毕公，策名文武之世，相成王，相康王，永光周室。公历四朝，进位师保，享高年，辅圣天子丕隆太平之运。溥于斯为国家贺。"又酌而祝曰："明盛之世，惠归之德，君子享多福，而民咸乐其乐。是以锡马蕃庶，昼日三接，乃惟康侯。溥于斯为天下苍生贺。"又酌而祝曰："福善之报，惟有德于民者为盛。古昔名臣辅君致治，实功允德，孚达神明，身被光荣，泽流子孙，与国同久。《诗》曰：'惟其有之，是以似之。'溥于斯为公贺！"公酌而复曰："圣天子之恩笃不敢忘。子亦可谓善颂者矣。"谨名其堂曰承恩堂，请书此以为记。

取材结体，摹诰范颂，有意矜练，又是一格；而与士奇、荣之汗漫演迤者不同。虽出以平实雅淡，而矜持少变化，光焰不长。然何李之前轨也。

第五节　李东阳 附邵宝

茶陵李东阳，字宾之，历相孝宗、武宗，工为文章，朝廷大著作，多出其手。自明兴以来，宰臣以文章领袖搢绅者，杨士奇后，东阳而已。传有《怀麓堂集》一百卷，其中文稿六十卷；文章在难易之间，视士奇为刻意，而语未坚卓；比宋濂稍安闲，而意则肤泛。《明史》以典雅流丽称之，不免誉非其实。然其为之工者，亦能春容尽意，无矫揉造作之致，故能继踪士奇而主文章之坛坫。录《甲申十同年图诗序》曰：

《甲申十同年图》一卷,盖吾同年进士之在朝者九人,与南京来朝者一人而十,会于太子太保刑部尚书吴兴闵公朝瑛之第,图焉者也。图分为三曹:自卷首而观,其高颧多髯,髯强半白,袖手右向而侧坐者,为南京户部尚书公安王公用敬。微须,鬓斑白,鸢肩高耸,背若有负而中坐者,为吏部左侍郎泌阳焦公孟阳。微须,多鬓,白毿毿不受栉,面骨棱层起,左向坐,右手持一册,册半启闭者,为礼部右侍郎掌国子祭酒事黄岩谢公鸣治。又一曹,微须赪面,笑齿欲露,左手握带,右向而半者,工部尚书郴州曾公克明。虎头方面,大目丰准,须髯微白而长,右手携牙牌,左握带,中左坐者,闵公也。白须,黎面,面老皱,两手握带,中右坐者,工部右侍郎泰和张公时达。无须,赪面,耸肩袖手而危坐,且左顾者,都察院左都御史浮梁戴公廷珍。又一曹,为户部右侍郎益都陈公廉夫者,面微长且赪,眉浓,发半白,稍右向而坐。为兵部尚书华容刘公时雍者,面微方而长,须鬓皓白,左手握带,右手按膝而中坐。予则面微长而臞,髭数茎,白且尽,中若有隐忧,右手持一卷如授简状,坐而向左,居卷最后者,是也。九人者,皆画工面对手貌,概得其形模意态。惟焦公奉使南国,弗及会,预留其旧所图者而取之,故仅得其半而已。是日谢公倡为诗,吾八人者皆和。焦公归亦和焉。

传有之:"物之不齐,物之情也。"十者数之成,而亦数之渐。以吾十人者,得之于四十年之余,良不为少。然以二百五十人者,而不能二十之一;则谓之多,亦不可也。以年论之:闵公年七十有四,张公少二岁,曾公又少二岁,谢焦二公又少一岁,刘、戴、陈、王四公又递少一岁。予于同年为最少,今年五十有七,亦已就衰。追忆曩时之少者壮者,使猝然而逢之,若不相识也。且以地以姓论之,无一同者。以官,则六部之与都察院,其署与职,亦莫能以皆同。盖所谓"不齐"者如此。然掳志效力,各执其事,以赞扬政化,期弼天下于熙平之域,则未始不同。语有之:"人心不同,有如其面。"今固不可以貌论也,又何爵齿族里之足云乎?孔子论成人,以"久要不忘"为次,而廉知勇艺,"文之礼乐"者为至。兹九人者之才之行,汇征类聚,建功业于天下,固将以大有成。惟予寒劣无似,方惧名实之不副;而是心也,不敢以相负也。然则今日之会,岂徒为聚散离合,时考而世讲之具哉?唐九老之在香山,宋五老之在睢阳,歌诗宴会,皆出于休退之后。今吾十人者,皆有国事吏责,故其诗于和平优裕之间,犹有思职勤事之意。他日功成身退,各归其乡,顾不得交倡迭和,鸣太平之乐以续前朝故事;则是诗也,未必非寄情寓意之地也。因萃而序之以各藏于其家。

闵公名珪,张公名遂,曾公名鉴,谢公名铎,焦公名芳,刘公名大夏,戴公名珊,王公名轼,陈公名清,今各以字举。而余则太子太保户部尚书谨身殿大学士长沙李东阳宾之也。进士举于天顺之八年,会则于弘治十六年癸亥三月二十五日;越翼日,乃序。

意度娴雅,步骤谨严,集中如此者不多见也。好文章,尤奖成后进,推挽才彦;学士大夫出其门者,卒粲然有所成就。

无锡邵宝字二泉,乡试出东阳之门;故其诗文矩度,皆宗法东阳。东阳于其诗文亦极推奖,曾作《信难》一篇以赠,称:"其集出入经史，搜罗传记，该括情事，摹写景物，以极其所欲言，而无冗字长语、辛苦不怡之色，若欲进于古之人。"且以欧阳修之知苏轼为比。传有《容春堂集》六十六卷（南京龙蟠里图书馆藏有明嘉靖刻本）。其文边幅少狭，而部勒有度，易而不率，畅而不芜，体近东阳而无其末流冗阘肤廓之失，亦卓然以成一家者矣。

第六节 李梦阳 何景明_{附康海} 王九思 王廷相

庆阳李梦阳字献吉，起自穷边，而才思雄鸷，卓然以复古自命。弘治时，李东阳以宰相主文柄，翕然为天下宗。梦阳亦尝执贽焉，独讥其萎弱，倡言"文必秦汉，诗必盛唐"。非是者弗道。与何景明、徐祯卿、边贡、康海、王九思、王廷相号七才子，而梦阳为之魁。传有《空同集》六十六卷（南京龙蟠里图书馆藏有明万历刊本），盛气矜心，欲驾八家而上之。其文则故作聱牙，范经铸子，以艰深文其浅易。而雄迈之气，足以振啴缓；生撰之句，足以矫平熟；风气鼓荡，观听变易，所谓"虽以无道行之，必可畏也"。录《禹庙碑》曰：

> 李子游于禹庙之台，鉴长河之防，孤城故宫，平沙四漫，遐盼故流，北尽碣石，九派湮淤，云草浩浩。于是怆然而悲曰："嗟乎！予于是知王霸之功也。"霸之功欢，久之疑。王之功忘，久之思。昔者禹之治水也，导川为陆，易氿为宁；地以之平，天以之成。去巢就庐，而粒而耕，生生至今者，固其功也，所谓万世永赖者也。然问之耕者弗知，粒者弗知，庐者弗知，陆者弗知。故曰"王之功忘"。譬之天生物而

物忘之，泳者忘其川，栖者忘其枝，民者忘其圣人；非忘之也，不知之也，不知自忘。及其蓄也，号呼而祈恤，于是智者则指之所从来，而庙者兴矣。河盟津东也，麋旷肆悍，势犹建瓴，堤堰一决，数郡鱼鳖。于是昏垫之民，匍匐诣庙，稽首号曰："王在，吾奚役斯？"所谓思也。故不忘不大，不思不深。深莫如地，大莫如王，天之道也。霸者非不功也，然不能使之不忘，而不能使之不疑。何也？不忘者小，小则近，近则浅，浅则疑，如秦穆赐食善马肉者酒是也。夫天下未闻有庙桓文者也，故曰"予观禹庙而知王霸之功也"。或问汤文不庙。李子曰："圣人各有其至：尧仁舜孝，禹功汤义；文王之忠，周公之才，孔子之学，是也。夫功者，切于蓄者也。大梁以蓄故，是故独庙禹。"

是时监察御史澶州王子会按江南，登台四顾，乃亦怆然而悲曰："嗟乎！余于是而知功之言征也。吾少也览，尝蹑州城，眺沧渤，南目大梁之墟；乃今历三河，揽淮泗，极洪流而尽滔滔，使非有神者主之，桑而海者久矣，尚能粒耶、耕耶、庐耶？能瓠者宁耶、川者陆耶？嗟乎！予于是而知功之言征也。所谓'微禹吾其鱼'者耶？所谓'美载勤而不德'者耶？"于是饬所司葺其庙，而属李子碑焉。王子，名溱，以嘉靖元年春按江南，明年秋，代去。乃李子则为迎送神辞三章，俾祭者歌之以侑神焉。其辞曰：

天门兮显辟，赫赫兮云吐。窈黄屋兮陆离，灵总总兮上下。羌若来兮倏不见；不见兮奈何？望美人徒怨苦，横四海兮怒波。缅弦兮铛鼓，神不来兮谁怒。执河伯兮显戮，饬阳侯兮清路。灵霓霭兮来至，风泠泠兮堂户。舞我兮我醑，尸既饱兮颜酡，惠我人兮乃土乃粒，日云暮兮尸奈何？风

> 九河兮涛暮云，喧喧兮昏雨。王驾凤兮骖文鱼，龙翼翼兮两旒。怅佳期兮难屡，心有爱兮易离。爱君兮思君，肴芳兮酒芬，君归来兮庇吾民。

不懈及古，力求拔俗，大率类是。然不免雕琢伤元气，未能浑成天然。杨士奇、李东阳以啴缓见余力，而或愞不能以自振，芜不能以自裁。李梦阳、何景明以生奥得古致，而卒涩不能以自运，格不能以自吐。傥知此之所以得，即征彼之所为失，亦文章得失之林也。

信阳何景明字仲默，与李梦阳俱倡为复古之学。梦阳最雄骏。景明稍后出，相与颉颃。然二人天分各殊，规模不同。梦阳才雄而气盛，故栩张其词。景明虑详而力缓，故敛抑其气。而未脱尽古人畦封以造于浑化则一；斯摹拟之蹊径也。景明传有《大复集》三十八卷（清乾隆间何氏重刻本咸丰重刻本）。录《师问》曰：

> 有问于何子者曰："今之师，何如古之师也？"何子曰："古也有师，今也无师。""然则今之所谓师者何称也？"曰："今之所谓师也，非古之所谓师也。其名存，其实亡，故曰无师。"曰："古之师可得闻欤？"曰："古者教之之法：曰性曰伦。性则仁、义、礼、智、信是也；伦则君臣、父子、兄弟、长幼、朋友是也。于是而学焉以由之曰道，学焉以得之曰德，用之而足以举于天下曰业。是故古之师，将以尽性也，明伦也，则其道德而蓄其业也，是谓古之师也。"曰："何谓今之师？"曰："今之师，举业之师也。执经授书，分章截句，属题比类，纂摘简略，剽窃程式，传之口耳，安察心臆，叛圣弃古，以会有司。是故今之师，速化苟就

之术,干荣要利之媒也。"

曰:"师止是二者乎?"曰:"否,不止是也。汉有经师,作训诂以传一家之业者也;君子有尚之。唐宋以来,有诗文师,辨体裁,绳格律,审音响,启辞发藻,较论工鄙,咀嚼齿牙,媚悦耳目者也;然而壮夫犹羞称之。故道德师为上,次有经师,次有诗文师,次有举业师。师而至于举业,其卑而可羞者,未有过焉者也。"曰:"然则废举业已乎?"曰:"何可废也?今之取士之制也,士进用之阶也。"曰:"是既不可废,子何谓其卑而可羞也?"曰:"吾所谓卑而可羞者,非其制使然也,师举业者之敝也。古之师之教者,立廉耻之节,守礼义之闲,不重贵富,不羞贫贱,不诎身于威武,不失志于患难,故上乐得人而用之。夫今独不欲得是人用哉?顾以身求之,势为难也,故以言观之;以言观之,故有科举之制。岂逆其师之教弟子之学,乃以为利之门也?尝见今之为其子弟求师,及其子弟之愿学者,口访耳采;有告之曰:'某,高官也。其前,高第也。其举业,则精也。其师之。'于是虽千里从之也。又告之曰:'某,未有高官也,未有高第也。其道德则可师也。'于是虽比舍弗从之矣。夫巫医乐工与凡百工相师法以习其技艺,所以求食也;安有士相师以求食而可为也?此吾所谓卑而可羞者也。"曰:"若是则何如而可也?"曰:"今之举业,所习者固古圣人之言也;因其言,求其道,修之内而不愿乎其外,达则行之,困则存之;兴斯教也,安知今之师非古之师哉?"问者于是避席曰:"今日乃承益我以师之说。"

景明志操耿介,尚节义,鄙荣利,与梦阳并有国士风。

两人为诗文，初相得甚欢；名成之后，互相诋諆。梦阳主摹仿，而景明则主创造，各树坚垒不相下。两人交游，亦遂分左右袒。景明之才，本逊梦阳，而其文章闲雅稳称，不如梦阳之奇崛博奥，而亦无梦阳张脉偾兴之敝。然天下语诗文，必并称何李；又与边贡、徐祯卿并称四杰。

边贡，字廷实，历城人，有《华泉集》十四卷；徐祯卿，字昌谷，吴县人，有《迪功集》六卷；皆以诗名，而文非所长。七子之中，惟武功康海字德涵，文章岸异，何景明异厥驱迈，李梦阳谢其雄浑，笔力天矫。有《对山集》十卷。其拟《廷臣论宁夏事状》及《铸钱论》诸篇，尤洞爽轩辟，称心而谈，虽不如梦阳之遒炼；然其逸气往来，翛然自异，固在梦阳之割剥秦汉者上也。鄠县王九思，字敬夫，有《渼波集》十六卷，自序称："始为翰林时，诗学靡丽，文体萎弱，其后德涵、献吉导予易其习。献吉改正予诗稿，而文由德涵改正者尤多"云云。诗体文格，差得二人仿佛。然诗之富健，不及梦阳。文之粗率，尤甚于海。虎贲貌似，无足贵尔。仪封王廷相，字子衡，传有《王氏家藏集》六十八卷，其诗文列名七子之中；而轨辙相循，亦不出北地信阳门户云。

第七节　王守仁　杨慎

何李复古之声既高，天下从风而靡，以艰深钩棘，相与剽剥古人，求附坛坫。而于时有大儒出焉，曰余姚王守仁字伯安，特以致良知绍述宋儒象山陆氏之学。而发为文章，缘笔起趣，明白透快，原本苏轼；上同杨士奇、李东阳之容易，而力裁其冗滥；下开唐顺之、归有光之宽衍，而不强立间架。初与李何诸人倡和，后大有所悟，断然弃去，社中人皆深惜之，曰："学如韩柳，不过文人；辞如李杜，不过诗人；惟志心性之学，以颜闵为期者，乃人间第一等德业也。"身系风气之中，而文在风气以外，直抒胸臆，沛然有余，不斤斤于格律法度之间；而不支不蔓，称心出之，傥亦致良知之形诸文章者耶？传有《王文成全书》三十八卷（《四部丛刊》影印明隆庆间谢廷杰刻本，清光绪间浙江书局刻本）；其中《文录》五卷，《别录》十卷。录《寄杨邃庵阁老书》曰：

> 前日尝奉启，计上达。自明公进秉机密，天下士夫忻忻然动颜相庆，皆为太平可立致矣。门下鄙生独切生忧，以为犹甚难也。亨屯倾否，当今之时，舍明公无可以望者；则明公虽欲逃避乎此，将亦有所不能。然而万斛之舵，操之非一手；则缓急折旋，岂能尽如己意。临事不得专操舟之权，而偾事乃与同覆舟之罪，此鄙生之所谓难也。夫不专其权，而漫同其罪，则莫若预逃其任；然在明公，亦既不能逃矣。逃之不能，专又不得，则莫若求避其罪，然在明公，亦终不得避矣。天下之事，果遂卒无所为欤？夫惟身任天下之祸，然后能操天下之权。操天下之权，然后能济天下之患。当其权之未得也，其致之甚难；而其归之也，则操之甚易。万斛之舵，平时从而争操之者，以利存焉。一旦风涛颠沛，变起不测，众方皇惑震丧，救死不遑，而谁复与争操乎？于是起而专之，众将恃以无恐，而事因以济。苟亦从而委靡焉，固沦胥以溺矣。故曰"其归之也，则操之甚易"者，此也。

古之君子，洞物情之向背而握其机，察阴阳之消长以乘其运，是以动必有成而吉无不利。伊旦之于商周，是矣。其在汉唐，盖亦庶几乎此者。虽其学术有所不逮，然亦足以定国本而安社稷，则亦断非后世偷生苟免者之所能也。夫权者，天下之大利大害也，小人窃之以成其恶，君子用之以济其善，固君子之不可一日去，小人之不可一日有者也。欲济天下之难，而不操之以权，是犹倒持太阿而授人以柄，希不割矣。故君子之致权也有道，本之至诚以立其德，植之善类以多其辅，示之以无不容之量以安其情，扩之以无所竟之心以平其气，昭之以不可夺之节以端其向，神之以不可测之机以摄其奸，形之以必可赖之智以收其望，坦然为之下以上之，退然为之后以先之，是以功盖天下而莫之嫉，善利万物而莫与争。此皆明公之能事，素所蓄而有者；惟在仓卒之际，身任天下之祸，决起而操之耳。夫身任天下之祸，岂君子之得已哉？既当其任，知天下之祸将终不能免也，则身任之而已；身任之，而后可以免于天下之祸。小人不知祸之不可以幸免，而百诡以求脱；遂致酿成大祸，而己亦卒不能免。故任祸者，惟忠诚忧国之君子能之，而小人不能也。某受知门下，不能效一得之愚以为报，献其芹曝，惟鉴其忱悃而悯其所不逮，幸甚。

　　守仁未讲学时先与同辈学作诗文；故讲学之后，其往来论学书及奏疏，皆纡徐委备，如晓事人语，洞彻中边。虽识见之高，学力之到，然其得力，未始不在少年时一番简练揣摩也。《寄杨邃庵阁老书》，集中题下注癸未；按年谱，为嘉靖二年，守仁五十二岁作。条达疏畅，如水到渠成，自然洄澜，所谓

"文章老更成"也。而其早年之作，亦有摹拟为占，未臻于浑化者。如《黄楼夜涛赋》文尾署弘治甲子，为弘治十七年，时守仁三十三岁。而《卧马冢记》、《宾阳堂记》、《重修月潭寺建公馆记》、《玩易窝记》诸篇，题下注戊辰，则正德三年，守仁三十七岁。是时学道未成，而刻意为文，吐词命意，力求遒古；想与何李为声气之求耶？然气疏以达，不如梦阳之矜重；而亦无其僻涩聱牙之病。简炼醇雅，波澜气焰未极俶奇伟丽之观；而春容尔雅，无艰难劳苦之态；条达疏畅，故天性也。至《浚河记》题下注乙酉，为嘉靖四年，守仁五十四岁时作，亦简练以为古者。然抑遏蔽掩，敛气为劲，亦与梦阳之叫嚣恣肆者不同，然故集中之别出机杼者矣。余故特表而出之。

与何李诸子交游接席，而文章不在声气之中者；曰王守仁，曰新都杨慎字用修。然慎与守仁蹊径亦不同。守仁春容疏快，体出宋人，于杨士奇、李东阳为近；而不同杨李之庸肤。慎则博奥奇丽，推本秦汉，与何景明、李梦阳略同；而不为何李之僻涩。盖皆卓然有以自树立于斯文绝续之会，而不苟徇风气，亦不故为违异者也。慎幼警敏，十一岁能诗，十二岁拟作《古战场文》、《过秦论》，长老惊异。入京赋《黄叶诗》，李东阳见而嗟赏，令受业门下；而文章肆力于古，不落东阳窠臼；传有《升庵集》八十一卷（南京龙蟠里图书馆藏有明万历刻本，又有乾隆六十年养拙山房重刻本）。明世记诵之博，著作之富，推慎为第一。然论说考证，往往恃其强识，不及检核原书；而恃气求胜，证佐不足，辄造古书以实之；因搜考妇人弓足，遂造《汉杂事秘辛》，以为起于后汉也。其文曰：

> 建和元年四月丁亥，保林娴娴以丙戌诏书下中常侍超

曰："朕闻河洲窈窕，明辟思服。择贤作俪，隆代所先。故大将军乘氏忠侯商所遗少女，有贞静之德，流闻禁掖。其与姁并诣商第，周视动止，审悉幽隐，其毋讳匿。朕将采焉。"姁即与超以诏书趋诣商第。第内欢噪。食时，商女女莹从中阁细步到寝。姁与超如诏书周视动止，俱合法相。超留外舍；姁以诏书如莹燕处，屏斥接待，闭中阁子。

时日晷薄辰，穿照蠡窗，光送著莹面上，如朝霞和雪，艳射不能正视；目波澄鲜，眉妩连卷，朱口皓齿，修耳悬鼻，辅靥颐颔，位置均适。姁寻脱莹步摇，伸髻度发，如黝鬊可鉴；围手八盘，坠地加半。握已，乞缓私小结束。莹面发赪抵拦。姁告莹曰："官家重礼，借见朽落，缓此结束，当加鞫翟耳。"莹泣数行下，闭目转面内向。姁为手缓，捧著日光，芳气喷袭；肌理腻洁，拊不留手。规前方后，筑脂刻玉。胸乳菽发，脐容半寸许珠。私处坟起，为展两股，阴沟渥丹，火齐欲吐；"此守礼谨严处女也。"约略莹体，血足荣肤，肤足饰肉，肉足冒骨。长短合度，自颠至底，长七尺一寸；肩广一尺六寸；臀视肩广减三寸；自肩至指，长各二尺七寸；指去掌四寸，肖十竹萌削也；髀至足长三尺二寸，足长八寸，胫跗丰妍，底平指敛，约缣迫袜，收束微如禁中。久之，不得音响。姁令催谢"皇帝万年"。莹乃徐拜，称"皇帝万年"，若微风振箫，幽鸣可听。不痔不疡，无黑子创陷及口鼻腋私足诸过。"臣妾姁女贱愚憨，言不宣心，书不符见；谨秘缄，昧死以闻。"时夜漏三下，太后犹御寿安殿，发缄欢喜，顾语帝曰："吾入官后知有幼妹；然中外隔阔，目所未见，不谓争达如尔。"明日诏下有司议礼。有司奏曰："谨按《春秋》，迎王后于纪，在途则称后。故大将军乘氏忠侯商女，今大将军参录尚书事乘氏侯冀女弟，膺绍圣善，旧协潜邸。结婚之际，有命既集。宜备礼章，时进征币，请下三公太常按礼仪。奏可，一准孝惠皇帝纳后故事。"

杨慎序称"《汉杂事》一卷，得于安宁州土知州董氏；卷首有'秘辛'二字不可解，要是卷帙甲乙名目。"然《御览》诸书，亦有《汉杂事》，而略不及此；按之《后汉书》，事实乖剌不相应；即慎所伪作也。特以多见古书，含英咀华，事尽淫艳，文极朴古，不见鄙秽，吐属馨逸；贤于何李诸家窒塞艰涩、不可句读者远已！

第八节　王世贞附李攀龙　宗臣附吴国伦

明代文章，自前后七子而大变。前七子以李梦阳为冠；何景明附翼之。后七子以历城李攀龙字于鳞者为倡；太仓王世贞字元美者应和之。后攀龙先逝，而世贞名位日昌，声气日广，著述日富，坛坫遂跻攀龙上。然尊李梦阳，排李东阳，重振前七子之旗鼓者，攀龙实先登之枭也。其持论谓："文自西京，诗自天宝而下，俱无足观。"于本朝独推李梦阳。而世贞与谢榛、宗臣、梁有誉、徐中行、吴国伦翕然和之；非是则诋为宋学。诸人多少年，才高气锐，视当世无人，互相标榜，号七才子。攀龙才思劲鸷，名最高；独心重世贞；天下亦并称王李；又与何景明、李梦阳，并称何、李、王、李。第世贞声华意气驾出何景明。而攀龙才思识力远逊李梦阳。何者？才不如梦阳之大，斯气不能以自运；学不如梦阳之深，故句不能以自造；而割剥秦汉，生砌硬填，徒见诘屈其词，涂饰其字。传有《沧溟集》三十卷，附录一卷（南京龙蟠里图书馆藏有明隆庆刻本，又有清道光重刻本）。其中文十六卷，聱牙棘口，读者至不能终篇。而世贞则亟称之曰："李于鳞如商彝周鼎，海外瑰宝；身非三代人与波斯胡，可重不可议。"然其辞愈古，其章弥碎。其气愈矜，其意弥隐。世贞始与攀龙狎主文盟；攀龙殁，独操柄二十年，才最大，地望最显，令闻广誉，笼盖海内。其持论"文必西汉，诗必盛唐；大历以后书勿读"；一本攀龙。而读其文，奇桀自喜，出之沛然；记事文尤蔚跂，反复低昂，不似《沧溟集》兀臬也；《嘉靖以来首辅传》词气铿訇，仿佛《史》《汉》，使人精神振发；第字句剽袭，往往不能帖妥，斯则攀龙之同调，而何李之嗣响也已。传有《弇州山人四部稿》一百七十四卷，《续稿》二百七卷（南京龙蟠里图书馆藏有明世经堂刻本）；又有《弇山堂别集》一百卷（广州局刻本）。自来文集之富，未有过于世贞者。录《华孟达集序》曰：

> 无锡有华孟达者，一日而以书数百言自通，且贽其诗若文三卷，曰："今天下称龙门者必以子。夫龙门者，其左右夹上造霄汉；西来之流，径万里而下，束三级，齿石成霜雪，噫声成霆霹。倍寻之鲤一过之，则神灵起于髻鬣间；上帝飨之，爵为应龙。乃不佞之鲤则异是。子幸而汰之乎？吾将去而攻吾疾。其又幸而姑志之乎？吾将去而益炼吾质以俟乎他日。"

> 余既异其言，为之稍读其书；而中有与其宗人往复者，亦类是云。宗人而好慕为古文辞，则从臾为古文辞；其欲梓行之，则勿敢也，曰："吾且折衷于衡艺者。远而左、马、

庄、屈、建安、杜、李，吾师之。近而北地济南，吾仪之。然无若王子之当吾世也，吾其从折衷矣。"余益异之，乃为竟其诗若文。诗体出入中古，躐长庆而揽永嘉，清楚冲夷，有悠然自赏之味。文笔尤峻洁，裁之，则骈、邕之小言也；畅之，则昌黎、河东之顺轨也；乃尺牍萧萧乎人意表矣。夫此孟达境也，孟达之为识，逾是境而三舍矣，毋乃犹有待者才也。其才俛及境矣；毋乃犹有待者学也。夫学者，充才者也。才者，趣识者也。吾姑志之，而孟达姑听之。虽然，孟达以吾言而信可也，是亦且梓而行矣。其所以行者何也？对授人以弹射也。

昔者文信侯为《吕览》，布之咸阳市，而榜其上曰："有能增损一字者，予千金。"而人莫敢增损也。其识者窃笑之矣。异代子云闻而诧曰："惜不以我往，将席卷其金以归。"则又笑之。其所以笑者何也？为文信侯之挟诈，而子云之见事晚也。今孟达居贫贱，而名未即就，不足以胁人之耳目而易其真。天下而信之，则真信也。其犹有弹射者，皆孟达之不朽地也；是何世之为孟达龙门者众也？孟达亟称有郁人文者，其鲤耶？其龙门耶？请质之而不以非，则置弁焉。

是世贞之学秦汉而臻于浑化者；节节顿挫，不矜奇辞奥句，而字字若履危崖而下，落纸乃迟重绝伦，得古人遒峻之致，而不袭奥僻之词，学秦汉者当以此为法。而《明史》以"藻饰太甚"为世贞病，此或论其诗耳。若就文论文，则摹秦仿汉之中，自有灏气行乎其间，抑扬爽朗；如《书应生事》一篇，遥逸横生，于诘屈之中，发挥奇趣；何可以摹拟二字一笔抹杀耶？所以世贞之与攀龙，摹拟秦汉同；而所为摹拟则异。攀龙只剽其字句，世贞时得其胎息。然七子之学，得于诗者较深，得于文者颇浅；故其诗多自成家，而古文则钩章棘句，剽袭秦汉之面貌者，比比皆是，故不独一攀龙。若乃跌宕俊逸，不徒以钩章棘句为能事者，七子中，惟世贞。

其次则兴化宗臣字子相；传有《宗子相集》十五卷（南京龙蟠里图书馆藏有明嘉靖刻本）；文笔疏爽，无剽剟填砌之习。录《报刘一丈书》曰：

> 数千里外，得长者时赐一书以慰长想，即亦甚幸矣，何至更辱馈遗，则不才益将何以报焉？书中情意甚殷，即长者之不忘老父，知老父之念长者深也。至以"上下相孚，才德称位"语不才；则不才有深感焉。夫才德不称，固自知之矣。至于不孚之病，则尤不才为甚。
>
> 且今之所谓"孚"者何哉？日夕策马候权者之门，门者故不入；则甘言媚词，作妇人状，袖金以私之。即门者持刺入，而主人又不即出见，立厩中仆马之间，恶气袭衣袖，即饥寒毒热不可忍，不去也。抵暮，则前所受赠金者，出报客曰："相公倦，谢客矣。客请明日来。"即明日又不敢来，夜披衣坐，闻鸡鸣，即起盥栉，走马抵门。门者怒曰："为谁？"则曰："昨日之客来。"则又怒曰："何客之勤也，岂有相公此时出见客乎？"客心耻之，强忍而与言曰："亡奈何矣，姑容我入。"门者又得所赠金，则起而入之。又立向所立厩中。幸主者出，南面召见，则惊走匍匐阶下。主者曰："进！"则再拜，故迟不起，起则上所上寿金。主者故不受，则固请；主者故固不受，则又固请；然后命

吏纳之，则又再拜。又固迟不起，起则五六揖始出。出揖门者曰："官人幸顾我。他日来，幸无阻我也。"门者答揖。大喜奔出，马上遇所交识，即扬鞭语曰："适自相公家来，相公厚我厚我！"且虚言状。即所交识，亦心畏相公厚之矣。相公又稍稍语人曰："某也贤，某也贤。"闻者亦心计交赞之。此世所谓"上下相孚"也。长者谓仆能之乎！

　　前所谓权门者，自岁时伏腊一刺之外，即经年不往也。间道经其门，则亦掩耳闭目跃马疾走过之，若有所追逐者。斯则仆之褊衷，以此长不见悦于长吏。仆则愈益不顾也。每大言曰："人生有命，吾惟守分而已！"长者闻之，得无厌其为迂乎？乡园多故，不能不动客子之愁。至于长者之抱才而困，则又令我怆然有感。天之与先生者甚厚，无论长者不欲轻弃之，即天意亦不欲长者之轻弃之也。幸宁心哉！

淋漓喷薄，无复摹秦仿汉之习；而感慨中出恢诡，乃极似太史公《游侠列传叙》、杨恽《报孙会宗书》。至其《西门》、《西征》、《二曾夜谈》诸记，则摹拟之迹未化，而气体便形窘拘；然纡徐委备，雅健有度，绝无叫嚣矜张之态；斯则攀龙之所不如者已。

　　临清谢榛，字茂秦，传有《四溟集》十卷（明俞宪编《盛明百家诗》中有之）；诗独有名。长兴徐中行，字子舆，传有《天目山堂集》二十卷，附录一卷（南京龙蟠里图书馆藏有明万历刊本）。兴国吴国伦，字明卿，于七子中最老寿后死；好客轻财，声名藉甚。求名之士，不东走太仓，则西走兴国。世贞殁，国伦犹无恙，传有《甔甀洞稿》五十四卷，续稿二十七卷，亦伙颐沉沉者也。

第九节　王慎中　茅坤　唐顺之　归有光

何、李、王、李后先炫耀，方以钩棘涂饰相高。而有人焉，独以欧曾相撑拄，章妥句适，雍容和雅，卓然以名家者；曰晋江王慎中字道思。慎中为文，初主秦汉，袭何李之论，谓东京下无可取；已悟欧曾作文之法，乃尽焚旧作，一意师仿，尤得力于曾巩。唐顺之初不服，久亦变而从之。天下称之曰王唐。家居问业者踵至。李攀龙、王世贞后起，力排之，卒不能掩；亦犹何景明李梦阳之于李东阳，能掩而胜之，终不能挤而废之也。而攀龙亦慎中提学山东时所取士。慎中传有《遵岩集》二十五卷。有李东阳之演迆详赡，而无其庸音肤词。得曾巩之醇厚典硕，而饶有悠情逸韵。录《送程龙峰郡博致仕序》曰：

> 嘉靖二十三年，制当黜陟天下百司，庶职报罢者凡若干人。而吾泉州儒学教授程君龙峰名在有疾之籍，当致其事以去。程君在学，方修废起坠，搜遗网失，以兴学成材为任。早作晏休，不少惰息。耳聪目明，智长力给，非独精爽有余，意气未衰；至于耳目之所营注，手足之所蹈持，该涉器数而周旋仪等，纤烦劳惫，莫不究殚胜举。不知司枋者奚所考而名其为疾也。黜陟之典，将论贤不肖以驭废置。人之有疾与否，则有命焉；贤不肖之论非可倚此以为断也；况于名其为疾者，乃非疾乎？人之贤不肖藏于心术，效于治行，其隐微难见而形似易惑，故其论常至于失实；非若有疾与否可以形决而体定也。今所谓疾者，其失若此；则于贤不肖之论，又可知矣。此余所以深有感也。

> 又有异焉：古者宪老而不乞言。师也者，所事也，非事人也；所谓"以道得民"者是也。责其筋力之强束，课其骸骨之武健，是所以待猥局冗司之末也。古之事师也，其饮食，于饭患其噎，于戴患其哽，而祝之也；其居处，于坐则有几，于行则有杖，皆所以事师而修其辅羸摄疴之具。未闻以疾而罢之也。古之道，其不可行于今乎！程君之僚与其所教诸生皆恨程君之去，谓其非疾也。余故论今之失而及古之谊，使知程君虽诚有疾，亦不可使去也。君去矣，敛其所学以教乡之子弟。徜徉山水之间，步履轻翔，放饭决肉，矍铄自喜。傥有讶而问者，"君胡无疾"也？聊应之曰："昔者疾而今愈矣，不亦可乎！"

优游缓衍而不矜张作态，繁简廉肉不失法；入后余韵悠然，戏笑甚于怒骂，是悟欧曾作文之法者也。以视七子之气嘶响嚣，作如许张致者，真觉春容大雅矣。

归安茅坤，字顺甫；少喜为文，每谓当跌宕激射似太史公。尝梦共太史公抽书石室，面为指画；唐以后若薄不足为者。及从唐顺之游。顺之乃疾折之曰："唐之韩，犹汉之马迁；宋之欧、曾、二苏，犹唐之韩子。不得致其至，而何轻议为也！"久而从其说；则以为："唐韩愈、柳宗元、宋欧阳修、曾巩、苏氏兄弟之于汉马迁，大略琴瑟祝敔，调各不同；而其得万物之情以肆于心，则一也。近代以来，学士大夫之操觚为文章无虑数十百家；其以云吻露噏、虎啮鸷攫之材扬声艺林者，亦星见踵出。然于仆所谓万物之情，或在置而未及也。嗟乎！隋唐之文，其患在靡而弱；而退之出而振之，固已难矣。乃若近代之文，其患在剿而赝；有志者苟欲出而振之，而其为力也，不尤戛戛乎其难矣哉？"顾所蕲向在太史公；其次韩愈。而谓："昌黎之奇，于碑志尤为巉削。予窃疑其于太史公之旨，或属一间；以其盛气掉抉，幅尺峻而韵折少也。太史公所为《史记》百三十篇，除世所传褚先生别补十一篇外，其他帝王世系或多舛讹，制度沿革或多遗佚，忠贤本末或多放失，而要之指次古今，出入风骚。譬之韩白提兵而战河山之间，当其壁垒部曲，旌旗钲鼓，左提右挈，中权后劲，起伏变化，若一夫剑舞于曲旃之上，而无不如意者。西京以来，千年绝调也。班固《汉书》严密过之，而所当疏宕遒逸，令人读之，杳然神游于云幢羽衣之间，所可望而不可挹者，予窃疑班掾犹不能登其堂而洞其窍也，而况其下者乎！唐以来，独韩昌黎为文，极力镌画，不可不谓之同工也。间按《顺宗皇帝实录》与《秦始皇本纪》，读之复不相及；抑可概见其微矣。"而明以来，学者知由韩欧沿洄以溯太史公，而定清三百年文章之局者，坤实有开山之功也。王慎中优游缓衍，得欧阳修、曾巩之法。而坤则疏宕遒逸，有苏轼、王安石之态；传有《白华楼藏稿》十一卷，《续稿》十五卷，《吟稿》八卷，《玉芝山房稿》二十二卷，《耄年录》七卷。录《与查近川太常书》曰：

> 林卧既久，遂成懒癖。春来读岁书，始知浮生已四十九。因忆解印绶五六年，别兄京兆来则又八九年。仆束发来所深交如兄者能几？茌苒离愁，倏若羽驰如此。间抽镜对之，发虽未茎白，渐索矣；颜亦渐黝且槁矣。向之所欲附兄辈驰驱四方，数按古名贤传记所载当世功业，辄自谓未必不相及，气何盛也，而今何如哉！顷者候董甥之使自京邑还，得兄与施验封书，大略并嗟仆日月之如流，

林壑之久滞，谓一切书问，不当与中朝之士遂绝；非肉骨心肾之爱，何以及此。甚且一二知己，或如汉之人所以嘲子云者，面嗔仆曰："某，今之贤者也。彼方位肘腋，中外之士所藉以引擢者若流水；若独流滞中林者，殆以世皆尚黑，而子独白耳。"仆笑而不应。而使自兄所来，辱兄口谕之，亦且云云。嗟乎！兄爱矣，而未之深思也。

　　仆尝读韩退之所志《柳子厚墓铭》，痛子厚一斥不复，以其中朝之士，无援之者。今之人或以是罪子厚气岸过峻，故人不为援。以予思之，他巨人名卿，以子厚不能为脂韦滑泽，遂疏而置之，理固然耳；独怪退之于子厚，以文章相颉颃于时，其相知之谊不为不深，观其于叙子厚以柳易播，其于友朋间，若欲为欷歔而流涕者。退之由考功晋列卿，抑尝光显于朝矣。当是时，退之稍肯出气力谒公卿间，如《三上宰相书》十之一二焉，子厚未必穷且死于粤也。退之不能援之于缙带而交之时，而顾吊之于墓草且宿之后，抑过矣。然而子厚以彼之才且美，使如今之市人撄十金之利者，凫唼蒲伏以自媚于当世；虽无深交如退之，文章之知如退之，当亦未必终摈且零落以至于此。而今卒若尔者，寸有所独长，尺有所独短。子厚宁饮瘴于钴鉧之潭，而不能遣一使于执政者之侧；宁以文章与椎髻卉服之夷相牛马，而不能奴请于二三故知如退之辈者；彼亦中有所自将故也。后之人宁能尽笑而非之耶？吾故于退之所志子厚墓，未尝不欲移其所以吊子厚者而唁且诘乎退之也。然子厚在当时，其所同刘梦得附王叔文辈，盖已陷于世之公议然耳。

　　后有士，其文章之盛，虽或不逮；而平生所从吏州郡及佩印千里之间，文武将吏，未尝不怜其能而悲其罢官之无从者。假令有当世之交如退之,官不特考功,显不特列卿;其他所引擢天下之士踵相接也。其独嗫子厚所不能,而为之耳无闻、目无见乎?抑亦怜其文章不遽在子厚下,故所并声而驰者;其官业所奋犹炯然其在世之耳目,或不当终摈而萎翳之也;将矜其愚,引其不能,而移其所引擢他人者而为之力乎?噫!仆至此,亦可投笔而自嘲矣,又何必人之嘲我为也?适遣使护少弟某谒选京邑,当过兄所问起居,且思有以复兄之口谕云云也。不觉呕吐至此。幸兄共一二知己,度仆生平之交,其文章之深,气力之厚,有如子厚之于退之者乎?脱或过焉,幸以其勿独嗫子厚而少为之巽言而请也。退之苟有知,未必不自悔恨于九原也已。何如何如?

坤为古文,刻意学司马迁、韩愈而不能;乃似苏王。最心折唐顺之。顺之喜唐宋诸大家文,所著《文编》,唐宋人自韩、柳、欧、三苏、曾、王八家外,无所取。故坤选《八大家文钞》以与《史记钞》相表里;《文钞》行而《文编》废。乡里小生无不知茅鹿门(坤别号),以《八大家文钞》也。而唐宋八大家之目自此始。

武进唐顺之,字应德,学问渊博,自天文地理乐律兵法以至句股壬奇之术,无不精研。其文章法度,具见《文编》一书,所录上自秦汉以来,而大抵从唐宋门庭沿溯以入,分体排纂,盖清姚鼐《古文辞类纂》之所昉,而辟清代三百年文学之径涂者也。虽义例不免踳驳,进退亦多失据,不及姚氏纂之矜慎;然荜路之功,不可没也。尝谓"汉以前之文,未尝无法而未尝有法;法寓于无法之中,故其为法也密而不可窥。唐与宋之文,不能无法,而能毫釐不失乎法;以有法为法,故其为法也严而不可犯"。其言皆妙解文理。而所自为文章，则浑茫演迤，庶几灭尽针线迹，以跻于无法；而洮汰锻炼之功，或有未暇。盖其中年自诡讲学，而又不能忘情用世；又其学博而杂，自以为徒业者不唶其藏也。传有《荆川集》十八卷（清康熙间唐氏刻本。光绪间武进盛氏《常州先哲丛书》重刻康熙本。又《四部丛刊》影印明万历刻本十七卷，外集三卷。又江宁局本十二卷）。集中书牍最多，大半肤言心性，多涉禅宗，而喜为语录鄙俚之言，殊为不取。惟《答曾石塘总制第二书》，感慨振发，学韩愈《与鄂州柳中丞书》，逊其雄遒；而言外见讽，意思深长，则故过之。其他序记诸作，则多简雅清深，不失大家矩矱。而传志表墓之文，最为可观。其尤著名者，《叙沈希仪广右战功》一篇，至八千二百言，古今推为奇作。其中叙次历历如绘，备极声色；《明史·沈希仪传》采之，焯有生气。然自捕韦扶谏以下，稍嫌支蔓。所记诱缚岑金事，虽曲折尽情，而亦拉杂有小说气。且此两事皆不得谓之"战功"；若改其题为"书事"，则无病矣。其他叙事谨严，确有史裁；而于故旧之际，情韵不匮，抑扬往复，上接欧阳修，下开归有光，在有明中叶，屹然为一大宗。录《旸谷吴公传》曰：

> 公名杰，字士奇，武进人也。其为医始公之高祖肇。父宁，赠太医院判。公之学，自青乌氏书、风角、云气、占经、李虚中子平之术、金丹内外秘诀，无所不通。医特其一技耳。然竟以医至大官。其于医，精究古方书而善脉。其治病，不纯主古方书，而一切以脉消息之，有初若与证相反，而卒无不效者；其余奇疾尤效也。弘治间，以明医征至京师，遂以医游诸公卿间。公医既精，而仪观磊落，

阔达善谈说,颖然见锋锷。于是诸公卿争迎致为上客。京师诸老医与公同时所征诸郡国医,莫不望风下之。是时都御史王钺镇大同,奏乞吴某调治边军。未及行,御史颜颐寿、给事中李良度皆奏言:"吴某宜在供奉,不宜弃之边地。"下礼部。礼部尚书集所征郡国医,试之,卒无逾公者。故事,高等入御药房,中等入院,最下遣还郡,而当遣者若干人。公为之请曰:"国家三四十年,才一征医耳。若等幸被征,又待次都下十余年,而又遣还,诚流落可悯。愿不入御药房,而与若等同入院。"尚书义而许之。

正德几年,掌院事李宗周竞荐公入御药房;而同荐者凡八人。有与宗周同官争权者,因左右谗之上曰:"宗周所荐多私人,且通贿,实不能医。"上曰:"吾当自试之。"时上病喉痹,遂按名召公,一药而愈。上喜甚,叹曰:"有医若此,乃不以医朕耶!"因厚赐公,诘责谗者,而谓宗周为忠。公自是得幸于上。每病,未尝不属公;公治之,未尝不立愈。一日,上猎射还,惫甚,感血疾,公进犀角汤愈,命进一官,赐彪虎衣一。上尝幸虎圈,虎腾而惊,公疗之愈,命进一官,赐银五十两,表里一。顷之,试马,御马监腹卒痛,公进理中汤立愈,赐绣春刀一,银三十两。自是上所游幸,公必从。尝侍上卧,至以肩荷上,或摩抚玉体,有不以属左右近幸而以属公。其分御膳啖公,有左右近幸所不能得,而公得之。自医士十日而迁御医,自御医三月而迁院判。凡一愈病,则一迁,为院判当迁者数矣。公固让,三年而迁院使。上亲宠益笃,尝欲以禁卫衔公,赐蟒衣。公谢曰:"臣以药囊侍陛下,此非臣职也。"上乃止。

某年上南巡。公以医谏,且泣曰:"圣体尚未安,不宜远行。"上怒曰："汝医官也，敢乎！"叱左右掖出。公留京师。驾行至淮，渔于清江浦，遂病。还临清，梦见公，急遣校尉召公。公驰至临清，见上。上泣曰："而不忆我耶？"公亦泣。遂扈从还通州。时权彬握兵在左右，见上病，一旦不讳，惧诛，欲据窟穴为乱，力请复幸宣府。公脉已惊甚，言诸大奄曰："疾亟矣，幸可及还内耳！脱至宣府不讳，吾与若辈即死，宁有葬地乎！"奄以为然，乘间百方说上。上意动。而彬亦数从公觇问："上病何如？"即诡言曰："且愈矣！勿忧也！"已而驾还京师崩。彬坐诛。毅皇崩之几月，而公亦致仕去矣。既致仕，留居京师，遣其二子遍从翰林诸名公游。壬辰，子希孟举进士，以才廉擢给事中，于是以恩进公阶朝列大夫。甲午，子希鲁举于乡。

自某年，公还武进，稍葺室庐，治田园为终焉之计。公既老，居乡，不复为人治病。而亲戚故人有奇症，或病危甚，众医所不治者，乃以请公。公亦间往，往则应手愈。居闲诵老庄氏书，益究金丹内外秘诀，以冀所谓长生者。其自号旸谷，谷者，谷神也。或曰"旸谷，海东仙人所庐"。岁时与里中故人雅歌弹棋饮酒为乐；酒酣，数语及毅皇时事，出所赐衣物，未尝不泫然流涕也。久之，希孟为广信知府，恳乞致仕归养。归数月而公卒。公每自诧得丹诀，指其小腹，谓人曰："此中有物矣。"先卒之一日，余往候公。公紫色莹然如平生。希孟曰："唐翰林在。"公点头。卒时，神气不乱，整衣端坐，口云"好好"，遂卒。年七十有八。嗟乎，公信多奇矣哉！希孟居乡有志向，师事徐养斋先生而友余。余是以得备闻公之行事为传；而叙公在毅皇时事独详焉，以见公之遭遇，以俟国史传方技者有考云。

顺之为文之以唐宋为法，实自王慎中发之。然慎中按部就班，蕲乎毫厘不失法；而顺之则欲以法寓于无法之中，虽文章时有利钝，而一洗比拟间架，描头画角之习。顾不语人以求工文字。每谓："两汉而下，文之不如古者，岂其所谓绳墨转折之精之不尽如哉？本色不如也。秦汉以前，儒家者有儒家本色；至如老庄家有老庄本色；纵横家有纵横家本色；名家、墨家、阴阳家皆有本色。虽其为术也驳，而莫不皆有一段千古不可磨灭之见。是以老家必不肯剿儒家之说，纵横必不肯借墨家之谈，各自其本色而鸣之为言；其所言者，其本色也，是以精光注焉，而其言遂不泯于世。唐宋而下，文人莫不语性命，谈治道，满纸炫然，一切自托于儒家。然非其涵养畜聚之素，非真有一段千古不可磨灭之见；而影响剿说，盖头窃尾，如贫人借富人之衣，庄农作大贾之饰，极力装做，丑态尽露；是以精光枵焉，而其言遂不久湮废。然则秦汉而上，虽其老、墨、名、法、杂家之说而犹传；今诸子之书是也。唐宋而下，虽其一切语性命、谈治道之说，而亦不传；欧阳永叔所见唐《四库书目》百不存一焉者是也。仆居闲偶想起宇宙间有一二事，人人见惯而绝是可笑者，其屠沽细人有一碗饭吃，其死后则必有一篇墓志。其达官贵人与中科第人稍有名目在世间者，其死后则必有一部诗文刻集；如生而饭食、死而棺椁之不可缺。此事非特三代以上所无；虽秦汉以前亦绝无此事。幸而所谓墓志与诗文集者，皆不久泯灭；然其往者灭矣，而在者尚满屋也。若皆存在世间，即使以大地为架子，亦安顿不下矣。此等文字，倪家藏人畜者，尽举祖龙手段作用一番，则南山煤炭竹木尽减价矣。可笑可笑！"闻者怃然。盖精神意量，有在笔墨蹊径之外者矣。

　　王世贞绍述李攀龙之说，以秦汉之文倡率天下。而唐顺之则从唐宋门庭沿洄以溯秦汉。晚乃摈绝文字，无意与世贞挂撑。昆山归有光字熙甫稍后起，而名位不显；独抱唐宋诸家遗集，与二三弟子讲授于荒江老屋之间，毅然出其言论以与世贞相驳难，至诋之为"妄庸巨子"。世贞大憾。迨于晚年，乃始心折，题有光遗集，赞曰："风行水上，涣为文章。风定波息，如水相忘。千载有公，继韩欧阳。"虽以世贞之高名盛气；而有光拔帜易帜以屹自树立，开清桐城之文，而妙出以纡徐。其文由欧阳修以几太史公；虽无雄直之气，驱迈之势，而独得史公之神韵。传有《震川文集》三十卷，别集十卷（清康熙间归庄刻本，《四部丛刊》影印归庄刻本，光绪间归氏重刻本）。发于亲旧及人微而语无忌者，盖多近古之文；至事关天属，其尤善者，不事修饰，而情辞并得，使览者恻然有隐，其气韵盖得之史公。而或者亦讥之曰："彼其所为抑扬吞吐、情韵不匮者，苟裁之以义，或皆可以不陈。浮芥舟以纵送于蹄涔之水，不复忆天下有曰海涛者也。"特于不要紧之题，说不要紧之话，却自风神疏淡，是于太史公深有会处。盖有光以前，上而名公硕卿，下而美人名士之奇闻隽语，刿心怵目，乃以厕文人学士之笔。至有光出，而专致力于家常琐屑之描写。其尤恻恻动人者，如《先妣事略》、《归府君墓志铭》、《周弦斋寿序》、《寒花葬志》、《项脊轩记》诸文，悼亡念存，极挚之情，而写以极淡之笔，睹物怀人，此意境人人所有，此笔妙人人所无；而所以成其为震川之文，开韩、柳、欧、苏未辟之境者也。录《项脊轩记》曰：

项脊轩，旧南阁子也。室仅方丈，可容一人居。百年老屋，尘泥渗漉，雨泽下注，每移案顾视，无可置者。又北向，不能得日，日过午已昏。余稍为修葺，使不上漏。

前辟四窗,垣墙周庭,以当南日,日影反照,室始洞然。又杂植兰桂竹木于庭,旧时栏楯,亦遂增胜。借书满架,偃仰啸歌,冥然兀坐,万籁有声;而庭阶寂寂,小鸟时来啄食,人至不去。三五之夜,明月半墙,桂影斑驳,风移影动,珊珊可爱。然余居于此,多可喜,亦多可悲。

先是庭中通南北为一,迨诸父异爨,内外多置小门,墙往往而是。东犬西吠,客逾庖而宴。鸡栖于厅。庭中始为篱,已为墙,凡再变矣。家有老妪,尝居于此。妪,先大母婢也,乳二世。先妣抚之甚厚。室西连于中闺。先妣尝一至,妪每谓余曰:"某所,而母立于兹。"妪又曰:"汝姊在吾怀呱呱而泣,娘以指扣门扉曰'儿寒乎?欲食乎?'吾从板外相为应答。"语未毕,余泣,妪亦泣。余自束发读书轩中。一日,大母过余曰:"吾儿,久不见若影,何竟日默默在此,大类女郎也!"比去,以手阖门,自语曰:"吾家读书久不效,儿之成则可待乎?"顷之,持一象笏至,曰:"此吾祖太常公,宣德间执此以朝。他日,汝当用之。"瞻顾遗迹,如在昨日,令人长号不自禁。轩东故尝为厨,人往,从轩前过。余扃牖而居,久之,能以足音辨人。轩凡四遭火,得不焚,殆有神护者。

项脊生曰:"蜀清守丹穴,利甲天下,其后秦皇帝筑女怀清台。刘玄德与曹操争天下,诸葛孔明起陇中。方二人之昧昧于一隅也,世何足以知之?余区区处败屋中,方扬眉瞬目,谓有奇景;人知之者,其谓与陷井之蛙何异?"

余既为此志,后五年,吾妻来归,时至轩中,从吾问古事,或凭几学书。吾妻归宁,述诸小妹语曰:"闻姊家有阁子。且何谓阁子也?"其后六年,吾妻死,室坏不修。

其后二年，余久卧病无聊，乃使人复葺南阁子，其制稍异于前。然自后，余多在外，不常居。庭有枇杷树，吾妻死之年所手植也，今已亭亭如盖矣。

杨士奇与有光同一学欧阳修。然士奇宽衍而伤于肤，辞繁情隐。有光优游而归之洁，言简旨永。盖一如香蕉之熟而过烂；而一则谏果之味回于甘；有寥寥短章而逼真《史记》者，乃其最高淡处。如《项脊轩后记》，所以寄其悼亡之思，著墨不多，萧然高寄，而有弦外之音。又如《寒花葬志》曰：

婢，魏孺人媵也。嘉靖丁酉五月四日死，葬虚邱；事我而不卒，命也夫！婢初媵时，年十岁，垂双鬟，曳深绿布裳。一日，天寒，爇火煮荸荠熟，婢削之盈瓯。余入自外，取食之。婢持去不与。魏孺人笑之。孺人每令婢倚几旁饭。即饭，目眶冉冉动，孺人又指余以为笑。回思是时，奄忽便已十年。吁，可悲也已。

皆所谓"于不要紧之题，说不要紧之话，却自风神疏淡"者也。然有光之文，高者在神境；而稍病虚，声几欲下，亦有近俚而伤于繁者。特自何李崇茁轧之习，号为力追周秦；王李重扬其波，天下从风靡。而有光一切刮磨，不事涂饰，而选言有序；不刻画而足以昭物情，与古作者合符，而后来者取则焉，可不谓之特立独行之士乎哉！

第十节　袁宏道 附徐渭　袁宗道　钟惺　谭元春

方何、李、王、李之极盛，茅坤、唐顺之以疏快救板重，王慎中、归有光以洁适变奥古，此变而得其正者也。山阴徐渭字文长、公安袁宏道字中郎以清真药雕琢，而不免纤窘，则江湖才子之恶调也。竟陵钟惺字伯敬、谭元春字友夏，以幽冷裁肤缛，而仍归涩僻，又山林充隐之赝格也。一则漫无持择，一又过为尖新，虽蹊径不同，而要之好行小慧，以便空疏不学则一。此变而不得其正者也。

当嘉靖时，王李倡七子社，谢榛独以布衣被摈。渭自以诸生不得意，愤其以轩冕压韦布，誓不入二人党。殁二十年，袁宏道游越中，得渭残帙，以示祭酒陶望龄，相与激赏，刻以行世。传有《徐文长集》三十卷，中多代总督胡宗宪之作。其文则源出苏轼，唐顺之、茅坤诸人皆相推挹；独不得志于王李，遂不在声气之中。而宏道为之传曰："文有卓识，气沉而法严，不以模拟损才，不以议论伤格，韩曾之流亚也。文长既雅不与时调合，当时所谓骚坛主盟者，文长皆叱而奴之，故其名不出于越。悲夫。"然渭本俊才，不幸而学问未充，声名太早，一为权贵所知，遂任情放诞。及乎时移事易，侘傺穷愁，益放言高论，不复问古人法度为何物；只见为调靡而机利而已，何所谓气沉而法严也？然故公安一派之滥觞矣，宜宏道有以亟称之也。

宏道与兄宗道字伯修，弟中道字小修，并有才名；时称三袁。先是王李之学盛行，遂以仿汉摹唐转移一代之风气，迨其末流渐成伪体，涂泽字句，钩棘篇章，万喙一音，陈因相厌。于是三袁乘其弊而排抵之，而宗道实倡其说。于唐好白乐天，于宋好苏轼，名其斋曰白苏。至宏道益矫以清新轻俊，传有《袁中郎集》四十卷；然戏谑嘲笑，间杂俚语。录《拙效传》曰：

家有四钝仆：一名冬，一名东，一名戚，一名奎。

冬，即余仆也，掀鼻削面，蓝睛虬须，色若锈铁。尝从余武昌，偶令过邻生处，归失道，往返数十回，见他仆过者，亦不问，时年已四十余。余偶出，见其凄凉四顾，如欲哭者；呼之，大喜过望。性嗜酒。一日，家方煮醪，冬乞得一盏，适有他役，即忘之案上，为一婢子窃食尽；煮酒者怜之，与酒如前。冬伛偻突间，为薪焰所著，一烘而过，须眉几火。家人大笑，仍与他酒一瓶。冬甚喜，挚瓶沸汤中，俟暖即饮，偶为汤所溅，失手堕瓶，竟不得一口，瞠目而出。尝令开门，门枢稍紧，极力一推，身随门辟，头颅触地，足过顶上。举家大笑。今年随至燕邸，与诸门隶嬉游半载，问其姓名，一无所知。

东貌亦古，然稍有诙气，少役于伯修。伯修聘继室时，令至城市饼；家去城百里，吉期已迫，约以三日归。日晡不至，家严同伯修门外望，至夕，见一荷担从柳堤来者，东也。家严大喜，亟引至舍，释担视之，仅得蜜一瓮；问"饼何在"。东曰："昨至城，偶见蜜价贱，遂市之。饼价贵，未可市也。"时约以明日纳礼，竟不得行。

戚、奎皆三弟仆。戚常刘薪，跪而缚之，力过绳断，拳及其胸，闷绝仆地，半日始苏。奎貌若野獐，年三十尚未冠，发后攒作一纽，如大绳状。弟与钱市帽，奎忘其纽。及归，束发加帽，眼鼻俱入帽中，骇叹竟日。一日，至比舍，犬逐之，即张空拳相角，如与人交艺也，竟啮其指。其痴绝皆此类。

然余家狡狯之仆，往往得过，独四拙颇能守法。其狡狯者相继逐去，资身无策，多不过一二年，不免冻馁，而四拙以无过坐而衣食，主者谅其无他，计口而授之粟，唯恐其失所也。噫，亦足以见拙者之效矣。

不事修饰，其意在变板重为轻巧，变粉饰为本色，致天下耳目于一新，学者多舍王李而从之，目为公安体。然王李犹根于学问；公安则惟恃聪明；其尤甚者，轻薄以为风趣，矜诞以为吊诡。而金圣叹一派之放诞灭裂以自命才子，未必非公安阶之厉也。学王李者，不过奥坚以赝古。而学公安者，乃至矜其小慧，反道而败德，名为救王李之弊，而弊又甚焉。其后王李风渐息，而钟谭之说大炽！

钟谭者，钟惺谭元春也。惺貌寝，羸不胜衣，为人严冷不喜接俗客，由此得谢人事，肆力为文章。其宗旨具见所辑《周文归》、《宋文归》，与论诗同一蹊径，点逗一二新隽字句，矜为奇秘。周文质奥，宋文畅适，而惺一切以纤巧之法选之，以佻薄之语评之，撮新标奇，亦时有发。其文集不见，睹所为《游武夷山记》，洁情秀韵，颇工刻画，亦以幽秀孤峭，性与境称也。然有隽语而无快笔，不免失之枝碎；亦以生平著意字句，而无篇章之功也。其辞曰：

> 入闽，自崇安县南至省会八百余里，周始于山。去县三十里之裴村，隔溪望，形神狯谲，疑不为山；疑不为山，而山之习者创，恒者奇，人始作山想，欣然思一至者，武夷山也。山之情候在溪，溪九曲，山或应或违，而无所不相关。往往用舟，由一至九，终武夷游事。而自县南来者，去山十里，有水帘洞最胜。洞在山之万年宫左，而北接口，乃与一曲诸峰钩连，异岭同胜，如两人背立，游宜从此始。或曰："七曲有径，可达此洞。"则其离合断续之故，又不可问也。

余以天启三年癸亥归楚，则路先裴村，度溪，憩山于万年宫；虽欲始水帘洞而不能。为二月初八日，友人商梅送余至此；曰："游武夷，右之右之耳。"盖九曲在宫右故也。大要宫在山为邮舍，在他处已作深山；然大王与幔亭二峰，似处宫后，入即见之；入舟始一曲而正立溪左，庄甚。迤逦至二曲，乃更枕藉，傍小峰轩举作态；然游者皆以为一曲中物也。而一曲所有之峰，如大小观音与狮子，与二曲之玉女，入舟皆见；舟行稍远，则狮子没，三峰去一为二；又远，则小观音没，二复为一；然三峰不以出没为有无也。玉女屡迁多姿，一曲之未至，与三四之已过者，心目延返皆不能忘；于此虽欲专属二曲而不能也。然二曲用此为标。标三曲者，峰不可数，小藏为最。四曲者不可数，大藏为最，其下有卧龙潭焉。标五曲者不可数，仙掌、大隐、屏接笋为最。六曲则天游观左右之；晚对苍屏、三教、大小城、高岩为最；若一曲之大王、幔亭，二曲之玉女也。

　　余初八日之游，至六曲止。第以舟行，而二曲之灵岩、一线天，虎啸岩诸处，不能往；往非舆行六七里不可；如是则以二曲专一日，亦不为过。而念霁甚，是夜天游观之月，居高及远，当为溪山之鉴，宿无良于此者。出舟，仰小藏壁中仙船，而至乃绕其背，至卧龙潭。潭在大藏峰下；九曲之水，清无隐鳞，虽浅亦自可；而此水以潭名，极为静深，渊渊然如不恒流焉。由此趋平林渡，未终五曲，以舆代舟。寻太隐屏，朱晦翁书院在焉；当诸曲之中，溪山所会也；翁自有记。接笋峰雁次相缀；书院在峰前，而云窝在其后。云窝者，陈少司马省所营。公，长乐人，住山十二年，因崖割胜，居处门庭，部署历历，法趣相生，使后至者有鸠借鹊巢之思焉。余留诗见志。乃循仙掌峰，曲折缘流，步夕阳空翠而上；由石门上天游观。是夜宿焉。颇接笋峰，地高天近，云水烟霜，俱化为月；月光所往，未见其止；始知身在山中。与商子亭中坐立相对，惟恐其旦。旦则登一览台；台高于观，三曲之水，反在其下；见大王峰，复庄甚。

降复开舟，盖初九日也。意当从五曲始；不知六七曲边际，已销付仙掌笋舆中，舟待于七曲久矣。乃从此入舟；以故六曲之苍屏、上下城、高岩、小桃源，俱未及问焉。标七曲者为北廊岩、天壶峰。八曲为鼓子、三教峰、百花庄。九曲为寒岩、灵峰。观恬目愉，趣佳处领其要而已。行至九曲，径夷神旷，有出山之意。念岩壁之散处溪左右，为舟所未及；舟至而步未及至者，雅不欲以既倦之心目偿之。乃回舟。棹声未灭，已过天游观；诵谢康乐"空翠难强名"之句，望昨夜所坐立亭子，危兀似非可著足处。仙掌虽一峰，横据甚广，笼映可数曲；缘壁甫穷，遂发五六曲之舟，有以也。将达五曲，步至接笋峰下，欲登而不敢，必陈力进止。由一小门入，入得一亭，可憩；其绝顶有鸡胸岩，受趾以外，深不见底；以绠度，而峰本不甚高，依壁为木梯，级不盈尺，凡七十级；而余以病后不能；有诗云："自叹来偏晚，非关上独难"；谓游山须及时，兴日进而具日减，年所为也。一道士手茶菓，蹑梯下，步甚安，承饮焉。山中人以种茶代耕，茶惟接笋为妙。舆而舟，舟而又舆，返寻六曲之苍屏峰城、高岩；岩半庐一僧，僧亦山中所少也。舆而又舟，度溪，问所谓小桃源者。按图：旧有石堂寺，宋天圣间中夜风雨所陷之石，倚垂者为洞，坠者为梁；水声出洞梁中戛戛者为洞；凡为石门者二。既进，乃有田园庐舍，桑麻鸡犬，不知其山中也。幽险之极，得坦旷者，反以为异。武夷可居，无过此者。入舟，过四三曲，玉女、大王诸峰，数面成故。返宿万年宫，游事可终。念山中宿处，高莫如天游，深莫如虎啸，乃舍舟横斜行六七里许，问灵岩。岩不甚高，石覆如廊，洞如比屋，堂寝略具。檐牙所交，天光入隙，广不逾寸、长百之如线者，一线天也。横有隙，由一洞又穿一洞，既至，寒吹如晚如秋者，风洞也。望衡对宇，可往可来者，伏羲洞也。日暮矣，返宿虎啸岩。岩高于灵岩，立而微颓以覆缀壁之屋，僧居之，屋亦瓦，然终古不知有雨。是夜，月光如水，使人欲泛；余诗所谓"置身星月上，魄濯水烟中"者是也。

明日，由二曲入舟，寻止止庵。山中无桃花，大要为茶所夺；惟灵岩以往及止止庵，稍灿灿若瓶中物。还万年宫，具威仪而行。左行十里，道旁得一门如窦，易笋舆而入，坦步二里许，丹霞及火焰三峰桀竖，上乱烟日；群峰夹之，径渐仄，两壁相拒，如行三峡中。水间扼于石，纤直不自由者，为洞而不能为溪。而舁者亦跣而频济，石益束，厥势始交，交则为洞如小桃源，而大且险倍之。洞穷径出，复有天日，乃观水帘洞石壁。壁高而颓，故所覆甚远。去壁数百武，晴日阴喧，雾飞如雨。久之，始知流从壁上来，屋挂于壁，栏周之，拾级凭栏，如人执喷壶往来绝顶，滴沥如丝，东西游移，或东西分，弱不能自主，恒听于风。洞以水得名。峰势雄整，而水之思理反细，声光微处，最宜静者，非浮气人听睹所及也。余初不知水帘洞与武夷已隔一溪，相去又十里，何以相隶。既而悟舁人频济处，已还度溪，原未尝隔也。钟子往返武夷三日，觉远望疑不为山者，身到处无非山。山不知有曲，溪为之。溪不自谓曲之必九，泛溪者为之。水帘洞与武夷，一而二，二而一，自县南来者，宜以此为游事之始。来者甚锐，望九曲不能待，姑俟其归，则韵者如食已饫，俗者如倦欲寝，故竟亦过而不问也。商子导余，决计以水帘洞终武夷游事，为月之初十日。

文见《武夷山志》。考其时，乃惺丁忧去职，枉道而为此。昔苏氏轼辙兄弟去丧，禁断诗文；再期之内，不著一字。而惺素称严冷，具至性，何乃不如二苏之放旷者欤？况登山何事，闻讣何时，而竟优游为之耶？顾谭元春撰《墓铭》，不为隐避，不为微词，反称其哀乐奇到，非俗儒所能测。噫！三年之丧，天下之通丧也，岂不俗人之所能免欤？

谭元春最喜读郦道元《水经注》，刻有评本，虽识堕小慧，而趣绝恒蹊，意想所营，颇多创得。而为文章，亦得力焉，模山范水。传有《谭友夏合集》二十三卷。中《鹄湾文草》九卷，传志诸篇，立言无体，几为笑柄，多类稗官。而书牍序言，颇有意致。铭辞游记，尤可取裁；叙泉石之奇，能超形想；写友朋之乐，足散人怀。铭或具体于东坡，记多得力于郦注，洁情隽致，亦自足多；然有好句而无完篇。今最其文之佳者：如《游玄岳记》，有曰："涧上置桥，高壁成城，相围如一瓮。树色彻上下。波声为石所迫，人不能细语；桃花方自千仞落，亦作水响。"又曰："众山纷纷委于壑，松柏如随其山下伏，偃然与荇藻无异。"《游南岳记》，有曰："入丹霞寺，栋宇飘摇，若欲及客之身。自此以上，云雾傀居，冬夏一气，屋往往莫能自坚。"又曰："指隔山上封寺，道有级路，趾斜垂若蚁缘。人与云遇于途，云不畏人。趾穷，坦然得寺，亭午弄旭，澹若夕照。"又曰："上祝融峰顶，数人各据一石。晴漾其里，云缝其外，上如海，下如天，幻冥一色，心目无主；觉万丈之下，漠漠送声。"又曰："久之，云动。有顷，后云追前云，不及，遂失队。万云乘其罅，绕山左飞。飞尽日现，天地定位，下界山争以青翠供奉。四峰皆莫能自起，远湖近江，皆作丝缕白。"又曰："宿上封寺，云有去者。星月雍然，磬声不壮。"又曰："善游岳者先望。善望岳者逐步所移而望之，雨望于渌口，月望于山门，皆不见。都市乃得见之，深于云一纸耳。将抵衡，触望庄栗，空中欲分天。又望于县之郊庵，云顶一二片定者，的的见缥碧。又望于道中，万岭皆可数，然是前山，非郊庵所望缥碧者也。"《初游乌龙潭记》，有曰："有舟自邻家出，与阁上相望者，往来秋色。"《再游乌龙潭记》有曰："电与电相后先。电光煜煜入水中，深入丈尺，而吸其波光以上于雨，作金银珠圆影，良久乃已。"《三游乌龙潭记》，有曰："残阳接月，晚霞四起，朱光下射，红在莲叶下起；已而尽潭皆赪，明霞作底。"此皆写景之妙者也。

《退谷（钟惺别号）墓志铭》，有曰："退谷改南时，僦秦淮一水阁，闭门读史。每游人午夜棹回，曲倦酒尽，两岸寂不闻声。而犹有一灯荧荧，守笔墨不收者，窥窗视之，则嗒然退谷也。"《三十四舅氏墓志铭》，有曰："农暇或一至予家，问吾母安否。夏月稻登场，必贻以新。仲秋月圆酒熟，必寄予兄弟。每过予家，则教以安分行乐。予兄弟往拜舅室，见其与妇乔孺人，子女四五人，所畜童婢二人，料理鸡埘牛圈，屋茀酌缙，宽然无辱于担石之中。应酬不烦，王税不逋，贵不知敬，富不知羡。若以今世士大夫稍能知苦乐安危者，闻舅氏事，岂有不窃叹者哉！"《求母氏五十文说》，有曰："春兄弟六人，百亩之田，三尺之童，母乘其俱出析之；曰：'非儿曹意也。吾见魏氏数世同居，子孙不知世务，卒以此愦懦落其家声；徒存义名，无补门户。且吾所为析者，使诸妇不凌杂耳，其母妹兄弟同食如故，人直供一日。'薄暮取酒相对，谈学业世事。母亦喜出听，自出饼饵蔬醴，佐春兄弟啖。兄弟中有求益者。母喜曰：'吾见汝曹争食；家中长若此可矣！'"此皆写情之真者也。

至铭赞之佳，如《端石研铭》曰："无旁无足，无口无目。墨易生如蓄，水自出如瀑。大人书之金如玉，野人书之石如木。"《连环研铭》曰："石田苍苍，一区二唐。"《女士程辟支所绣观音颂》曰："腾腾白光，一针所始。何以竟之？既结旋委。稽首审听，瓶摇新水。春闺无怨，丝丝神理。幅帛莫增，扪如其指。送大士行，月出烟止。"《宋绣观世音赞》曰："我闻绣佛，慎哉劈丝。离朱晨曦，目午则疲。莲花瓣瓣，紫竹枝枝。视手中线，观音在兹。"名章迥句，处处间起；与钟惺齐名，亦以易天下之耳目；有竟陵体之称。然竟陵特以诗著，而文章亦自成一格。公安结调太熟；而竟陵又过生新。公安造语近俚；竟陵构篇不完。公安无絜情，而竟陵乏远韵。若夫言择雅驯，文忌枝碎，结调在生熟之间，而余味包篇章之外者；其惟归有光乎，其惟归有光乎！

第十一节　钱谦益　艾南英附罗玘

有导扬归有光之学，以自振拔于王李，而湔洗不净者，曰常熟钱谦益，字受之。自言：年十六七岁，已好陵猎为古文；

李梦阳《空同》、王世贞《弇山》二集，澜翻背诵，暗中摸索，能了知某纸；摇笔自喜，欲与驱驾。父世扬见之曰："此唐荆川所谓三岁孩作老人形耳。"而谦益自若。为举子，偕李长衡，视所作。长衡笑曰："子他日当为李王辈流。"谦益惊曰："李王而外，尚有文章乎？"长衡为言唐宋大家，与李王迥别，而略指其所以然。谦益为之心动。既而从练川二三长者得闻归有光之绪论，与近代王李剽贼之病。客从临川来，汤显祖寄声相勉曰："本朝文，自空同已降，皆文之舆台也。古文自有真，勿漫视宋濂。"于是始覃精研思，刻意学唐宋古文，因以及金元元好问、虞集诸家；而尤喜欧阳修《五代史记》，以为"真得太史公血脉，而下开震川。如震川之《李罗村行状》、《赵汝渊墓志》，虽欧公复生，何以过此？以震川追配唐宋大家，其于介甫子由，殆有过之，而与古人参会于毫芒秒忽之间也。士生于斯世，尚能知宋元大家之文，可以与两汉同流，不为王李所澌灭。震川之功，岂不伟哉！"因校刻《震川集》而序之。盖清桐城家言之治古文者，胥由有光以踵欧阳而窥太史公；姚鼐遂以有光上继唐宋八家而为《古文辞类纂》一书；何莫非谦益之绪论，有以启其涂辙也。

特谦益自为文章，则以早年寝馈于《空同》、《弇山》者深，而洗伐不尽。有光之文，顺理成章，自然隽永深折。谦益之文，盛气缛语，不免峻厉矜肆。杨士奇、李东阳气体阔大，而骨力甚平；其流为庸熟。而谦益则又骨力开张，而脉理不细；其弊为矜诞。然杨李所谓雍容之音，讵耐咀味；而谦益妙有噍杀之节，时能激发。传有《初学集》一百十卷（《四部丛刊》景印明崇祯癸未刻本，又清宣统间吴江薛凤昌邃汉斋铅排本），《有学集》五十卷（《四部丛刊》景印清康熙甲辰刻本，又宣统间薛凤昌铅排本）。录《瞳目篇赠华征君仲通》曰：

> 周室东迁后，垂二百年，蛮夷交侵，三纲沦替。生斯世也，佽佽乎无所之，胥天下皆瞽人矣。孔子出，作《春秋》以相之；左目日，右目月，视为昼，瞑为夜；故曰"圣人者，时人之目也"。吾于斯世，得二瞽人焉！《春秋》未作，得一人焉，曰师旷。《诗》不云乎："蠢尔荆蛮，大邦为雠。"齐桓公以悬车束马之余威，凭陵方汉；胶舟之问，委诸水滨。子野，一瞽工耳；骤歌南风，知楚师之不竞，何其神也。管夷吾死，楚氛蔽华夏，惟师旷为有目，焉得瞽？《春秋》既作，得一人焉，曰左丘明。史不云乎："丘明失明，厥有《国语》。"言天道，征人事，采毫末，贬纤介，如抉目之金镜，如照世之宝玉。"左丘明耻之"，孔子盖三叹焉。孔子，时人之目也。左丘明，以孔子为目者也。万古长夜，《春秋》复旦，鲁君子之四目，至今炯如也；焉得瞽？由是推之，自《春秋》以后二千余年，暴于秦，乱于五代，僭于耶律、蒙古、完颜，稽天吞日，万倍荆蛮；于其中不瞽不盲者有几人哉！瞽者两目映矣，犹恐人之一目映也，汲汲然思厚其膜，滋其眵，又集矢以中之，胥天下拍肩取道而后已。秦始皇之于高渐离，畏忌而瞳其目，亦犹是也。虽然，始皇瞳渐离之目，自以为无患矣；近不瞳胡亥、赵高、李斯之目；远不能瞳陈涉、吴广、刘季、项羽之目；所谓"千秋万岁，传之无穷"者，亦终如瞽者之摸象，归于何有，则亦可为一笑而已矣。

> 梁溪华仲通，怀文抱质，鲁君子之徒也；不幸而有丧明之疾。铅椠削笔，尊周王鲁，未尝一息而忘《春秋》之

志也。居环堵之室,咏歌先王之风,曳杖抱膝,声满户牖;徐而听之,泣铜盘,弹翎雀,湫乎攸乎,如师旷之骤歌南风而有余思也。仲通居蒙瞀之世,以有目取憎;天之矐其目也;所以全仲通也。屏居内视,玄览中区,目光如炬,庶几半头天眼;此人之所不能憎,而天之所不能矐者也。虽有百始皇,如仲通何!吾于师旷、丘明二瞽之后,窃取仲通以配之曰:"此宇宙间三有目人也"不亦可乎!仲通今年六十,人争引唐文昌以城南复明为祝。而余则诵元遗山之诗曰:"无穷白日青天在,自有先生引镜时。"以为天之所不能矐者,复明与否,非所急也。作《矐目篇》以贻之。

谦益目睹明社之屋,而不能死;又以身事新朝,微文见意,时有弦外之音,而出以诙诡。清帝恨之,遂禁其集不得行。然在明清易代之际,江以南言文章者,必以谦益为巨擘焉。

东乡艾南英,字千子,起于江西,亦衍归有光之说以斥王世贞,而与谦益相应和。自李梦阳之说出,而学者剽窃班、马、李、杜。自世贞之集出,学者遂剽窃世贞。南英每痛切言之曰:"后生小子不必读书,不必作文。但架上有《弇州前后四部稿》;每遇应酬,顷刻裁割,便可成篇。骤读之,无不浓丽鲜华,绚烂夺目;细案之,一腐套耳。"传有《天佣子全集》十卷(有清康熙道光两种刊本)。其文学欧阳修,然根柢少薄,模拟有迹。录《重刻罗文肃公集序》曰:

> 有明文章之盛,莫盛于太祖朝。刘文成、宋文宪、王文忠、陶姑孰辈,不独帷幄议论,佐圣神文武,佑启后人之谟烈;而文章亦遂为当代之冠。至于苏平仲、高季迪、解大绅、方希古,或专以诗文,或兼有节义,后先二祖之

世。虽由草昧开天，士崇实学，不惑于流俗苟且之见；亦由唐宋大家之流风遗韵，典型未远。洪永而后，文章浸衰矣。杨文贞、王文成虽卓然自成一家，而两公以相业事功，不专名文章；风矩所激，后进无由睹其标指。一时文章之权，无所主持。于是弘治之世，邪说始兴，至劝天下士无读唐以后书；又曰"非三代两汉之书不读"。骄心盛气，不复考韩欧大家立言之旨。又以所持既狭，中无实学，相率取司马迁、班固，摘其句字，分门纂类，因仍附和。太仓、历下两生，持北地之说而又过之。持之愈坚，流弊愈广。后生相习为腐剿，至于今而未已。

天祐斯文，笃生豪杰。南城圭峰罗文肃公当邪说始兴之时，矫俗自立，力追古大家体裁；当时以为直逼柳州。天下后进，读公之集，始知刻厉为文，不袭陈言，不厌薄韩柳，以为可师；皆公之力也。《易》曰"硕果不食"，其公之谓欤？公殁且百年，为北地之徒者，日归于腐败；而公之文愈著。天下言文之士，由当代而溯韩柳氏者，必以公为小宗。然后知后世之公论，作者之精神，有以致之也。公所为文，在翰林应酬之作为多；较之宋文宪、方希古、苏平仲辈，虽篇幅谨严，稍逊前人之宽博；至其冥思入微，命词遣意，境界一新；其师摹得力，自柳子《愚溪》诸记而来；即起方宋于九原，未敢多让。加以力持风节，尝谏言官诤外戚之狱；为吏部侍郎，因群盗窃发，疏请早建储贰以系属人心。家居却宁庶人馈遗。盖方正学之风节，《大庖西封事》之遗概，庶几似之！予既序选公集，列之有明大家，而复因其玄孙栗口之请，序其全。公集刻旴郡，刻南国子监。此本较二刻稍备。近武进尚书淇澳孙公复有选本；然吾不乐其与北地并推也。

罗文肃公者，南城罗玘，字景鸣，与何李同时，而不涉声气；著有《圭峰文集》三十卷。其文规模韩愈，戛戛独造，多抑掩其意，迂折其词，所争在句法奇险之间；而磊落欹崎，有意作态，不能如韩愈之浑噩。艾南英模放欧阳，而生吞活剥，亦落肤剿，不能如归有光之神逸。以视李梦阳、王世贞之模秦仿汉，亦复鲁卫之政；何必此之为是而彼之为非。学秦汉文之落窠臼，而不免于肤剿者，李梦阳、王世贞也。学唐宋文之落窠臼，而壹出于摹拟者，罗玘、艾南英也。钱谦益学欧阳修，面目全不似；而错综震荡，亦有气概。而艾南英学欧阳修，字句似；而拘挛系著，绝无神彩。独论文诸书，抑扬爽朗，颇尽利钝；而《与陈子龙书》，尤极峻厉。

第十二节　张溥　陈子龙

方明之季，艾南英倡豫章社，衍归有光等之说而畅其流。而华亭陈子龙字卧子者，则结几社，承王世贞等之说而涤其滥。是时，太仓张溥字天如、张采字受先共学齐名，号娄东二张，集吴中名士相与复古学；而溥为主盟，编有《汉魏六朝百三家集》一百十八卷，名其文社曰复社。而子龙则与同里夏允彝等倡几社相应和，以昭明《文选》为门庭。而子龙最为雄桀，天才迅发，好上下古今，切合时务，而敷以藻艳。艾南英至云间，抗颜南面。惟子龙以少年与之争。南英主理学；子龙主议论；南英主秦汉；子龙主魏晋；互持不相下，至于攘臂；要其独主所见，不肯雷同，亦足以自豪也。早为警丽，晚而趋于平淡，悔其少作；则南英亦为降心相推焉。录《横云山石壁铭》曰：

> 横云山者，松之屏蔽。其山偃卧凭隆，平冈削麓。含泉窟石，气理顽秀；凿山消精，岁积齿齿，盖僻迥残壤，远寄者绝其盘游，荒荒莫纪。有石壁焉，削成岿崎，肤色黄艳，方数十丈，猿鸟莫度。下临石池，嶙峋笋起。右转而北，石貌横出，两峰交会，中涧深寂。涧末委潭，测之以绠，未及垂止。斯亦方内之邃迹，浅境之壮观矣。环壁包池，则李氏之园在焉。既薙丛棘，遂有堂宇。濯洼以俟雨，植枫而缀秋。涉冬之阳，李氏携客信宿。落叶零翠，寒山冻青，风消夕醉，月照宵遽，辨隔浦之归渔，习空山之啸鬼，横览凄恻，悲凉莫罄。壁立峣屼，颓兮千古。乃作铭曰：
>
> 石髓凝风，云堆乾雨。穴锁龙符，壁开灵斧。萝篆玄文，藓留青妩。滑磴疑猿，颓峰碍羽。泉覆群月，天空一秋。飞霜鸟路，结雾仙楼。碧摩僾莽，红落浮游。涧鬼恒聚，石鼠尝游。竹响无羁，草香不扫。风堕岩危，波摇木矫。地骨黄初，山眉黛老。矗望当星，潜看逼昊。窦乳欲法，择沙若明。傍崿虎瞰，阴濑蛟挐。岳堂中镇，湍桥宛萦。主情燕豫，客性峥嵘。考义古昔，揽时欣赏。酒寄怀深，诗安心荡。击火浮烟，缘溪拾橡。夜黑虚峤，幽魂下上。

语出生撰，调操险急，有李梦阳之奥古，而谢其剽袭；同王世贞之绚烂，而出以卓炼。雄骏驱迈不如李王，而短峭精悍亦非李王所及。李王之文，排摹陵厉而出之，故浑灏流转之势盛。子龙之文，刮磨琢炼而出之，故遒峭峻险之意多。其后峥嵘极而归平淡，如所为《仙都山志》，绝去雕饰，而突起纤行，峭收缦回，章妥句适，而出以千锤百炼。牢笼百态，旷如也，奥如也，虽柳州不加焉。陈子龙遒丽惊挺，归有光简澹隽永，二子之文，吾未知所先后也。顾余姚黄宗羲梨州与子龙交契，而所选《明文授读》，不登子龙一篇；自来选家，亦罕有及之者，宁得谓之知言哉？惜其文不多见耳。

张溥高名盛气，以汉魏为东南倡，而笔力凡近，所为《五人墓记》，急转直落，有意敩太史公之跌宕激射；而提不起，放不下，欲为雄骏而曾不能以疏快，且不得与艾南英比；调已靡矣。其稍入奥者，则又堆垛襞积，捃摭古语；而意涉于晦，不可以句读者，亦往往有焉。桐城方以智字密之，贵公子，而撰《文章薪火》，以唐宋大家为东南倡；特议论好为穿凿。然玄黄之会，文多伪体；而云间以华，桐城以朴，差有宗尚。陈子龙之于东汉，含英咀华，所得者多。而以智志于马、班、韩、欧，则寝馈不深。后来西泠十子陆僾胡辈出于云间，而骈俪之体日雅。戴名世、方苞辈大昌桐城，而散体之文以洁。贞下起元，固始基之矣。

第二章　明　诗 附词

第一节　总　论

　　自来文人好标榜，诗人为多，而明之诗人尤甚。以诗也者，易能难精，而门径多歧，又不能别黑白而定一尊；于是不求其实，相竞于名，树职志、立门户。明太祖时，吴则有北郭十子，为高启、杨基、张羽、徐贲、余尧臣、王行、宋克、吕敏、陈则、释道衍。越则有会稽二肃，谓唐肃、谢肃。粤则有南园五子，为孙蕡、黄哲、王佐、李德、赵介。闽则有十子，为林鸿、王恭、王偁、高廷礼、陈亮、郑定、王褒、唐泰、周玄、黄玄。景帝时，有景泰十才子，为刘溥、汤胤绩、苏平、苏正、沈愚、晏铎、王淮、邹亮、蒋主忠、王贞庆。孝宗时，有前七子，为李梦阳、何景明、徐祯卿、边贡、王廷相、康海、王九思；七子中，去王廷相，加朱应登、顾璘、陈沂、郑善夫，号十子。世宗时，有嘉靖八才子，为李开先、王慎中、唐顺之、陈束、赵时春、任瀚、熊过、吕高。有后七子，为李攀龙、王世贞、谢榛、梁有誉、宗臣、徐中行、吴国伦。后五子，为张九一、张嘉胤、汪道昆、余曰德、魏裳；广五子，为卢柟、欧大任、俞允文、李先芳、吴维岳；续五子，为黎民表、王道行、石星、赵用贤、朱多煃；末五子，为屠隆、胡应麟、李维桢、吴旦、李时行。而梁有誉、欧大任、黎民表、吴旦、李时行，又为南园后五先生。神宗时，有嘉定四先生，为程嘉燧、李流芳、娄坚、唐时升。又有公安派，则袁宗道、袁宏道、袁中道；竟陵派，为钟惺、谭元春。然此百十人中，没世有称者，不过三四十人。而极其流变，则在振唐格以革元风，矫纤浓而为雄遒。元末明初，杨维桢最为巨擘；然险怪仿昌谷，妖丽出温李，以之自成一家则可；究非康庄大道。刘基独标骨干，时能规模杜韩。而高启则才气超迈，音节响亮，出入于汉、魏、六朝、唐、宋诸家，而自出新意；振元末纤秾缛丽之习，而开何李复古之风，博大昌明，泱泱乎开国之气象也。要之明初诗人，以二公为冠；袁凯、杨基次之，张以宁、徐贲、张羽又次之；其以高、杨、张、徐为明初四家，固不若是班也。永乐以还，崇尚台阁体。李东阳力挽颓波。何李七子，起而振之，诗遂复归于正。而李梦阳雄浑悲壮，鼓荡飞扬；何景明秀朗俊逸，回翔驰骤；同一宪章少陵，而所造各异；骎骎乎一代之盛，有非徐祯卿、边贡、王廷相、王九思、康海所可及者。而其时杨慎负高明伉爽之才，空所倚傍，拔戟于李何之外而自成一队。薛蕙、高叔嗣并以冲淡为宗；华察希韦柳之风；皇甫冲得晋宋之意；亦正嘉时之尔雅者也。后七子：王世贞乐府古体，卓尔名家；李攀龙七言近体，高华矜贵。未尝不各有所长，但其他锻炼未纯，摹古大甚。而谢榛、吴国伦、徐中行、宗臣、梁有誉等辅之，沿袭雷同，致来攻击之口。于是一变为公安之轻儇，再变为竟陵之僻涩，三变为陈继儒，程嘉燧之纤佻，而每况愈下矣。议者或极推嘉燧，刻论李何，究不过为门户之见耳。万历以来，高攀龙雅淡清真，得陶公意趣；陈子龙垦辟榛芜，上窥正始；斯为不染时趋者矣。明诗源流，大抵如此。今博考诸家之集，参以众论，录其著者。

第二节　杨维桢附贝琼　刘基　高启附杨基

张羽　徐贲　袁凯　林鸿等

易代之际，杨维桢诗名盖代，号铁崖体；而乐府其尤擅场者也。乐府始于汉武，后遂以官署之名，为篇章之名。其初郊祀等歌，依律制诗，横吹诸曲，采诗协律，与古诗原不甚分。后乃声调迥殊，与诗异格，或拟旧谱，或制新题，辗转日增，体裁百出。大抵奇矫始于鲍照；变化极于李白；幽艳奇诡，别出蹊径，歧于李贺。元之季年，多效温庭筠体，柔媚旖旎，全类小词。维桢以横绝一世之才，乘其弊而力矫之，根柢于青莲昌谷，纵横排奡，自辟町畦；传有《铁崖古乐府》十六卷（《四部丛刊》影印明成化刊本）；其高者或突过古人，其下者亦多堕入魔趣，故文采照映一时，而弹射者亦复四起。录两章。

湖中女

湖中水，滑如脂。湖中女，夫容姿。湖中小桨荡莲叶，唱得吴王白雪词。轻裾利屦踏雁足，为客高歌激明目。生年不作人家妇，东人西人换恩主。主家薄幸非三从，归来抱瑟弹孤鸿。君不见，东家女伴粗且丑，嫁得比邻呼何忪（读作钟）。

五湖游

　　鸱夷湖上水仙舟,舟中仙人十二楼。桃花春水连天浮,七十二黛吹落天外如青沤。道人谪世三千秋,手把一枝青玉虬。东扶海日红桑樛,海风约住吴王洲。吴王洲前校水战,水犀十万如浮沤。水声一夜入台沼,麋鹿已无台上游。歌吴歈,舞吴剑,招鸱夷兮狎阳侯。楼船不须到蓬丘,西施郑旦坐两头。道人卧舟吹铁笛,仰看青天天倒流。商老人,橘几弈?东方生,桃几偷?精卫塞海成瓯窭。海荡岷山漂髑髅。胡为不饮成春愁。

维桢诗以奇逸矫变凌跨一世;特其才务驰骋,意务新异,不免滋末流之弊。宋濂撰《维桢墓志》称:"其于诗尤号名家,震荡陵厉,骎骎将逼盛唐;骤阅之,神出鬼殁,不可察其端倪。"而《答章秀才沦诗书》,则曰:"近来学者类多自高,操觚未能成章,辄阔视前古为无物,故其所作往往猖狂无伦,以扬沙走石为豪,而不复知有纯和冲粹之意;可胜叹哉!"意似为维桢发也,则固不无微词矣。

崇德贝琼,字廷琚;从学于维桢,而其言曰:"立言不在崭绝刻峭,而平衍为可观;不在荒唐险怪,而丰腴为可乐。"盖虽出于维桢之门,而宗旨颇不相袭者也。传有《清江贝先生集》四十一卷(《四部丛刊》影印明洪武刻本),其中诗集十卷,录《经故内》:

　　山中玉殿尽苍苔,天子蒙尘岂复回。地脉不从沧海断,潮声犹上浙东来。百年禁树知谁惜,三月宫花尚自开。此日登临解题赋,白头庾信不胜哀!

其诗温厚之中，自然高秀；不同维桢之力为奇矫也。

青田刘基，字伯温，锐意摹古，独标高格。不同于杨维桢以乐府擅声；构新题为古体，辞华洗伐不尽。而刘基则力追杜韩，而出以沉郁顿挫，遂开明三百年风气。而乐府高于古诗，古诗高于近体，五言近体又高于七言。元诗态浓而语纤；刘基干之以风力，辞意非常，骨气奇高，感慨同刘越石，险峻出韩退之，错综震荡；谢灵运《邺中诗》所谓"刘桢卓荦偏人，而文最有气，所得颇经奇"者也。若《二鬼》一篇，直欲破刘叉之胆矣。录《杂诗》：

小鱼头如针，大鱼须如松；小大各生育，孰私天地功？坤灵发淫怒，溟海簸惊风。大鱼食小鱼，陂池为之空。陂空水亦竭，小大相唅喁。但见灌莽间，颅骨成崆峣。残膏饫蝼蚁，孰辨鲸与鳐？

人生如浮云，飘摇无根蒂，昨暮青山阿，今朝沧海湄。风波无定时，沦踬难为计。是中苟不爽，曷问耿与翳？申胥存楚国，仲连却秦帝；此士虽则亡，英名千万世。

鹰本是鸷鸟，爪利翮劲疾；胡为化为鸠，钝拙无与匹？栖迟荆棘间，粒啄营口实。暮啼墙角雨，朝啼屋头日。昔为众鸟畏，今为众鸟咥。运命苦不常，孰为金石质？

急雨涨潢潦，沟池成五湖。青蛙与耿黾，得意鸣相呼；自谓乐无似，至足不求余。蓬莱有玄鹤，曾见东海枯；清夜唳长风，哀音绕天衢。使我起太息，黑鬓变霜须。

惟豺知祭兽，獭亦知祭鱼。豺獭有报本，人道当何如？华堂饫玉食，盗贼塞中途。那能不自愧，而以耀庸愚？吁嗟千载下，枯骨空专车。

> 天地若大瓮，万物生其腹。人犹腹中虫，蠢蠢随化育。钻攻无时休，脏腑为翻覆。帝青调元气，岂不畏戎毒？嫛然命涤荡，汗下兼涌衂。蛮蛮自狂狷，涫沸交杀戮。何当瞑眩定，风止水归渎？铸铁作锄犁，春耕待秋熟。

言在耳目之内，情寄八荒之表；雅壮而多风，造语奇伟，如千金骏足，飞腾飘瞥，蓦涧注坡，不如维桢之有意奇诡，而自然高骧；一则文人之偏师出奇，一为志士之忧时托愤。是故非奇逸之难，有其胸次为难也。

长洲高启，字季迪；天才高逸，独为明开国诗人之冠。其于诗拟汉魏似汉魏，拟六朝似六朝，拟唐似唐，拟宋似宋，凡古人之所长，无不兼之，传有《诗集》十八卷（《四部丛刊》影印明景泰元年徐庸刻《大全集》本，清雍正六年桐乡金檀集注之文瑞楼刊本，近上海文瑞楼书庄影印文瑞楼原刊本），一洗元诗纤丽肤缛之习，而返之于古，启实为有力。然得名太早，殒折太速，未能镕铸变化，自为一家；故备有古人之格，而反不能名启为何格，此则天实限之，非启过也。特其摹仿古调之中，自有精神意象存乎其间。录《忆昨行寄吴中诸故人》。

> 忆昨结交豪侠客，意气相倾无促戚。十年离乱如不知，日费黄金出游剧。狐裘蒙茸欺北风，霹雳应手鸣雕弓。桓王墓下沙草内，仿佛地似辽城东。马行雪中四蹄热，流影欲追飞隼灭。归来笑学曹景宗，生击黄獐饮其血。皋桥泰娘双翠娥，唤来尊前为我歌，白日欲没奈愁何！回潭水绿春始波，此中夜游乐更多。月出东山白云里，照见船中笛声起。惊鸥飞过片片轻，有似梅花落江水。天峰最高明日登，手接飞鸟攀危藤；龙门路黑不可上，松风吹灭岩中灯。

众客欲归我不能，更度前岭缘峻增。远携茗器下相候，喜有白首楞伽僧。馆娃离官已为寺，香径无人欲愁思。醉题高壁墨如鸦，一半攲斜不成字。夫差城南天下稀，狂游累日忘却归。座中争起劝我酒，但道饮此无相违。自从飘零各江海，故旧如今几人在？荒烟落日野乌啼，寂寞青山颜亦改。须知少年乐事偏，当饮岂得言无钱。我今齿发虽未老，豪健已觉难如前。去日已去不可止，来日方来犹可喜。古来达士有名言，只说"人生行乐耳"。

顿挫浏亮，自选定其诗为《缶鸣集》；而王袆序而评之曰："季迪之诗，隽逸而清丽，如秋空飞隼，盘旋百折，招之不肯下。又如碧水芙渠，不假雕饰，翛然尘外，有君子之风焉。"明初吴下多诗人，启与杨基、张羽、徐贲称四杰，以配唐王杨卢骆云。基，字孟载，传有《眉庵集》十二卷（南京龙蟠里图书馆藏有影写明重刊成化本）。其诗颇沿元季纤秾之习，不如启之冲雅遒炼；然其五言古诗，风格颇上。羽，字来仪，传有《静居集》四卷（南京龙蟠里图书馆藏有钞明万历刊本）。其律诗意取俊逸，失之平熟；而五言古体，低昂婉转，殊有浏亮之作。至于歌行，笔力雄放，音节谐畅，足以方驾于启而为一时之豪。贲，字幼文，传有《北郭集》十卷（南京龙蟠里图书馆藏有影写明成化刊本）。其诗才气不及高、杨、张，而法律谨严，字句熨贴，长篇短什，并首尾温丽，于三家别为一格。然唐四杰以材章丽赡为美；而明四杰以风骨腾骞为高，故龙头不得不属启也。华亭袁凯，字景文，以《白燕诗》得名，时称袁白燕。启赠诗曰："清新还似我，雄健不如他。"传有《海叟集》四卷（南京龙蟠里图书馆藏有明万历刊本，又清光绪癸巳年徐氏观自得斋刊本）。

而何景明序谓："明初诗人，以凯为冠。"盖凯古体多学《文选》，近体多学杜甫；与景明持论颇契，故有此语也。景明又极称："歌行得杜之体。"然伤乎直，殊少变化。七言断句，在李庶子、刘宾客间；高启、杨基俱不及也。然吴诗尚风骨。而闽派讲格调，其诗派祢三唐而祧宋元；善诗者称十才子，而福清林鸿字子羽者推巨擘焉。十才子者：闽郑定，侯官王褒、唐泰，长乐高棅、王恭、陈亮，永福王偁及鸿弟子周元、黄元，时人目为二元者也。鸿论诗，大指谓"汉魏骨气虽雄，而菁华不足。晋祖玄虚。宋尚条畅。齐梁以下，但务春华，少秋实。惟唐作者可谓大成。然贞观尚习故陋；神龙渐变常调；开元天宝间声律大备，学者当以是为楷式。"闽人言诗者，率本于鸿；传有《鸣盛集》四卷，宗法唐人，绳趋尺步，而无鹰扬虎视之致。"袁凯《海叟集》专学杜；而鸿《鸣盛集》专学唐；盖能极力摹拟，不但字面句法，并其题目亦效之；开卷骤视，宛若旧本。然细味之，求其流出肺腑，卓尔自立者，指不能一再屈也。"李东阳云。

第三节　李东阳　李梦阳　何景明

徐祯卿附祝允明　唐寅　文征明　边贡等

杨慎附高叔嗣　华察　皇甫冲等

诗必盛唐以上，李梦阳、何景明所以高唱复古也。然李东阳实有开山之功。东阳宏奖群英，力追正始；由其天才颖异，长短丰约，高下疾徐，滔滔莽莽，惟意所如。其自序谓："耳目所接，兴况所寄，左触右激，发乎言而成声，虽欲止之，有不可得而止者。"此自得之言也。录《灵寿杖歌》。

吾闻武当之山四万二千丈，半在云根半天上。不知三十六官何处称绝奇，产出灵株非一状。蛟螭盘拏露头角，熊经树颠虎山脚。根蟠节错相纠缠，含风饱云经炎寒。九年洪水之水浸不杀，十日之日暴烈何时干。梯悬蹬接跬步不可上，谁采青璧红琅玕。见之羡者不容口，锡以嘉名曰灵寿；爪之不入行有声，金可同坚石同久。吾家此物旧所有，神与相扶鬼为守。自从病足跛曳不得前，已觉山林落吾手。一病经旬不出门，手中此杖嗟犹存。下床敁足立不定，此时托子以为命。不顾四体无微疴，但愿谢病归山阿；左扶右策夹以二童子，下可涉园径，上可陵陂陀。愿栽万木截万杖，穷崖阴谷生森罗。灵兮寿兮此物倘可致，直遣四海赤子头俱皤。

纵横跌宕，能盘硬语，极意规模少陵，何必李梦阳《空同集》耶？而梦阳轻之，何也？近体雅驯清澈，律圆而调响，亦深得唐意。录《游岳麓寺》：

危峰高瞰楚江干，路在羊肠第几盘？万树松杉双径合，四山风雨一僧寒。平沙浅草连天远，落日孤城隔水看。蓟北湘南俱入眼，鹧鸪声里独凭栏。

永乐以后诗，台阁体平熟，而理学诸公则近俚；得东阳起而振之，如老鹤一鸣，喧啾俱废。后李梦阳、何景明继起廓而大之，骎骎乎一代之盛矣。李梦阳、何景明文必秦汉，诗必盛唐以上。而东阳文非秦汉，诗则盛唐也。

李梦阳五言古源本陈王、谢客，初不以杜为师；所云杜体者，乃其摹拟之作，中多生吞语，偶附集中，非得意诗也。而学陈王、谢客者，亦过雕刻，未极自然。惟七言古及近体专仿少陵，超然蹊径之外。七言古雄浑悲壮，纵横变化；《明星》、《去妇》、《杜炼师》、《刘大司马》等篇，跌宕奇矫；《士兵》、《豆萁》之作，学杜而智过其师，俚质生硬处正不易到。而七言近体，开合动宕，不拘故方，准之杜陵，亦几具体；故当雄视一代，邈焉寡俦。至五言律颇伤质直，而长律整栗，亦有支弱之习。《灵济宫》一篇，高出《松陵》；余则《华岳》、《简何舍人》、《鄱阳湖》诸作，亦可诵。七言绝，则学供奉；而五绝如《狱中》、《咏将》诸篇，奇特可喜，是亦逸品。录二首：

去妇词

孔雀南飞雁北翔，含颦揽涕下君堂，绣幕空留并菡苕，罗袂尚带双鸳鸯。菡苕鸳鸯谁不羡？人生一别何由见；只解黄金顷刻成，那知碧海须臾变。贱妾甘为覆地水，郎君忍作离弦箭。忆昔嫁来花满天，贱妾郎君俱少年，瑶台筑就犹嫌恶，金屋装成不论钱。重楼复道天中起，结绮、临春照春水。宛转流苏夜月前，姜迷宝瑟烟花里。夜月烟花不相待，安得朱颜常不改？若使相逢无别离，肯放逝波到东海？薄命难教娣姒知，衰年恨少姑嫜在。长安大道接燕川，邻里携壶旧路边。妾悲妾怨凭谁省，君舞君歌空自怜。郎君岂是会稽守，贱妾宁同会稽妇。郎乎幸爱千金躯，但愿新人故不如。

秋望

黄河水绕汉边墙，河上秋风雁几行？客子过壕追野马，将军殁箭射天狼。黄尘古渡迷飞挽，白月横空冷战场。闻道朔方多勇略，只今谁是郭汾阳？

华州王维桢以为:"七言律自杜甫以后,善用顿挫倒插之法,惟梦阳一人。"而何景明则讥之曰:"子高处是古人影子耳。其下者,已落近代之口。未见子自筑一堂奥,突开一户牖,而以何急于不朽也?"梦阳论诗称陆谢。而景明则箴之曰:"陆诗,语俳,体不俳也。谢则体语俱俳矣。"又曰:"空同刻意古范,铸形宿模,而独守尺寸。仆则欲富于材积,领会神情,临影构结,不仿形迹。诗曰:'惟其有之,是以似之。'以有求似,仆之愚也。近诗以盛唐为尚。宋人似苍老而实疏卤。元人似秀俊而实浅俗。今仆诗不免元习;而空同近作,间入于宋。譬之乐,众响赴会,条理乃贯;一音独奏,成章则难。故丝竹之音要眇,木革之音杀直;若独取杀直,而并弃要眇之声,何以穷极至妙,感精饰听也?空同丙寅间作,叩其音尚中金石;而江西以后之作,辞艰者意反近,意苦者辞反常;色澹黯而中理披慢,读之若摇鞞击铎耳。夫声以窍生,色以质丽。虚其窍,不假声矣。实其质,不假色矣。苟实其窍,虚其质,而求之声色之末,则终于无用矣。"梦阳主摹仿,景明则主创造。然景明不如梦阳之才大,梦阳亦逊景明之气清。梦阳诗以雄丽胜,景明诗以秀朗胜;同是宪章少陵,而所造各异。名成之后,互相诋諆。何诮李摇鞞振铎,李诮何抟沙弄泥。何病李之杀直,李病何之缓散。两君皆负才傲物,而何稍和易,以是人多附之。亳州薛蕙诗云:"俊逸终怜何大复,粗豪不解李空同。"自此诗出,而抑李申何者日渐多矣。

何景明题画诸诗,源出少陵,非徒貌似,神亦似之。而五言古,有三谢体,有少陵体。七言古则深崇唐四杰转韵之格。录《明月篇并序》:

仆始读杜子七言诗,爱其陈事切实,布词沉着。鄙心窃效之，以为长篇圣于子美矣。既而读汉魏以来歌诗及唐初四子者之所为，而反覆之；则知汉魏固承三百篇之后，流风犹可征焉。而四子者，虽工富丽，去古远甚；至其音节，往往可歌。乃知子美词固沉着，而调失流转，虽成一家语，实则歌诗之变体也。夫诗本性情而发者也，其切而易见者，莫如夫妇之间。是以三百篇首乎《关雎》，六义始乎风。而汉魏作者，义关君臣朋友，辞必托诸夫妇，以宣郁而达情焉；其旨远矣。由是言之：子美之诗，博涉世故，而出于夫妇者常少；致兼雅颂，而风人之义或缺。此其调，或反在四子下欤？暇日为此篇，意调若仿佛四子；而才质偎弱，思致庸陋，故摛词芜纂，无复统饬。姑录之以俟审音者裁割焉。

长安月，离离出海峤。遥见层城隐半轮，渐见阿阁衔初照。潋滟黄金波，团圞白玉盘；青天流影披红蕊，白露含辉泛紫兰。紫兰红蕊西风起，九衢夹道秋如水。锦幌高褰香雾浓，琐闱斜映轻霞举。雾沉霞落天宇开，万户千门月明里。月明皎皎陌东西，柏寝岩峣望不迷；侯家台榭光先满，戚里笙歌影乍低。濯濯芙蓉生玉沼，娟娟杨柳覆金堤。凤凰楼上吹箫女，蟋蟀堂前织锦妻。别有深宫闭深院，年年岁岁愁相见；金屋萤流长信阶，绮栊燕入昭阳殿。赵女通宵侍御床，班姬此夕悲团扇。

秋来明月照金微，榆黄沙白路逶迤。征夫塞上行怜影，少妇窗前想画眉。上林鸿雁书中恨，北地关山笛里悲。书中笛里空相忆，几见盈亏泪沾臆；红闺貌减落春华，玉门肠断逢秋色。春华秋色递如流，东家怨女上妆楼；流苏帐卷初安镜，翡翠帘开自上钩。河边织女期七夕，天上嫦娥奈九秋。七夕风涛还可渡,九秋霜露迥生愁。九秋七夕须臾易,盛年一去真堪惜。可怜扬彩入罗帏,可怜流素凝瑶席。未作当垆卖酒人,难邀入座援琴客。客心对此叹蹉跎,乌鹊南飞可奈何。江头商妇移船待,湖上佳人挟瑟歌。此时凭阑垂玉箸,此时灭烛敛青蛾。玉箸青蛾苦缄怨,缄怨含情不能吐。丽色春妍桃李蹊,迟辉晚媚菖蒲浦。与君相思在二八,与君相期在三五,空持夜被贴鸳鸯,空持暖玉擎鹦鹉。青衫泣掩琵琶弦,银屏忍对箜篌语。箜篌再弹月已微,穿廊入闼霭斜晖。归心日远大刀折,极目天涯破镜飞。

此篇词彩秾丽,音律婉谐,而未极秀朗;于景明为变格,乃极意摹唐四杰者。其他歌行如《听琴》《猎图》《送徐少参》、《津市打鱼》诸篇,深得少陵之髓,特以秀色掩之耳。

景明与梦阳书曰:"仆尝谓诗文有不可易之法者,辞断而意属,联类而比物也。上考古圣立言,中征秦汉绪论,下采魏晋声诗,莫之有易也。夫文靡于隋,韩力振之;然古文之法亡于韩。诗溺于陶,谢力振之;然古诗之法亦亡于谢。"而梦阳则应之曰:"假令仆即今为文一通,能辞不属,意不断,物联而类比矣;然于中情思涩促,语险而硬,音节生拗,质直而粗,浅谫露骨,爱痴爱枯,则子取之乎?故辞断而意属者,其体也,文之势也;联而比之者事也,柔澹者思也,含蓄者意也,典厚者义也,高古者格也,宛亮者调也,沉着雄丽、清峻闲雅者,才之类也,而发于辞;辞之畅者其气也,中和者气之最也;夫然又华之以色,永之以味,溢之以音。是以古之文者,一挥而众善具也。然其翕辟顿挫,尺尺而寸寸之,未始无法也,所谓圆规而方矩者也。然仆犹谓不证诸事,则空言不切;不切不信。夫子近作乖于法者,何也?盖其诗读之,若抟沙弄泥,散而不莹;又粗者弗雅也,如《月蚀诗》、《妖遮赤道行》是也。然阔大者鲜把持,又无针线。古人之作,其法虽多端;大抵前疏者后必密,半阔者半必细,一实者必一虚,叠景者意必二,此予之所谓法,圆规而方矩者也。沈约亦云:'若前有浮声,则后须切响。一简之内,音韵尽殊。两句之中,轻重悉异。'即如人身以魄载魂,生有此体,即有此法也。诗云:'有物有则。'故曹、刘、阮、陆、李、杜,能用之而不能异,能异之而不能不同。今人止见其异,而不见其同;宜其谓守法者为影子,而支离失真者以舍筏登岸自宽也。且仲默'《神女赋》、《帝妃篇》、南游日、北上年',四句接用,古有此法乎?水亭菡萏,风殿薜萝,意不一乎?盖君诗徒知神情会处,下笔成章为高;而不知高而不法,其势如搏巨蛇,驾风螭,步骤即奇,不足训也。君诗结语太咄易。七言律与绝句等更不成篇,亦寡音节。'百年''万里',何其层见而迭出也?七言若剪得上二字,言何必七也?"即此可征何李之异趣焉。

宏正间,诗流特众;然皆近逐李何。丰城熊卓字士选、寿张殷云霄字近夫、宝应朱应登字升之,梦阳派也。吴县顾璘字华玉、毫州薛蕙字君采、信阳戴冠字仲鹖、孟洋字望之,景明派也。

徐祯卿虽服膺梦阳,然绝自名家。其与梦阳书曰:"古诗三百,可以博其源;遗篇十九,可以约其趋;乐府雄高,可以励其气;《离骚》深永,可以裨其思;然后法经而植旨,绳古以崇辞。"揆其涂径,与梦阳不异。特梦阳才雄而气盛,故恢张其辞;祯卿虑澹而思深,故密运以意。当时不能与梦阳争先,日久论定,亦不与梦阳俱废也。

祯卿少时,已工诗歌,多学六朝,旁参白居易、刘禹锡。

及见梦阳,初犹倔强,赋诗曰:"我虽甘为李左车,身未交锋心未服。顾余多见不知量,此项未肯下颇牧。"既而梦阳诒以书曰:"仆窃谓足下过矣!夫诗,宣志而道和者也,故贵宛不贵险,贵质不贵靡,贵情不贵系,贵融洽不贵工巧;故曰:'闻其乐而知其德。'故音也者,愚智之大防,庄诐简侈浮乎之界分也。至元、白、韩、孟、皮、陆之徒出,始连联斗押,累累数千百言不相下,此何异于入市攫金,登场角戏也?三代而下,汉魏最近古。乡使繁巧险靡之习,诚贵于情质宛洽;而庄诐简侈浮乎,意义无大高下;汉魏诸子,不先为之耶?"祯卿折服,遂变面目。是时李何并陈,未决雌雄。祯卿雄不及李,秀不及何,而风骨超然,遂成鼎足。咀六朝之精音,采初唐之妙则,其诗不专学太白,而仿佛近之。七言胜于五言,绝句尤胜诸体,《古宫词》、《送萧若愚》等作,虽龙标太白复生,何多让焉。录二首:

春思

渺渺春江空落晖,行人相顾欲沾衣。楚王官外千条柳,不遣飞花送客归。

送萧若愚

送君南下巴渝深,予亦迢迢湘水心。前路不知何地别,千山万壑暮猿吟。

祯卿未遇梦阳之时,先与祝允明、唐寅、文征明善,号吴中四才子。允明与寅并以任诞为世指目。寅诗颓唐浅率,老益潦倒。而允明诗则取材颇富,造语亦妍,下撷晚唐,上薄六代,与祯卿别稿《鹦鹉编》、《花间集》风格差似,有《竹枝》、《杨柳》之韵。征明诗则雅饬之中,时饶逸韵;自云:"吾少年学诗,从陆放翁入;故格调卑弱,不若诸君皆唐音也。"此所谓如人饮水,冷暖自知；皎然不诬其本志者矣。边贡与李梦阳、何景明、徐祯卿并称四杰；其诗才力雄健不及梦阳景明；善于用长，意境清远，不及祯卿；而平淡和粹，能于沉稳处见其流丽；善于用短，而夷犹于诸人之间，以不战为胜者也。

杨慎以宰相子，文采照映，独不在七子声气之中；而其诗含吐六朝，以高明伉爽之才，鸿博绝丽之学，随题赋形，一空依傍；而于李何诸子之外，异军特起。《南中稿》秾丽婉至，一集之胜。录《柳》：

> 垂杨垂柳管芳年，飞絮飞花媚远天。金距斗鸡寒食后，玉蛾翻雪暖风前。别离江上还河上，抛掷桥边与路边。游子魂销青塞月，美人肠断翠楼烟。

慎诗多用新事，工于设色，搜罗刻削，无出其右。而骈绘既繁，性情或尽，传谓美能没体，诗亦有之。此其蔽也。

杨慎以意度秾丽，冠绝当代。而祥符高叔嗣字子业、无锡华察字子潜、长洲皇甫冲字子浚，又以造诣古澹，骖驾一时。

高叔嗣初以诗受知于李梦阳；然摆脱窠臼，自抒性情，乃迥与梦阳异调，传有《苏门集》八卷（南京龙蟠里图书馆藏有明嘉靖刊本）。五言尤工，冲淡得韦苏州体。录《病起偶题》：

> 空斋晨起坐，欢游罢不适。微雨东方来，阴霭倏终夕。
> 久卧不知春，茫然怨行役。故园芳草色，惆怅今如积。

叔嗣诗如空山鼓琴，沉思忽往，木叶尽脱，石气自青。

华察亦以五言古诗风韵冲淡，欲追陶韦，传有《岩居稿》；然垢氛已离，未穿溟涬。录《惠山寺与施子羽话别》：

> 看山不觉暝，月出禅林幽。夜静见空色，身闲忘去留。疏钟隔云度，残叶映泉流。此地欲为别，诸天暮生愁。

境事超诣，正复何减叔嗣。而叔嗣独憔瘁婉笃。

皇甫冲与弟涍、汸、濂并有盛名，称四皇甫。而冲传有《华阳集》；其诗源出韦柳，兼取材于潘、左、江、鲍，清音亮节，无一点纤浓之习；高叔嗣、华察而外，无有及之者。录《维摩寺雨坐》：

> 回岭无仄径，陟冈有夷壤。展睐入空蒙，游心益昭朗。长风吹轻衣，飘摇翠微上。古寺迷夕烟，明灯淡绡幌。冥雨从东来，惊雷自西往。林峦忽不见，但闻山涧响。景寂非避喧，心莹乃成赏。为礼沉痾踪，因之知幻象。

绝去雕藻，益臻遒亮。此则超绝风气，而自树帜于李何之外者焉。

第四节　李攀龙　王世贞　宗臣　谢榛附徐中行 吴国伦

王李七子绍述何李，而李攀龙为之倡，极为王世贞所推，至谓"文许先秦上，诗卑正始还"，誉过其实。攀龙乃居之不疑。今观其诗，古乐府及五言古体，临摹太过，痕迹宛然。七言律及七言绝句，高华矜贵，脱弃凡庸；而七言律人所共推，心摹手追者，王维、李颀也。录二首：

秋杪登太华山绝顶

> 缥缈真探白帝宫，三峰此日为谁雄？苍龙半挂秦川雨，石马长嘶汉苑风。地敞中原秋色尽，天开万里夕阳空。平生突兀看人意，容尔深知造化功。

寄王元美

蓟门城上月婆娑,玉笛谁为出塞歌?君自客中听不得,秋风吹落小黄河。

七言律已臻高格,未极变态。七言绝句有神无迹,语近情深,故应跨越余子,为集中之冠。

嘉靖七子,王世贞才气十倍李攀龙;惟病在爱博,自珊瑚木难以及牛溲马勃,无所不有。乐府变化,奇奇正正,推陈出新,远非攀龙生吞活剥者可比。律体高华,绝亦典丽,虽锻炼未纯,不免华赡之余,时露浅率;亦未遽出攀龙下也。当日名虽七子,实则一雄;其自述曰:"野夫兴就不复删,大海回风吹紫澜。"言虽大而非夸。录二首:

战城南

战城南,城南壁;黑云压我城北。伏兵捣我东,游骑抄我西,使我不得休息。黄尘合匝,日为青,天模糊。钲鼓发,乱欢呼。胡骑敛,飙迅驱。树若荠,草为枯。啼者何?父收子,妻问夫。戈甲委积,血淹头颅。家家招魂入,队队自哀呼。告主将,主将若不知;生为边陲士,野葬复何悲。釜中食,午未炊。惜其仓皇遂长诀,焉得一饱为。野风骚屑魂依之;曷不睹主将高牙大纛坐城中,生当封彻侯,死当庙食无穷。

陵祀

松楸何不极,复道见行宫。剑佩千官月,桥陵万马风。地回山尽拱,云合树俱雄。白首先朝事,伤心涕泪中。

世贞诗唱盛唐,然其诗亦有清透似宋人者。余爱其《短歌》数句云："不必名山藏，不必千金悬。归去来，一壶美酒抽一编，读罢一枕床头眠。天公未唤债未满，自吟自写终残年。"又《弃官》云："人生求官不可得，我今得官何弃之？六月绣襦黄金垂，行人拍手好威仪。与君说苦君不信，请君自衣当自知。"《明史》本传称世贞论诗，呵叱宋人，晚年临终犹手握《苏子瞻集》。此二诗果似子瞻。

嘉靖七子之有宗臣，犹徐祯卿之于何李。诗才秀爽，与王李同声气而不同格调。录《登云门诸山》：

> 山头月白云英英，千峰倒插千江明。手把芙蓉步石壁，苍翠乱射猿鸟惊。谁其云外吹紫笙，欲来不来空复情？天风吹我佩萧飒，恍疑身在昆仑行。

其诗跌宕俊逸，颇能取法太白；而自入七子之社，渐染习气，日以窘弱。然天才婉秀，吐属风流，究无剽剟填砌之习，本质犹未尽漓也。

七子结社之初，尚论有唐诸家，茫无适从。谢榛以布衣执牛耳，主选十四家诗，读熟之以夺神气，申咏之以求声调，玩味之以哀精华；得此三要，造乎浑沦，不必塑谪仙而画少陵。李攀龙极推之，赠诗曰："谢榛吾党彦，咄嗟名士籍。遂令清庙音。乃在褐衣客。"既而布衣高论，不为同社所安。攀龙乃遗书绝交，而其称诗之旨要，皆自榛发，诸人实心师其言也。榛近体工力深厚，句响而字稳。七子之流，莫之与京也。录二首：

榆河晓发

> 朝晖开众山，遥见居庸关。云出三边外，风生万马间。征尘何日静，古戍几人闲？忽忆弃襦者，空惭旅鬓斑。

有感

薄伐原中策，论兵自古难。汉唐频拓地，将帅几登坛。绝漠兼天尽，交河荡日寒。不知大宛马，曾复到长安。

榛五言近体，句烹字炼，气逸调高；当与李攀龙七言，骈称七子之冠云。七子中，徐中行、吴国伦咸工律绝。大抵七子可厌者，拟古乐府之生吞活剥耳。五古亦鲜真诣。七古高亮华美之作，自为可爱。至于七律七绝，则虚实开合，非仅浮声为贵。如谓其用字多同，格调若一，则又不尽然；观其随物赋形，古泽可掬，何尝不典且丽？至诗中常用好字，本自不多。陶、谢、韦、杜、王、孟诸公，无论何家，一集之中，比而观之，多有雷同；较其直际，亦不数见。则亦无事苛绳于七子矣。

第五节　袁宏道_{附弟中道}　高攀龙

王李七子之派，极王而厌。徐渭欲以李长吉体变之，不能也。临川汤显祖欲以南宋四家尤、杨、范、陆体变之，不能也。长洲王稚登、吴江王叔承、鄞县屠隆虽迭有违言；然壁垒不张，均未足以相代。于是三袁兄弟起而乘之；其论诗以为："唐自有古诗，不必选体。中晚皆有诗，不必初盛。欧、苏、陈、黄各有诗，不必唐人。唐诗色泽鲜妍，如旦晚脱笔砚者；今诗才脱笔砚，已是陈言；岂非流自性灵，与出自剽拟所从来异乎？"一时闻者涣然神悟，若良药之解散，而沉疴之去体也。宗道首出，既以白苏名斋而导其源。宏道、中道继之，流波大畅，遂有公安体之目。而宏道最为白眉，中郎之名独著。白苏诗以容易出清真，自有神采，厥旨渊放，使人忘其鄙近。而宗道则颓波自放，舍其高洁，专尚鄙俚；作法于凉，后将何观，此则宗道之失也。惟宏道清新轻隽，时有合作。录二首：

横塘渡

横塘渡，郎西来，妾东去，感郎千金顾。妾家住红桥，朱门十字路；认取辛夷花，莫过杨柳树。

妾薄命

落花去故条，尚有根可依。妇人失夫心，含情欲告谁。灯光不到明，宠极心还变。只此双蛾眉，供得几回盼。看多自成故，未必真衰老；譬彼盛开花，不若初生草。

其集中诗亦时涉俳谐调笑，如《西湖》云："一日湖上行，一日湖中坐。一日湖上住，一日湖上卧。"《偶见白发》云："无端见白发，欲哭反成笑。自喜笑中意，一笑又一跳。"《严陵钓台》云："人言汉梅福，君之妻父也。"其弟中道为之说曰："吾兄《锦帆》、《解脱》等集，意在破人执缚；间有率意游戏之语。或快爽之极，浮而不沉；情景太真，近而不远；要出自性灵，足以荡涤尘坌。"学者不察，效颦学语，其究为俚俗，为纤巧，为莽荡；乌焉三写，弊有必至，非中郎之本旨也。中道才逊中郎，而雅饬过伯氏，传有《珂雪斋集》二十四卷。

无锡高攀龙字云从，理学大儒，与三袁同时，其为诗亦尚清真，而冲澹入古，不事俳佻；足拔戟自成一队。传有《高子遗书》十二卷；其第六卷，则诗也。录二首：

夏日闲居

长夏此静坐，终日无一言，问君何所为，无事心自闲。细雨渔舟归，儿童喧树间。北风忽南来，落日在远山。顾此有好怀，酌酒遂陶然。池中鸥飞去，两两复来还。

夜步

幽人夜未眠，月出每孤往。繁林乱萤照，村屋人语响。宿鸟时一鸣，草径露微上。欣然意有会，谁与共心赏。

无心学陶，天趣自会；以视公安之俳俚杂出者，何啻雅俗之别。然后知涤王李之富丽，而返正始之元音者，当在此而不在彼也。

第六节　钟惺　谭元春附程嘉燧　陈继儒　陈子龙

钟惺与谭元春评选唐人之诗为《唐诗归》，又评选隋以前诗为《古诗归》，风行一时，几于家弦户诵，而竟陵派之名以起。盖承前后七子藻丽裔皇之后，所选《唐诗》，专取清瘦淡远一路。其人人所读，若李太白之《古风》，杜少陵之《秋兴》、《诸将》，皆不入选。公安以轻俊矫王李之缛重；而竟陵以幽冷洗王李之绚烂；所谓厌刍豢，思螺蛤也。盛名之致，会当其时；纤巨高卑，视所成就。要亦秉其夙悟，运以苦思，执专门之巨规，树并时之壁垒。而小道易泥，敌器惧盈；于诗学虽不甚浅，而他学问实未有得，故说诗既不能触处洞然，自不能抛砖落地；往往有"说不得""不可解"等评语，内实模糊影响，外似超超玄箸；虽惊流俗之观，益来识者之诟。根本不实，洼水即干，吹毛索瘢，遂无全体。然极可医庸肤之病。而惺生当晚明，复为党论所挤，当时以大行拟科，忽出而为南仪曹，志节不舒，而不肯赶热；"冷"之一言，其诗文、其学行皆主之。平日究心经史《庄》《骚》，以官为隐，以读书为官，其人其品实不可及。而其诗有《隐秀轩集》分三十三集；其手近隘，其心独狠，要是著意读书人；

可谓之偏枯,不得目为肤浅。其于师友骨肉存亡之间,深情苦语,
令人酸鼻,则又未可以一"冷"字抹煞。大抵惺之诗,如橘皮
橄榄汤,在醉饱后,洗涤肠胃最善;饥时却用不得。然当其时,
天下文章,酒池肉林矣,那得不推为俊物也。录二首。

上巳雨登雨花台

去年当上巳,小集寇家亭。今昔分阴霁,悲欢异醉醒。
可怜三月草,未了六朝青。花作残春雨,春归不肯停。

巴东道中示弟恮

山中未必雨,云起已生愁。峡窄天多暮,江高地易秋。
连朝皆陟巘,兹路独临流。欲画瞿塘胜,归途定觅舟。

幽深孤峭,手眼别出。而情性所妡,时有名理;山水所发,弥
见清思。惟才小气窄,体轻腹陋,意邻浅直,格囿卑寒,故为
不了之语,每涉鬼趣之言;故或片语可称,全篇鲜取,此其蔽也。
然惺为人严冷,不喜接俗客,湖海之声气未广。籍谭元春应和之,
派乃盛行。而元春才不如惺,诗为幽峭则一;传有《岳归堂集》
十卷。录二首。

夜次阳逻同夏平寻山

静人真可偕,高趣脱无逆。人家残涨后,初干沙纹迹。
软步过秋草,寂寂林下宅。宅边如有径,谅为兹山辟。微
茫犬吠巅,向下人声积。高处天地灵,长江动空碧。一灯
磬杳然,岭为溪所隔。不必诣其所,惆帐亦有获。

游九峰山

众山作寺围,群松作山护。缠绵青翠光,山欲化为树。
根斜即倚磴,枝隙已通路;阴云贯其下,常令白日暮。藤

刺裹山巅，飞鸟慎勿度。

模山范水，特工五言；朗秀处似王右丞，险健处似孟东野。其病在时涉俳俚，重字复意，不免间出，作枯窘寒俭相，又往往上下语不相应。如能芟去芜枝，迥然孤秀，亦复何减古人。然竟陵之体靡天下，而后进之学者，大江以南更甚，得其形貌，遗其神情。有贾岛之苦僻，无孟郊之坚苍，以寂寥言精练，以寡约言清远，以俚浅言冲澹，以生涩言新裁。篇章字句之间，每多重复，稍下一二助语，辄以号于人曰："吾诗空灵已极。"空则有之，灵则何曾；见斥艺林，盖有由已。然而非钟谭之罪也。

歙县程嘉燧，字孟阳，亦不为何、李、王、李者，诗亦娟秀少尘，而不免纤窕；著有《松圆浪淘集》。钱谦益深惩何、李、王、李流派，乃于明三百年中，特尊之为诗老。然格调极卑，时涉秽俚；近体多于古风，七律多于五律，才庸而气弱，固卑之无甚高论矣。华亭陈继儒字仲醇，以处士虚声，倾动朝野；传有《眉公集》，而纤词浮语，更下《松圆》一等。

王李道尽，公安之派浸广，竟陵之焰顿兴，一时好异者诐张为幻。而有振七子之坠绪，返俚浅于茂典者，陈子龙也。实以沉博绝丽之才，领袖几社。而同郡夏完淳字存古，髫龄崛起，如响斯应。誉之者谓其廓清榛芜，力追先正；而诋之者则曰七子窠臼，徒为虚器。然以此结明三百年之诗局，而与开一代风气之高启，后先辉映；亦足以觇复古为明文学之主潮，诗亦不在例外；所谓君以此始，亦以此终也。子龙有《白云草庐居》、《湘真阁》诸稿，尤工七言古。录二首。

小车行

小车斑斑黄尘晚，夫为推，妇为挽。出门何所之？青青者榆疗吾饥,愿得乐土共哺糜。风吹黄蒿,望见墙宇,中有主人当饲汝。叩门无人室无釜,踯躅空巷泪如雨。

边词

大同女儿颜如花,十五学得筝琵琶。莫向中宵弹一曲,清霜明月尽思家。

八城亦是古辽西,大纛高牙万马齐。壮士锦衣行乐地,十年无梦到春闺。

子龙七古跌宕自喜,取藻于六朝四杰,而出入太白昌谷。所惜铺叙华缛,动出一轨,不免与七子同讥;又时杂以豪粗耳。然子龙之诗,不脱王李之窠臼;而子龙之词,则直造唐人之奥宇。词至南宋之季,几成绝响;知比兴者,元张翥之《蜕岩词》而已。明初作者,犹承张翥之规,不乖于风雅。永乐以后,南宋诸名家词,皆不显于世;盛行者为《花间集》、《草堂诗余》二选。杨慎、王世贞辈之小令中调,犹有可取;长调皆失之俚。惟陈子龙之《湘真阁》、《江篱槛》诸词,风流婉丽,足继南唐后主,则得于天者独优也。观其所作,神韵天然,风味不尽,如瑶台仙子,独立却扇时;而《湘真》一刻,晚年所作,寄意更绵邈凄恻,言内意外,已无遗议。故附论之。

第三章 明 曲

曲，有杂剧，有传奇。明代诗文与宋元异；而明曲亦与元曲异；大抵由俗而文，用夏变夷。杂剧极盛于元。南戏继起有明。而原南戏之兴，当在宋光宗朝，永嘉人作《赵贞女》《王魁》二传，实为首唱。或云：宣和间已有萌芽，至南渡时，则盛行，号曰永嘉杂剧。其文字即本宋人词，而益以里巷歌谣，不协宫徵。至元时杂剧蔚兴，南戏衰熄。迨高则诚《琵琶记》出，尽洗胡元古鲁兀剌之风，而易之以缠绵顿宕之声，明太祖亟称焉；于是海内向风，别名为南曲，以元套杂剧为北曲，而相骖靳。此一时也。澉川杨康惠公梓在元时，得贯云石之传，尝作《豫让》、《霍光》、《尉迟敬德》诸剧，流传宇内，与中原弦索抗行。而公子国材，复与鲜于去矜交游，以乐府世其家；总得南声之秘奥，别创新音，号为海盐调；西江两京间翕然和之。此一时也。徐渭著《四声猿》杂剧，中《女状元》一剧，独以南词作之；破杂剧定格。而太仓魏良辅、昆山梁辰鱼以善讴名吴中。良辅探讨声韵，坐卧一小楼者十余年，考订《琵琶记》板式，造水磨调。辰鱼作《浣纱记》付之，流丽稳协，天下始有清音，号曰昆曲，历世三百，莫不颊首倾耳，奉为雅乐。然梁辰鱼以南词负盛名，北剧亦雅擅场，而所为《红线》一剧，宾白科段，纯为南态；所异者，止用北词耳。此又一时也。明之中叶，杂剧亦用南词，传奇间取北曲者，此又事之变也，不可绳之以法也。大抵元词以拙朴胜，明则妍丽矣。元剧排场至劣，明则有次第矣。故曰明曲与元曲不同也。吾友吴瞿安先生梅有专书备论之，兹不具述。而要删其指以备一格。大抵明文之异于宋元者，排唐宋以力追秦汉也。明诗之异于宋元者，排宋元以还之汉、魏、盛唐也。明曲之异于元曲者，排胡音以还我夏风也。要之反本修古，不忘其初而已矣。

第四章 明八股文

第一节 总 论

八股文，亦名"四书"文。"四书"文者，以命题言之也。八股文者，以体制言之也。或称帖括，即唐帖经。亦名经义，即唐墨义。顾唐人帖经，犹今默写经书，无文词之发；非八股文比。而明之八股文，排比声调，裁对整齐，即唐人所试之律诗、律赋，貌虽殊而其体则一也。亦称时文，则对古文而言。其初宋仁宗笃意经学；王安石请兴建学校，因言："学者专意经术，庶几可以复古。"于是改取士之法，罢诗赋、帖经、墨义，士各占治《易》《书》《诗》《周礼》《礼记》一经，兼《论语》《孟子》，每试四场，初大经，次兼经，大义凡十道；后改《论语》《孟子》义各三道；命中书撰大义式颁行。王安石奋笔为之，存文十篇；或谨严峭劲，附题诠释；或震荡排奡，独抒己见；一则时文之祖也，一则古文之遗也。眉山苏氏父子，亦出其古文之余，以与安石抗手；然皆独撼伟论，不沾沾于代古人语气。其代古人语气者，自南宋杨万里始。此则"四书"文所由昉也。第北宋只《论》、《孟》命题，不及《大学》、《中庸》；有之，当在南渡以后。朱子尝为私议，欲罢诗赋，而分诸经、子史、时务之年。诸经以子午卯酉四科试之，皆兼《大学》《论语》《中庸》、《孟子》义一道。元仁宗皇庆二年，中书省臣奏科举事，专立德行明经之科，乃下诏及条目颁行，出题用《四子书》。明初即制国学，每月试经书义各一道。洪武三年八月，京师及各行省开乡试；初场"四书"疑问，本经义，及"四书"义各一道。诸生应试之文，通称举业；"四书"义一道，二百字以上；经义一道，三百字以上；取书旨明皙，不尚华采；其命题专取《四子书》及《易》、《书》、《诗》、《春秋》、《礼记》五经，遂为定制。然英宗天顺以前，举业之文亦不过敷衍传注，或对或散，初无定式。而宪宗成化以后，始为八股。其法：截本题为两截，每截作四股，每四股之中，一反一正，一虚一实，一浅一深。其两扇立格，则每扇之中，各有四股，其次第之法亦如之，故谓之八股。而未入口气以前，先以破题，次以承题；篇末敷衍圣人言毕，自摅所见，或数十字，或百余字，谓之大结，可以发挥时事。以后功令益密，恐有藉以自衒者，但许言前代，不及本朝，大结无可发挥，止三四句而已。明初举业文多散佚。开国会元，首推黄子澄。而成祖时，登第者，则于谦、薛瑄，差有传作。谦英风飙发，瑄醇白无疵，各肖其人。英宗嗣位，商辂、陈献章、岳正、王恕蝉联鹄起。及邱浚教习国子，人材蔚起；乙未主试，冠会榜者王鏊，魁大廷者谢迁，则浚之有以乐育之也。其时李东阳屡掌文衡，振起之功，亦复不少。罗伦、章懋、林瀚、吴宽诸人，云蒸霞蔚，济济盈门；而林瀚之文，谈理真实，而行之以繁重纡曲；吴宽则春容大雅，不动声色，尤文之以养胜者。然称为斯文宗主，则首推王鏊，虽谢迁之清刚古朴，不让于鏊；究不若其神完气足，理法纯备也。至孝宗弘治庚戌，钱福会榜第一；因而王钱并称。其后冠会榜者，惟董圮可与二家鼎足而立。大抵王翱长于论议；钱福善于刻画；而圮则游行理窟，自成大家，非他人所可及，亦非识者莫能辨。故王钱文易读，而圮文难读；王钱体正大，圮格孤高。王钱之后，衍于唐顺之，终明之世，号曰元灯。而圮之文，其传遂绝，三百年间无问津者。今读其文，神骨高骞，绝似古文之韩愈，知其用功者深也。唐顺之传王翱之法，而运以唐宋古文雄肆之气，以世宗嘉靖己丑得隽会榜，遂冠绝诸家；盖其于经史子集，靡不贯通，而融裁之以八股文字。浑灏流转，品独高绝。而瞿景淳又以精确冲夷，别树一帜；合之王、钱、唐三人，因有四家之目。薛应旂贯通六经，发而为文，如金出冶，如玉离璞，光芒焕发；遂有退钱而进薛以合王唐瞿为四家者。而究其以古文为时文，使天下复见宋人经义之旧者，则惟归有光之功独称茂焉。王鏊善用偶。有光善用奇。有光宗法在钱，而名理过之。观其高古，则秦汉也；其疏畅排宕，则唐宋八家也；而其法律精严，于题位不溢不漏，则又为时文之大宗；而跌宕磅礴，看似散行，细玩乃见其股法之变；实有明一代八股文大宗也。其后胡友信相继而起，则又家数纯似王鏊，而出以浩气，不为鏊之熟圆。或以友信与有光追配王唐，所谓王、唐、归、胡者也。茅坤与唐顺之讲贯，善抉古人之奥，以太史公为师，以韩、柳、欧、苏为友，而施之举业，亦为别调独弹。艾南英论举业首推归有光，继又以坤为上，二说相持未定。要之有光文固涵盖一世；而古雅温醇，坤亦何遽不相及也。乃至神宗万历一变而为陵驾，再变而为斫削。降逮熹宗天启，文章削薄已极。一时转移风气，豫章四家之力为多。陈际泰文最奇横，如苏海韩潮。章世纯幽深劲鸷，如龙蟠蛟起。罗万藻清微澹远，如疏雨微云。而艾南英则所谓公输运斤，指挥如意；师旷辨音，纤微必审者也。世人翕然归之，称为章、罗、陈、艾。大抵天启之文，深入而失于太苦。崇祯之文，畅发而又嫌太尽。独金声崛起为雄，幽深矫拔，力退古初。而陈子龙清奇冷隽，取材于韩非《八奸》、《五蠹》、《说难》、《孤愤》诸篇，而运以魏晋风藻，故足别开生面者也。自科举废而八股成绝响，然亦文章得失之林也。明贤抉发理奥，洞明世故，往往以古人为时文，借题发挥，三百年之人文系焉。吾友吴瞿安先生尝言："明代文章，止有八比之时文，与四十出之传奇，为别创之格。"（语见《顾曲麈谈》）吾友既备论曲学矣；独八股文阙焉放废。遂为明其流变，著其名家，以俟成学治国闻者有考焉。

第二节　黄子澄　姚广孝附于谦

　　分宜黄子澄名湜，以字行，洪武十八年会试第一。首题为《论语》"天下有道，则礼乐征伐自天子出"，其文章庄重典雅，自来著录八股文者，以此为台阁文字，开国之冠。其辞曰：

> 治道隆于一世，政柄统于一人。夫政之所在，治之所在也。礼乐征伐，皆统于天子，非天下有道之世而何哉！昔圣人通论天下之势，首举其盛为言，若曰：天下大政，固非一端；天子至尊，实无二上。是故民安物阜，群黎乐四海之无虞；天开日明，万国仰一人之有庆。主圣而明，臣贤而良，朝廷有穆皇之美也；治隆于上，俗美于下，海

宇皆熙暤之休也。非天下有道之时乎！当斯时也，语离明，则一人所独居也；语乾纲，则一人所独断也。若礼若乐，国之大事，则以天子制之，而掌于宗伯；若征若伐，国之大柄，则以天子操之，而掌于司马。一制度，一声容，议之者天子，不闻以诸侯而变之也；一生杀，一予夺，制之者天子，不闻以大夫而擅之也。皇灵丕振，而尧封之内，咸懔圣主之威严；王纲独握，而禹甸之中，皆仰一王之制度。信乎非天下有道之盛世，孰能若此哉！

时未立试牍科条，雍容揄扬，颇涉颂体。而收纵之机，浩荡之气，呵成一片，元气浑囵。讴应首录以存举业之河源。其直射本题下文"诸侯""大夫"字样而不为侵下，亦可知当日格式尚宽也。

长洲姚广孝，为僧，名道衍。洪武中，诏通儒书僧试礼部，不受官。以僧服与谋人家国，佐成祖起兵。而为《大学》"所谓诚其意者，毋自欺也，与恶恶臭，与好好色，此之谓自慊，故君子必慎其独也。小人闲居为不善，无所不至，见君子而后厌然，揜其不善而著其善；人之视己，如见其肺肝然，则何益矣。此谓诚于中，形于外，故君子必慎其独也"题文。至云："虽以圣人帝王，而不能无杂霸之心，即不能无盗跖之心"；语奇辟未经人道，亦可见心术形于文章，有不自掩者。其辞曰：

诚意之功在独，非慎不可也。夫不慎独，则意得欺之，此君子而小人也。盖闻明德以天下为体，然每为天下之念所昏。圣经以致知言诚意而求端于格物，此有深意焉。夫所格者何物也？若曰：一人明德耳，何为天下国家之皆贯其间，则必有为人一念欺吾初心，是与小人之不格物者一也；如何修身然后齐治平皆在其间，又有求人一念并欺我知,是与小人之不能致知者一也。凡好恶发于赤子之真,皆可通之天下,此圣贤之意,亦帝王之意自慊也;凡好恶为天下而饰,即非赤子之真,此杂霸之意,即盗跖之意自欺也。虽以圣人帝王,而不能无杂霸之心,即不能无盗跖之心,故君子必慎其独也。慎之何如?时时格物,则时时知致矣。小人惟致知格物之间,略有不慎,而求之天下。圣人王者方持大鉴以照心中之盗跖,而天下之盗跖,皆入其鉴,此小人之所以不免也。嗟乎!小人亦误求之天下之间,而失之于先后焉者也。其害如此,可不慎哉!惟慎,故格物致知;格物致知,正慎也,此明明德也;诚意者可不知哉!

隽桀廉悍,其气卓荦,自与黄子澄之雍容揄扬不同。然一浑雅,一奇警,虽规模粗具,而气象岸异,大朴不雕,可以概见。世论多以八股文代古人语气,未易见抱负,然非所论于豪杰。而明贤借题发挥,往往独抒伟抱,无依阿泯涊之态;如姚广孝之放言不顾,其一例也。又如钱唐于谦字廷益,遭逢国变,主虏寇深;而扶危定倾,措置若定,然亦蕴之有素。观其为孟子"不待三。然则子之失伍也亦多矣"题八股文,起讲云:"且国家之倚重者有二:遇战斗,则用介胄之士。遇绥靖,则用旬宣之臣。故兵法严,则士奋勇。吏治肃,则官效职。人君以驭兵之法驭臣,则吏治精矣。人臣以死绥之义死职,则官职当矣。"而后幅则曰:"一失伍,则执而论之有司,何至于再。再失伍,则缚而僇之于社,何至于三。盖有死无犯,军之善政也。信赏必罚,国之大经也。此大夫之所素明也。今子莅官以来,所谓奉职循理者安在?其于怠事,不啻再矣;岂士以贱刑,官以贵贷耶?由子旷官以来,所谓省愆讼过者安在？拟之以失伍，亦已多矣；岂士不致于再，官不惮其多耶？"辣手铸文章，天下逃将旷官，一齐胆破。心存开济，吐言天拔，其素所蓄积也。亦何嫌于举业之消磨志气哉？无亦志气之自不振耳。

第三节　唐顺之附王鏊　归有光附胡友信

吴县王鏊，字济之；少善八股文，及贵显，数典乡试，程文魁一代。八股文之有鏊，如诗之有杜甫，古文之有韩愈。前此风会未开，鏊无所不有；后此时流屡变，鏊无所不包。前人语句，多对而不对，参差洒落，虽颇近古，终不如鏊裁对整齐，机调熟圆，为举业正法眼藏。若乃手眼别出，我行我法，而以古文为时文，于熟圆出苍坚者，则自唐顺之倡之也。如《孟子》"子莫执中，执中为近之。执中无权，犹执一也"题文曰：

> 时人欲矫异端之偏，而不知其自陷于偏也。盖不偏之谓中，而用中者权也。子莫欲矫杨墨之偏而不知权焉，则亦一偏而已；此孟子斥其弊以立吾道之准也。且夫吾道理一而分殊，而为我之与兼爱，固皆去道甚远者也。吾道以一而贯万，而执其为我与执其兼爱者，固皆执一而不通者也。于是有子莫者，知夫杨墨之弊，而参之于杨墨之间，以求执乎其中焉。盖曰：其孑孑然以绝物如杨子者，吾不忍为也，但不至于兼爱而已矣；其煦煦然以徇物如墨子者，吾不暇为也，但不至于为我而已矣。自其不为为我也，疑于逃杨而归仁；自其不为兼爱也，疑于逃墨而归义。子莫之于道，似为近也；然不知随时从道之谓权，以权应物之

谓中；而杨墨之间，非所以求中也。徒知夫绝物之不可，而不知称物以平施，则为我固不为也，而吾道之独善其身者，彼亦以为近于为我而莫之敢为矣。徒知夫徇物之不可，而不能因物以付物，则兼爱固不为也，而吾道之兼善天下者，彼亦以为近于兼爱而莫之肯为矣。虽曰将以逃杨也，然杨子有见于我，无见于人，而子莫有见于固，无见于通，要之均为一曲之学而已，知周万变者果如是乎？虽曰将以逃墨也，然墨子有见于人，无见于我，而子莫有见于迹，无见于化，要之均为一隅之蔽而已，泛应不穷者果如是乎？夫为我，一也；兼爱，一也；故杨墨之为执一易知也。中，非一也；中而无权，则中亦一也；故子莫之为执一难知也。非孟子辞而辟之，则人鲜不以子莫为能通乎道者矣。

其文内坚凝而外浑厚，如一笔书成，而曲折相生，反正相顾，平舒叠幻，如山川之出云；而其实熟极生巧，故能神明于王鏊之矩矱以自出变化。大抵举业之文，体气至王鏊而正；规模至顺之乃大。顺之有自为诗云："文入妙来无过熟，书从疑处更须参"；此顺之自道其所得也。其举业文，纵放出东坡，拗峭敩荆公，放而能收，散而能敛，一开一合，规矩出神明；凡八股文两扇中作一纽遥对，始自顺之。

归有光亦以古文为时文，古文出欧阳修，而举业则取径于苏氏父子，肆之为恢闳，泽之以经史，融裁古人语，浑如己出；实大声闳，驾顺之而出其上。如《孟子》："天子一位，公一位，侯一位，伯一位，子男同一位，凡五等也。君一位，卿一位，大夫一位，上士一位，中士一位，下士一位，凡六等"题文曰：

  大贤详周室班爵之制，内外各有其等也。夫爵者，先王所以列贵贱也；内外异等，而天下之势成矣。且夫有天下者不以自私，而选贤与能以与天下共焉，兹明王所以奉若天道者也，而制尽于成周矣。自其通于天下者言之：盖无所不统谓之天子，天子无爵也，而爵之所尊也；六合之内，无以加矣。于是乎天子端冕于内，六服承辟于外，锡之命而重藩翰之寄，胙之土而同带砺之盟。公也，侯也，伯也，各一位也，名异而等不同也；子也，男也，同一位也，名异而等不异也；合之凡五等矣。要之先王非私天下而相与为赐也；顾寰宇之广，亿兆之众，苟非闻见之所及，则智虑有所不周，而天下之情，必有壅而不通者矣。故为之众建诸侯，而使之错壤以居，以大弼成之义；而内外相统，远近相维，则运臂使指之势以成；而五服之长，外薄四海矣。然则有天子必有诸侯，有诸侯必有公侯伯子男者，势也，此先王所以联属天下而尽其大者也。自其施于国中者言之：盖自天子至于子男，皆谓之君；君诏爵者也，而爵之所先也，域中之大，无以加矣。于是乎各君其国，则各统其臣，论官材而俾之咸熙庶绩，亮天工而俾之弼予一人。卿也，大夫也，各一位也，官异而秩亦异也；上士也，中士也，下士也，各一位也，士同而品不同也；合之凡六等矣。要之先王非侈名号而相与为荣也；顾委寄之重，几务之丛，苟非耳目之所寄，则聪明有所不及，而天下之事，必有偏而不举者矣。故为之广置官属，而使之分职以治，以尽协恭之义；而上下相承，体统相系，则丝联绳牵之势以成；而九牧之长，阜成兆民矣。然则有君必有臣；有臣必有卿大夫士者，亦势也，此先王所以经理一国而尽其细者也。是知合六等以治五等之国，合五等以一天下之势，周室班爵之制，有如此者。

其为文高视阔步，置身题外以写题中，绝去时文束缚之苦；凡直起直落，承题不复破题，起讲不复承题，是古文佳境，惟有光能之。后德清胡友信与齐名，世并称归胡。友信亦博通经史，沛然出之，无事长篇大论，局敛而气自开拓。

第四节　陈际泰　艾南英附章世纯　罗万藻　邱义等

嘉靖以前，如王、唐、归、胡，文以实胜。而隆庆、万历以后，文以虚胜。嘉靖文转处皆折，隆、万始圆；圆机，邓以赞开之也。嘉靖文妙处皆生，隆、万始熟；熟调，许獬开之也。圆之极而趋于薄，熟之极而人于腐，艾南英深嫉之，起于江西，与同郡章世纯、罗万藻、陈际泰以兴起斯文为己任，乃刻四人所作行之世，以开天、崇两朝清刚警卓之风，而结有明三百年八股之局，世翕然称豫章四家。而临川陈际泰，字大士，积健为雄，返虚入浑，万流景仰，尤为绝出。际泰产于贫家，常借邻人书读之，不受师传，卒成大家。其学无所承藉，一览数行，手口耳目并用，质甚奇；日构数十艺，作文盈万，才甚捷；变通先辈，自为面目，法甚高。为诸生时，所作文遍天下，士大夫皆愿与交。有以"四书"疑义质者，辄口占以示，即未成章，或二股，或四股，出没纵横，每多精义，后遂集为《四书读》。其稿中一题数义者甚多；如《孟子》"充类至义之尽也"题文凡五篇，一气衔接，意境如辘轳之相引；举业家以此为直接贾谊《过秦》三论、柳宗元《西山八记》，分之则一篇自为首尾，合之则数篇自为首尾。时文之快且多，无有如陈际泰者。录《大学》"欲齐其家者先修其身"题文曰：

> 家取则于身，故君子谋所以齐之者焉。夫以不德之身，强行于物，即家且先格矣，岂能齐乎？且夫家之难齐，甚于国之难治也。所谓甚于国者有二：国者，威权之所可驭也，用恩之地，而威权之分失矣；国者，耳目之所不接也，匿就之人，而耳目之际真矣。威权不得而施，则反其道乃可以相易；耳目不得而匿，则益其事乃足以相当。其必先修身乎！一家之中，其为贤不肖者，不一而足，齐之者将使人人有士君子之行，夫狭邪淫比，禁之而不止者，无术以主之也；吾修吾身，言必称先王，动必稽古昔，则作事可法，而无自恣其偷越之思，故其子弟之教，不肃而成。一家之中，其爱恶相攻者，亦不一而足，齐之者将使人人有秉礼度义之意，夫诟谇嚣陵，调之而愈棼者，无道以御之也；吾修吾身，情欲之感无介乎仪容，晏安之私不形于动静；则用情正大，而无自开其偏溺之端，故其起伏之情，不剂而平。夫治家以和者，固不以乖戾致恩义之暌，而其弊或致于无节；治家以严者，固不以亵狎致妇子之嬉；而其弊或致于不乐。故齐家莫修身若也。身修，固去其和与严之名，而兼乎和与严之利者乎？盖《关雎》《麟趾》之休，本于文德；而风火利贞之义，究归言行。然则欲齐其家者，其所先盖可知矣！

际泰文于四家中最奇横，如风发泉涌，兔起鹘落；而此独体质纯茂，又变其平日纵横跌宕，而一归于经术。理题文，前此多直用朱熹《集注》以诂之；至际泰出，乃挹取群言，自出精义，与相发明；故能高步一时，终莫之逾也。自言："余文数变；然其意皆以一己之精神，透圣贤之义旨为旨；而所独得者乃在分股。前人定为八股者，言之不已，而再言之，明为必如是而后尽也。若每股合掌，则四股可矣，何必八股哉？而吾则对股与出股一字不同，对股既严而后出股不苟；然不合掌，又非于题外求不合掌也。文未至于一字不移，是八寸三分头巾，随人可戴也；病又不在世俗合掌下。必明于此，而后文始刻、始高，行文之手始快。至于微远以取致，博奥以取理，所谓加务善之，而所要不存焉。"

艾南英少负异才，倡其同志为《四大家稿》，名动海内。而泛舟吴越间，以文贽者如云，总束而庋于几。每当风日清美，纵棹明湖，酒酣兴至，开评圈乙，出其甲者特置之艇尾。侦者得，走报各家曰："某某文中选矣。"趋贺者倾间，筳晏累日；于时与选者，几如登第之荣。而南英一老诸生，力肩斯文，裁成振作，一时风气，遂为所移。顾持论刻核，亦以树敌。复社为太仓张溥、杨枢等所结，而宜兴周钟为之长，尝自镌《经翼》诸选，比之咸阳国门之书。南英力讥贬之，语见所选《明文定》中。然以文论，南英文无一语不原本经传，却不用一经传语，补题之妙，皆王鏊钱福旧法，而出以朴质坚辣，非王钱所及；钟则气体阔大，骨力平庸，诚不足以当南英之一映。几社则创自陈子龙，附者尤众。其学好读《文选》，务怪奇，务藻思。独包尔庚有峭拔之笔，文情摇曳，则为子龙所不喜，而同社不贵也。南英尤斥子龙，与际泰及章世纯、罗万藻相砥砺。几社中人忌之，为驳四家文以解，故为抑扬；际泰、世纯不悦，故四家之交合而不终；而世纯亦折而入几社。南英势孤，意有郁结不得摅，乃发愤拈《孟子》曰"无伤也"题为文以见意曰：

知人言之不足恤，而人当自信矣！夫礼义之或愆，则所患也；彼不理于口，是何伤哉！闻之曰：伤人以言，甚于戈矛；此特世俗之常情，而非所论于君子也。子告我曰：大不理于口，忧谗畏讥之心，何皇皇耶？夫君子褆躬，何至以心为垢府，然有人于此，终其身无讹误可摘者，其中亦可疑也；君子涉世，何至以身为诟端，然有人乎此，终其身无毁言能加者，其品亦可知也。子之不理于口，吾直以为无伤耳。闻世俗之繁言，而爽爽然惊，规规然自失；此怯胆也；夫丈夫固当有相旷之怀，宁使有瑜有瑕，不甘无举无刺；谣诼之口何足介其念也！患物议之相侵，而平情以合污，辍行以弭怨，此俗肠也。夫丈夫固当有超胜之韵，尊之圣贤不喜，呼之牛马不怒，诪张之舌何足动其衷也！嗟乎！何物庸众，而能誉豪杰也？谤固其所耳。一忌而欲杀，一恶而欲死，吾以闲心观焉，天下有可解颐如此者哉！嗟乎！何物庸众，而敢誉豪杰也？毁固其分耳。造谗者手足俱乱，吠声者耳目若狂，吾以冷眼视焉，天下有可鼓掌如此者哉！故褊衷者闻谤若刺于肌肤，而冥之以至理，则群声汹汹犹婴儿之啼呼也，何相忤也；盛气者闻毁不安于梦寐，而对之以达观，则群口嗷嗷犹鸟兽之鸣号也，何相怒也。夫为士者，识欲其超，骨欲其劲。以天下誉之，夷然不屑；以天下非之，倘然不顾。若夫忧谗畏讥，则妾妇之事也。

有笑有骂，亦愤极而为旷达之言。世论以八股代言，此之优孟衣冠，啼笑皆非其真；如此之感慨激发，亦何尝不出于性情之真也。性不俯仰随俗，而清刚之气，贯注行墨。遭时丧乱，跋履间关,同时名士,狼藉载路,而南英独视死如归,游说万端,终莫之屈,不愧为笃信好学,守死善道者矣。又明之亡也,满洲入关以主诸夏。而宁化邱义字明大者,崇祯末,补诸生;易代后,义不就试。其父诘之。对曰:"世代既变,人心亦变,即文字亦变。以前文应今试,徒取黜辱,无益。"父曰:"不必言遇合,但功令不许不应试耳。"义乃就试,题为《大学》"之其所哀矜而辟焉。"义乃振笔直书以抒《黍离》之恫曰:

(破题承题佚)当可哀可矜之世,必无不哀不矜之人。世有辟于哀矜之人,必世有不胜哀矜之事也。今夫无怙无恃,哀之至也;乃至宗庙邱墟,鼎社迁改,哀又过之;《诗》所谓"哀恫中国,具赘卒荒"是也。更取父母之遗体而毁伤之,取圣王之冠裳而灭裂之,哀哉,维今之人,不尚有旧哉!鳏寡孤独,矜之至也;乃至天潢沟壑,宫闱泥涂,矜百倍之;《诗》所谓"爰及矜人,哀此鳏寡",抑末矣。更取匹耦而秽乱之,夫鳏而妻不寡;取耄倪而仆隶之,父独而子不孤,哀哉,倬彼昊天,宁不我矜哉!乃哀未毕也而和悦继之,髡钳之不为辱,呼鹿之不为愤,即屠门覆祀,不敢仇也。矜未毕也而安乐继之,谓他人父而忘其孤,谓他人夫而忘其寡;他人不子不妻而奴婢之,不悔其贱也!此之谓失其本心!故曰:"哀莫大于心死,而形死次之。"吾哀夫当哀而不知哀者,又哀夫己不能自哀而反哀他人之哀者,又哀夫己不哀而反禁人之哀者;又哀夫恣胸行臆,挤人于可哀可矜,而自为愉快者;又哀夫助虐相淫,陷万家于可哀可矜,而仅奉一人欢笑者。盖至此而荼毒攒心,无可告诉,徒饮痛衔恫而已。岂非之其所哀矜而辟乎!

怨恫愤盈，溢于纸墨。提学道闵度阅而判曰："文心如此，何必应试！"除名免责。榜揭而诸生哗然，取原卷争相传写，一时纸贵；亦可见人心不死，情到真处，无不感孚也。虽然，哀莫大于心死，当哀而不知哀尤岂独明清易代之际也哉？

明代八股文选本，如苏苞九《甲癸集》，捃摭之多，至一百二十四种。黎淳《国朝试录》六百四十卷，辑成化以前之文，邱浚为序。而《四书程文》二十九卷，亦明初举业程式，见《明史·艺文志》，不载选者姓氏。然而恢闳其义，足为准绳者，要不得不推艾南英为宗匠；其所选《明文定》、《明文待》诸书，大纲既举，众目具张，黜富强而归于王，辨禅墨而宗于儒，究周秦议论之失，斥汉唐训诂之浮，一代风气，皆其论定。然犹不如后来俞长城所选《百二十名家稿》之备。自宋王安石、苏辙以迄清初诸家，其所持择，不名一格，每人各序出处于简端，皆忠义文章之士，其人品佥壬者不与焉。用功甚巨，用心甚深，见者谓其以史法论文，五百年之文即可以当五百年之史，亦洋洋乎大观也哉！

附　录

清代文学纲要

自明之季，学者知由韩、柳、欧、苏沿洄以溯秦、汉者，归有光之力也。虽然，有光之文，亦自有其别成一家而不与前人同者。盖有光以前，上而名公巨卿，下而美人名士之奇闻隽语，刿心怵目，斯以厕文人学士之笔。至有光出而专致力于家常琐屑之描写。桐城方苞，谓"震川之文，发于亲旧及人微而语无忌者，盖多近古之文。至事关天属，其尤善者，不事修饰，而情辞并得，使览者恻然有隐；其气韵盖得之子长！"而姚鼐亦以为"归震川之文，于不要紧之题，说不要紧之语，却自风神疏淡，是于太史公深有会处。"其尤恻恻动人者，如《先妣事略》、《归府君墓志铭》、《寒花葬志》、《项脊轩记》诸文，悼亡念存，极挚之情而写以极淡之笔，睹物怀人，户庭细碎，此意境人人所有，此笔妙人人所无！而所以成其为震川之文，开韩、柳、欧、苏未辟之境者也！

清代中叶，桐城姚鼐称私淑于其乡先辈方苞之门人刘大櫆，又以方氏续明之归氏而为《古文辞类纂》一书，直以归方续唐宋八家，刘氏嗣之；推究阃奥，开设户牖，天下翕然号为正宗。此所谓桐城派者也。方是之时，吾家鲁思先生实亲受业于桐城刘氏之门，时时诵师说于阳湖恽敬、武进张惠言。二人者，遂尽弃其考据骈俪之学而学焉。于是阳湖古文之学特盛，谓之阳湖派。而阳湖之所以不同于桐城者，盖桐城之文，从唐宋八家入；阳湖之文，从汉魏六朝入。迨李兆洛起，放言高论，盛倡秦汉之偶俪，实唐宋散行之祖；乃辑《骈体文钞》以当桐城姚氏之《古文辞类纂》：而阳湖之文，乃别出于桐城以自张一军。顾其流所衍，比之桐城为狭。然桐城之说既盛，而学者渐流为庸肤，但习为控抑纵送之貌而亡其实，又或弱而不能振。于是仪征阮元倡为文言说，欲以俪体嬗斯文之统。江都汪中质有其文，镕裁六朝，导源班蔡，袪其缛藻，出以安雅；而仪征一派，又复异军突起以树一帜。道穷斯变，物极则反，理固然也。厥后湘乡曾国藩以雄直之气，宏通之识，发为文章，而又据高位，自称私淑于桐城，而欲少矫其懦缓之失；故其持论以光气为主，以音响为辅，探源扬、马，姝宗退之，奇偶错综，而偶多于奇，复字单词，杂厕相间，厚集其气，使声彩炳焕而夐焉有声。此又异军突起而自为一派，可名为湘乡派。一时流风所被，桐城而后，罕有抗颜行者。门弟子著籍甚众，独武昌张裕钊、桐城吴汝纶号称能传其学。吴之才雄，而张则以意度胜；故所为文章，宏中肆外，无有桐城家言寒涩、枯窘之病。夫桐城诸老，气清体洁，海内所宗。徒以一宗欧、归，而雄奇瑰玮之境尚少；盖韩愈得扬、马之长，字字造出奇崛。至欧阳修变为平易，而奇崛乃在平易之中。桐城诸老汲其流，乃能平易而不能奇崛；则才气薄弱，势不能复自振起，此其失也。曾国藩出而矫之，以汉赋之气运之，故能卓然为一大家，由桐城而恢广之，以自为开宗之一祖。殆桐城刘氏所谓"有所变而后大"者耶？

自明以来，言文学者，汉、魏、唐、宋，门户各张，一阖一辟，极纵横轶宕之观；而要其归，未能别出于汉、魏、唐、宋而成明之文学、清之文学也，徒为沿袭而已。清初诗家有声者，如钱谦益、吴伟业、龚鼎孳为江左三大家，皆承明季之旧，而曹溶诗名，亦与鼎孳相骖靳。大抵皆步武王、李也。明末公安袁宏道矫王、李之弊，倡以清真。竟陵钟惺复矫其弊，变为幽深孤峭，与谭元春评选唐人诗为《唐诗归》，又评隋以前为《古诗归》。钟、谭之名满天下，谓之竟陵体；亦一时之盛也。新城王士祯肇开有清一代之诗学，枕葄唐音，独嗜神韵，含蓄不尽，意有余于诗，海内推为正宗。与秀水朱彝尊、宣城施闰章、海宁查慎行、莱阳宋琬所汇刻者，曰《六家诗》。彝尊学富才高，始则描摩初唐，继则滥泛北宋，与士祯齐名，时人称为"朱贪多，王爱好。"又有南施北宋之目；盖闰章以温柔敦厚胜；琬以雄健磊落胜也。当是时，商丘宋荦亦称诗宗，与士祯颉颃，而诗主条畅，又刻意生新，其源出于苏轼；游其门者，如邵山人长蘅等靡然从风，亦于士祯之外自树一宗。独王士祯名最高，然清诗之有王士祯，如文之有方苞也。清初诗人皆厌王李之肤廓，钟谭之纤仄，谈诗者颇尚宋、元，而宋诗之质直，流而为有韵之语录；元诗之缛艳，化而为对句之小词。王士祯崛起其间，独标神韵；所选古诗及《唐贤三昧集》，具见其诗眼所在；如《三昧集》不取李、杜一首，而录王维独多，可以知其微旨，蔚然为一代风气所归。但士祯之诗，富神韵而馁气势，好修饰而略性情。汪琬戒人勿效其喜用僻事新字，而益都赵执信本娶士祯女甥，习闻士祯论诗，谓"当如云中之龙，时露一鳞一爪"，而执信作《谈龙录》纠之，谓"诗当指事切情，不宜作虚无缥渺语，使处处可移，人人可用"。论者以为足救新城末派之弊。大抵士祯以神韵缥渺为宗，而风华富有。执信以思路巉深为主，而刻画入微。王之规模阔于赵，而流弊仍伤肤廓；赵之才力锐于王，而末派再病纤仄。两家并存，其得失适足相救也。执信既著《谈龙录》，发难士祯，而山左之诗一变。钱唐厉鹗《樊榭山房诗集》，精深峭洁，参会唐宋，于王士祯、朱彝尊外，又别树一帜，而两浙之诗一变。钱唐袁枚、铅山蒋士铨、阳湖赵翼并起，号江左三大家；而大江南北之诗无不一变矣。然乾、嘉之际，海内诗人相望，其标宗旨，树坛坫，争雄于一时者，要推沈德潜、袁枚、翁方纲。王士祯之诗，既为人所不餍，于是袁枚倡性情以矫士祯之好修饰而涉于泛。翁方纲拈肌理以救士祯之言神韵而落于空。沈德潜论格调以药士祯之工咏叹而枵于响。袁枚论诗，以为"诗者，人之性情也。性情之外无诗。王士祯主修饰而略性情，观其到一处必有诗，诗中必用典，此可想见其喜怒哀乐之不真！"此袁枚论诗之旨也。翁方纲以学为诗者也。其论诗，谓："士祯拈神韵二字，固为超妙！但其弊恐流为空调。"故特拈肌理二字，盖欲以实救虚也。所为诗，自诸经注疏以及史传之考证，金石文字之爬梳，皆贯彻洋溢于其中。王士祯之后，诗有翁方纲；犹桐城之后，文有曾湘乡乎？然言言征实，亦非诗家正轨。故其时大宗，不得不推沈德潜。德潜少从吴县叶燮受诗法，其论诗最崇格律。尝曰："诗以声为用者，其微在抑扬抗坠之间。"此说本发之赵执信，谓"汉魏六朝至唐初诸大家，各成韵调；谈艺者多忽不讲，与古法戾。"乃为《声韵谱》以发其秘；亦犹曾湘乡论文从声音证入，以救桐城懦缓之失也。德潜又曰："诗贵性情，亦须论法。所谓法者，行所不得不行，止所不得不止；而起伏照应，承接转换，自神明变化；贵能以意运法，而不能以意从法。"及自为诗，古体宗汉、魏，近体宗盛唐，尤所服膺者为杜，选《古诗源》及《三朝诗别裁》以标示宗旨。天下之谭诗者宗焉。踵其后而以诗名者：大兴有舒位，秀水有王昙，昭文有孙原湘，世称三君。四川有张问陶，常州有黄景仁、洪亮吉，江西曾有燠、乐钧，浙中有王又曾、吴锡祺、许宗彦、郭麟，岭南则有冯敏昌、胡亦常、张锦芳三子，而锦芳又与黄丹书、黎简、吕坚为岭南四家。大率皆唐人之是学，未尝及德潜门，而实受其影响者。其中以舒位、孙原湘、黎简三家，尤为特出。位与原湘皆自昌黎、山谷入杜；而简则学杜而得其神髓者也。于是宋诗之径涂渐辟。道光而后，何绍基、祁寯藻、魏源、曾国藩之徒出，益盛倡宋诗；而国藩地望最显，其诗自昌黎、山谷、入杜，实衍桐城姚鼐一脉。鼐每诏人，谓"学诗，须先读昌黎，然后上溯杜公，下采东坡，于此三家，得门径寻入，于中贯通变化，又系各人天分。"及其自为诗，则以清刚出古澹，以遒宕为雄，由韩学杜，已开挽清同光体之先河，与文之萧然高寄者异趣；而特为文所掩抑不甚著。至国藩乃昌言"姚氏诗劲气盘折，能以古文家之义法通之于诗"；而用其法，旁参山谷，益恣为生崛奥衍。洞庭以南，言声韵之学者，稍改故步，而湘潭王闿运则为骚选盛唐如故，比之古调独弹矣。王闿运始与武冈邓辅纶、邓绎，长沙李寿蓉，攸县龙汝霖四人者相善也，喜吟咏，日夕赓和；而辅纶尤工五言，每有作，皆五言，不取宋唐歌行近体，故号为学古，标曰湘中五子。而五子之中，闿运独推服邓辅纶云。

清诗有唐宋之殊；而词则宗宋。词学至南宋之季，几成绝响；知比兴者，金之白朴、元之张翥而已。朴词曰《天籁集》，清隽婉逸，意惬韵谐，可与张炎《玉田词》相匹，而翥《蜕岩词》，婉丽风流，亦有南宋旧格。惟璞所宗者，多东坡、稼轩之变调；而翥所宗者，犹白石、梦窗之余音；门径微有不同。

明初作者，犹沾溉张蠹之旧，不乖于风雅。永乐以后，南宋诸名家词，皆不显于世；盛行者，为《花间集》《草堂诗余》二选。杨慎、王世贞辈之小令中调犹有可取，长调皆失之俚。惟陈子龙之《湘真阁》《江篱槛词》，直接唐人，可谓特出。明社既屋，京兆士大夫，虽依新朝，犹慨沧桑，特假长短之句，藉抒抑郁之气，始而微有寄托，久则务为谐畅；而吴越操觚家闻风兴起，作者选者，妍媸杂陈，遂不免有怪词鄙词游词之三大蔽。王士祯之数载广陵，实为斯道总持。盖皆祖述南宋，唯《草堂诗余》是规，罕及北宋以上。殆若文之祢唐宋八家而祧东西京；诗之学苏、黄而不知有苏、李十九首；未可谓善学也。洎士祯在朝，位高望重，绝口不谈倚声。独朱彝尊、陈维崧两人并世齐名，妙擅倚声，合刻《朱陈村词》，而清朝词派始成。惟朱才多，不免于碎。陈气盛，不免于率。朱之情深，所作词高秀超诣，绵密精美，其蔽为饾饤。陈之笔重，所作词天才艳发，辞锋横溢，其蔽为粗率。继之而起，名重一时者，实惟纳兰成德，门地才华，直越北宋之晏小山而上之。其词缠绵婉约，能极其致，南唐坠绪，绝而复续。故论清初词家，当推成德为一把手，朱、陈犹不得为上。所惜享年不永，门户未张耳。然乾隆以前，言词者莫不以朱、陈为范围。钱塘厉鹗，吴县过春山，近朱者也。兴化郑燮，铅山蒋士铨，近陈者也。其后作词者遂分浙西、常州两派。浙西派始于厉鹗，鹗词宗彝尊，而数用新事，世多未见，故重其富；后生效之，每以掎摭为工，后遂浸淫而及于大江南北。然抄撮堆砌，音节顿挫之妙，未免荡然。特是绮藻韵致，词家之有厉鹗，如诗之有王士祯。有《樊榭山房词》一卷，续集一卷，生香异色，超然神解，如入空山，如闻流泉，节奏精微，辄多弦外之音。然标格仅在南宋，以姜夔、张炎为登峰造极之境。流极所至，为饾饤，为寒乞。亦与诗之渔洋末派同。武进张惠言乃起而振之，与其弟琦选唐宋词四十四家百六十首，为《词选》一书，阐意内言外之旨，推文微事著之原，比傅景物，张皇幽眇，虽町畦未辟，而奥窔已开；盖以深美闳约为主，其意在尊清真而薄姜、张，视苏、辛尤为小家，贵能以气承接，通首如歌行然，又须有转无竭。嘉庆以来名家，大抵自张惠言而出。其学于惠言而有得者，歙县金应城金式玉也。其以惠言之甥，而传其学者，则武进之董士锡也。此常州派之所由起也。荆溪周济稍后出，尝谓："词非寄托不入，专寄托不出。"其所立论，实足推明惠言之说而广大之，盖自济而后，常州派之壁垒益固矣。词之有常州，以救浙派俳巧之弊；犹之文之有湘乡，以矫桐城懦缓之失也。桐城之文，富神韵而馁气势，略如诗之有渔洋，词之有浙派；然而有不同者，盖崇雅澹而排涂饰，不如渔洋诗、浙派词之好修饰而略性情。此以流派论。若就词论词，南宋而还，极盛于清；然惟纳兰成德、项鸿祚、蒋春霖三人为当家耳。成德《饮水词》，哀感顽艳，得南唐后主之遗；虽长调多不协律，而小令则格高韵远，极缠绵婉约之致。鸿祚《忆云词》、《甲乙丙丁稿》，古艳哀怨，如不胜情；荡气回肠，一波三折，有白石之幽涩而去其俗，有玉田之秀折而无其率，有梦窗之深细而化其滞，殆欲前无古人。其《乙稿自序》云："近日江南诸子竞尚填词，辨韵辨律，翕然同声，几使姜、张颔首；及观其著述，往往不逮所言。"云云，婉而可思。又《丁稿自序》云："不为无益之事，何以遣有涯之生！"亦可以哀其志矣。以成德之贵，项氏之富，而填词皆幽艳哀断，异曲同工，所谓别有怀抱者也。浙中填词为姜、张所缚；百年来屈指惟项鸿祚有真气耳。蒋春霖为诗，恢雄骯髒，若《东淘杂诗》二十首，不减少陵《秦州》之作；乃易其工力为长短句，镂情刓恨，转毫于铢黍之间，直而致，沉而姚，曼而不靡。文字无大小，必有正变，有家数。春霖《水云词》，固清商变徵之声，而流别甚正，家数甚大；与纳兰成德、项鸿祚二百年中，分鼎三足。咸丰兵事，天挺此才，为倚声家杜老；而晚唐、两宋一唱三叹之意则已微矣。或曰："何以与成、项并论？"应之曰："清初王士禛、钱芳标钱芳标字葆馚，华亭人，所著《湘瑟词》有惊才绝艳之誉。一流，为才人之词；张惠言、张琦、周济一派，为学人之词。惟三家是词人之词；固不以流派限矣！"

读清人集别录

近人侈言文学史，而于名家集，作深刻之探讨者卒鲜！余读古今人诗文集最夥，何啻数千家；而写有提要者，且不下五百家。唐以前略尽。严可均《全上古三代秦汉三国六朝文》、邑人丁福保《全汉三国晋南北朝诗》及清修《全唐诗》《全唐文》，通读一过，人有论评；而于其人之刻有专集者，必取以校勘篇章，著录异同。儿子钟书能承余学，尤喜搜罗明清两朝人集。以章氏文史之义，抉前贤著述之隐。发凡起例，得未曾有。每叹世有知言，异日得余父子日记，取其中之有系集部者，董理为篇。乃知余父子集部之学，当继嘉定钱氏之史学以后先照映；非夸语也！近代姚鼐、曾国藩、张裕钊、吴汝纶咸能文章，而罕知流别；又乏深沉之思；即如桐城为一代文宗；而桐城三家于古人文得失离合之故，及三家之何以自为不同；即四人集中，亦未能辨白言之。又如吾常州人好张阳湖；而阳湖挥张之何以不同于桐城三家，究亦莫明所以也！同学有以为问，遂刺取所记，写付校刊，以昭流别而备考论云。

中华民国二十四年二月二十一日，钱基博自记于光华大学。

望溪先生文集十八卷　集外文十卷　集外文补遗二卷

桐城方苞，字灵皋撰。其乡人后学戴钧衡搜辑，以苞晚年自号望溪，学者称望溪先生，遂以题其集。初苞门人王兆符、程崟辑所为文以相质正。兆符早卒，其后增辑付刊者惟崟，而亦随时有删削；传世者数本，不分卷，而篇数多寡不一。钧衡乃就所见篇数最多之本，凡三百八十四首，排次为十八卷。其他苞曾孙传贵刻《集外文》五十二篇，仁和邵懿辰录奏议十九篇，太仓王宝仁录逸文六十四篇，又苞来孙恩露所藏遗文十九首、诗十五章；钧衡乃删其冗复，而合所搜得尺牍二十三首，并次之，得百八十二首，为集外文十卷。既又搜得宝应汤聘三藏逸文一篇，高密单氏藏逸文十九篇，读书笔记数十则，邵懿辰录《史记》评语，与旧所检时文稿自记二则，及与沈畹叔尺牍三通，汇为《集外文补遗》二卷；先后刻于咸丰元年二年，而殿以其乡人苏惇元撰《方望溪先生年谱》，以备知人论世之资。苞少时论行身祈向曰："学行继程朱之后，文章在韩欧之间。"观其论学，于明之王守仁，平时之颜元李塨，皆思有以矫其枉而折衷于程朱。治经深于《礼》《春秋》。治史深于《史记》。治子深《管》、《荀》二子。辨正《诗》、《书》、《周官》、《戴记》子史为刘歆所伪托者十余篇，以为文奸言以佐新莽，而证以《汉书·王莽传》，条举件系，卓然有以自信其说；疑为后来南海康有为《新学伪经考》之蓝本焉？其为文章，恪有义法，而短于气韵；不敢为韩愈之雄丽恣奇，亦不如欧阳修之纡徐委备，而特谨严朴质，高浑凝固，足以戢学者之客气而湔其浮言。其乡人姚鼐辑《古文辞类纂》，特以继明人归有光之后，然有光神溢篇外。苞则韵尽语内。桂林吕璜《初月楼古文绪论》，录其所闻于宜兴吴德旋者，曰："方望溪直接震川矣；然谨严而少妙远之趣，如人家房屋门厅院落厢厨无一不备，但不见书斋别业；若园亭池沼，尤不可得也。"余则谓有光尚气韵而不免曼衍，何如苞之谨义法以截断枝蔓。有光之韵逸，而苞之辞洁。巴陵吴敏树《柈湖文集》有《与欧阳篆岑论文派书》曰："归氏之文，高者在神境，而稍病虚，声几欲下。望溪之文，厚于理，深于法，而或未工于言。"斯足以尽归方之利钝矣！特是有光当太仓王世贞之盛，刮去涂饰；苞则承虞山钱谦益之后，力矫浮靡；归真返朴而选言有序，不刻画而足以昭物情，则两家无不同。然苞之为文，言尽则意止；而抑扬吞吐以事所谓情韵不匮者，则苞之所未有，而为桐城文者之所亟喜。吴敏树《记钞本震川文后跋尾》曰："近时为古文，以仿归氏，故喜为闲情眇状，摇曳其声，以取恣媚，以为归氏学《史》之遗。"此自归之血脉，而非方之矩矱也！世人混言归方，又以苞为桐城派开山。而不知苞之文，本不同于归。而文贵有事外远致，则归之所以亟称于桐城。若苞之文，有余于质实，不足于妙远。然则桐城之文，宗归而不必祢方；特以乡人推重之尔！摭录可诵，篇目如左。

论辩类　周官辩伪两篇　辩明堂位　文王十三生伯邑考辩　成王立在襁褓之中辩　汉高帝论　汉文帝论　蜀汉后主论　宋武帝论　原人下

序跋类　读古文尚书　读尚书记　读尚书又记　书考定仪礼丧服后　书考定文王世子后　读管子书史记十表后　书刺客传后　书萧相国世家后　书淮阴侯列传后　又书货殖传后　书汉书礼乐志后　书汉书霍光传后　书王莽传后　书五代史安重诲传后　周官析疑序　畿辅名宦志序　教忠祠规序　吴宥函文稿序　储礼执文稿序　熊偕吕遗文序　左

华露遗文序　杨黄在时文序　青要集序　书韩退之学生代斋郎议后　书韩退之平淮西碑后　书朱注楚辞后　书烈妇东鄂氏事略后　古文约选序例　张彝叹稿序　刘巽五文稿序　朱字绿文稿序　余西麓文稿序　溧阳会业初编序　跋先君子遗诗

奏议类　请定经制札子　请矫除积习兴起人材札子　拟请纂修三礼条例札子　贵州苗疆议　台湾建城议

书牍类　与翁止园书　与吴见山书　与某公书　与鄂张两相国论制驭西边书　与谢云墅书　与某书　与熊艺成书　与白玫玉书　与王昆绳书　与刘言洁书　与韩慕庐学士书　与徐贻孙书　与刘大山书

赠序类　送徐亮直册封琉球序　送刘函三序　赠潘幼石序　送左未生南归序　赠李立侯序　送李雨苍序　送钟励暇宁亲宿迁序　送张又渠守扬州序　赠宋西疝序　送雷惕庐归闽序　送官庶常觐省序　赠石仲子序　赠介庵上人序　送冯文子序　送韩祖昭南归序　通蔽

传状类　孙征君传　白云先生传　四君子传　三山林湛传　二山人传　二贞妇传　高节妇传

碑志类　李刚主墓志铭　杜苍略先生墓志铭　刘古塘墓志铭　左未生墓志铭　礼部侍郎蔡公墓志铭　礼部尚书赠太子太傅杨公墓志铭　广东副都统陈公墓志铭　李抑亭墓志铭　中议大夫知广州府事张君墓志铭　白玫玉墓志铭　翰林院编修查君墓志铭　安徽布政使李公墓志铭　教授胡君墓志铭　张朴村墓志铭　刘紫函墓志铭　陈驭虚墓志铭　尹元孚墓志铭　龚君墓志铭　佘君墓志铭　大司寇韩城张公继室王夫人墓志铭　工部尚书熊公继室李淑人墓志

铭　谢母王孺人墓志铭　王孺人墓志铭　许昌桢妻吴氏墓志铭　高善登妻方氏墓志铭　赠孺人邹氏墓志铭　季瑞臣墓表　万季野墓表　梅征君墓表　田间先生墓表　吏部侍郎姜公墓表　刑部右侍郎王公墓表　朱字绿墓表　汪武曹墓表　黄际飞墓表　宋山言墓表　兵部尚书法公墓表　赵处士墓表　内阁中书刘君墓表　谢孺人叶氏墓表　赠淑人尤氏墓表　曾孺人杨氏墓表　中宪大夫鄂公夫人撒克达氏墓表　陈太夫人王氏墓表　林母郑孺人墓表　礼部尚书郑公神道碑　理藩院员外郎赠资政席公神道碑　杜茶村先生墓碣　鲍氏女球圹铭　礼部尚书韩公墓表　都察院副都御史巡抚贵州刘公墓表　武强县令官君墓表　明故兵部郎中刘公墓志铭　翰林院掌院学士兼礼部侍郎汤公墓志铭　彭切庵墓志铭　顾饮和墓志铭　长宁县令刘君墓志铭　杨千木墓志铭　刑部郎中张君墓志铭　大理卿熊君墓志铭　少京兆余公墓志铭　兄百川墓志铭　弟椒涂墓志铭　张文端公墓表

杂记类　左忠毅公逸事　高阳孙文正公逸事　石斋黄公逸事　明禹州兵备道李公城守死事状　将园记　游丰台记　游潭柘记　再至浮山记　记寻大龙湫瀑布　题天姥寺壁　游雁荡记　封氏园观古松记　汤司空逸事　汤潜庵先生逸事　安溪李相国逸事　记长洲韩宗伯逸事　记徐司空逸事　记所闻司寇韩城张公事　记太守沧州陈公罢官事　记姜西溟遗事　狱中杂记　结感录

颂类　圣主亲征漠北颂

哀祭类　驸马孙公哀辞　宣左人哀辞　武季子哀辞　阮以南哀辞　张彝叹哀辞　仆王兴哀辞　婢音哀辞　祭顾书宣先生

文　亡妻蔡氏哀辞　舒子展哀辞

右文一百八十三篇。尝以古文义法绳班史柳文，尚多瑕疵。而论义法以《史记》为准。论学则以宋儒为归。

其砭当世之显学曰："仆少所交多楚越遗民，重文藻，喜事功，视宋儒为腐烂；用此年二十，目未尝涉宋儒书。及之京师，始寓目焉；其浅者皆吾心所欲言；而深者则吾知力所不逮也！然尚谓汉唐以来，以明道著书为己任者众矣；岂遂无出宋五子之右者乎？二十年来，于先儒解经之书，自元以前，所见者十七八。然后知生乎五子之前者，其穷理之学，未有如五子者！生乎五子之后者，推其绪而广之，乃稍有得焉！其背而驰者，皆妄凿墙垣而殖蓬蒿，乃学之蠹也！学之废久矣；而明之衰，则尤甚焉！浙以东，黄君黎洲宗羲坏之。燕赵间，颜君习斋元坏之。盖缘治俗学者，懵然不见古人之樊。稍能治经史承学为古文，则皆有翘然自喜之心；而二君以高名耆旧为之倡，立程朱为鹄的，同心于破之；浮夸之士皆醉心焉！夫儒者之学，所以深摈异端者，非贵其说之同也；学不明，则性命之理不顺。汉代儒者，所得于经甚浅，而行身皆有法度，遭变抵节，百折而其志必伸。魏晋以后，工文章垂声于世者众矣；然叩其私行，不若臧获之庸谨者；少遇变故，背君父而弃名节，若唾溺然。由是观之，不出于圣人之经，非学也。乃昔之蠹学者，显出于六经之外；而今之蠹学者，阴托于六经之中，其可忧弥甚矣！"见《再与刘拙修书》。"习斋之学，其本在忍嗜欲，苦筋力，以勤家而养亲；而以其余习六艺、讲世务。以备天下国家之用；以是为孔子之学，而自别于程朱；其徒皆笃信之。余谓程朱之学，未尝不有事于此；但此乃道之法迹耳！使不由敬静以探其根源，则于性命之理，知之不真；而发于身心，施于天下国家者，不能曲得其次序。"见《李刚主墓志铭》。"阎百诗若璩病程朱删易经字，则不敢不多为反覆。盖专易经字者，汉儒之病也！程朱删易甚少而皆依于理。仆每见周秦以前古书，字形与声近，则众书所传多异；即一书诸本中，亦有增损改易。窃叹古书不可通者，多以字讹而人莫辨也。如《商书》'自周有终'，《酒诰》'尔尚克羞耇惟君'，解者支离牵合，终不可通；若'君'与'周'互易，则其义不待诂而自明矣；盖篆体二字本形似也。韩退之《罗池庙诗》：'乃此方之人，惟侯是非。'按其前后，辞意明白；而'此'以形讹'北'，'唯'以声讹'为'，子瞻不能辨，又自为之说而大书深刻焉；则其读书观理之不详可见矣！《庄子·外篇》：'舜将死，真泠禹曰。'不易为'遗泠'得乎？《史记·封禅书》：'至梁父矣而德不洽。'谓'梁父'非衍可乎？仆尝自恨寡陋，见古书字讹，无所证据而不敢擅易；愿得博极群书者以正之。"见《与阎百诗书》。

其论《史记》义法曰："《五帝纪》后具列三代世系。《陈杞世家》后，具列十一臣之后及三代间封小不足齿列者，乃通部之关键。陈杞以后，不复总束；以卫晋郑出于周，宋出于商，楚出于颛顼，越出于夏，赵韩魏瓜分于晋，田氏袭夺于齐，孔子出于宋，无庸更著也。"《五帝本纪》"敬王以后，报王以前，二百年无一事；以《史记》独藏周室，遭秦火；所据独《左传》、《国语》、《国策》耳！此迁所以深惜之也。晚周事少，故详录《国策》，而义鄙辞佻，不似本纪中语，且与篇首严重深广之体不称；不若略取事实，删其蔓辞，为得体要。"《周本纪》"《秦纪》多夸语，其世系事迹，独详于列国，而于他书无征；盖秦史之旧也。不载《国策》一语，体制遂觉峻洁；盖由国史具存，有事迹可纪故也。"《秦本纪》"楚与秦合兵由赵，而怨结于齐；羽之东归，又二国首难，而其国事亦多端；故因与齐将田荣救东阿，入诸田角立之衅；于救赵，入张耳陈余共持赵柄，以为后事张本；然后脉络分明。韩魏及燕，于秦楚刘项兴亡，无关轻重，则于羽分王诸将见之。先后详略，各有义法，所以能尽而不芜也。高祖纪）独举赵歇而不及张陈，则《羽纪》之详，以标前后脉络明矣！"《项羽本纪》"《高祖本纪）遭魏人宁昌使秦，使者未来；因宁昌使秦未还而侧入章邯之降；因邯之降，而追叙羽之救赵破秦；然后以赵高来约，遥承秦使未来；以袭攻武关，遇承攻胡阳，降析郦；参差断续横纵如意，章法颇似（左传）邲与鄢陵之战。又《项羽本纪》，高祖留侯项伯相语，凡数百言；而此以三语括之；盖其事与言不可殁，而于帝纪则不可详也。高祖与项伯语，必载《羽纪》以见事情，则与留侯语，宜以类相从，故于《留侯世家》亦略焉。且《留侯世家》，实传体也；即载立六国后问答，复载此，则辞气近复，而体制亦病于重腿。《羽纪》则间架阔远，不重腿为病矣！《晋语》齐姜语重耳凡数百言；而《左传》以八字括之；盖纪事之文，去取详略，措置各有宜也。"《高祖本纪》"《吕后本纪》，是时高祖八子'一句提挈；以刘吕之祸，成于分王诸吕；故具列旧封，则后此地势事情，了然在目；与《秦纪》将叙孝公修政廓土，先列六国疆界，及摈秦而不与盟同。长沙独标非刘氏，以功而王，正与吕氏无功相对。"《吕后本纪》"《孝文本纪》诸诏，皆帝战战恐惧，克己循道以怀安天下之大政；他事则各入本传；观此可识本纪列传记事与言之义法。而'从代来即位二十三年，句以下所叙列，视前诸大政为小，故总束于后；韩欧墓志多用此法。"《孝文本纪》。以上见《史记》评语。

　　"迁序十表，惟十二诸侯、六国、秦楚之际、惠景间侯者，称'太史公读'，谓其父所欲论著也；故于高祖功臣称'余读'

以别之。周之衰，礼乐征伐自诸侯出，事由五伯；而其微兆，则在共和之行政。秦并六国，以周东徙，乘其险固形势，故僭端见于始封。自虞夏殷周及秦代兴，皆甚难；而汉独易，以秦之重而无基也。先王之制封建，本以安上而全下，故惟小弱，乃能奉职效忠。此数义者，实能究天人之分，通古今之变；或迁所闻于父者信如斯；或其父所未及，而以所学推本焉。其自序曰：'请悉论先人所次旧闻，不敢阙。'而本纪、八书、世家、列传，无称其父者，故揭其义于斯；则踵春秋以及秦灭，汉兴文景以前，凡所论述，皆其父所次旧闻具见矣。十篇之序，义并严密而辞微约；览者或不能遽得其条贯，而义法之精变，必于是乎求之，始的然其有准焉。欧阳氏《五代史》志考序论，皆遵用其义法；而韩柳书经子后语，气韵亦近之；皆其渊源之所渐也。"见《书史记十表后》。"六国并于秦，史记为秦所焚；所表六国事迹，独据《秦记》；故《六国表序》，通篇以秦为经纬；而自汉以后，所用皆秦法；史公盖心伤之而不敢正言，故微词以见之；非果以秦可法也！"《六国表序》。见《史记》评语。"《礼》、《乐》、《律》、《历》四书，或曰褚少孙所补，或曰子长为之而未具，皆非也。其序《礼》、《乐》，用意尤深。盖太初所定改正朔，易服色，已具《历书》及《封禅书》；至宗庙百官之仪，则袭秦故，不合圣制者。汉之乐，文景以前，袭常肄旧而已！武帝作《十九章》，文虽尔雅；然自《青阳》《朱明》《西皞》《元冥》而外，多諛诞，且非雅声；其甚者，如《太乙马歌》，则汲黯所谓先帝百姓不知其音者，故止序其大略，而不复排纂为书；盖伤汉之兴，无所谓礼乐也。故于四时之歌，明著其指曰：'世多有，故不论。'则非为之而未具，明矣！汉之乐既无可次，而律则往古成法，故独著其通于兵事以为法戒。武帝改历，虽由公孙卿札书,而洛下闳运算日顺夏正,于历术则无可议者,故直述其事。凡此皆著书之义法。其后四书,论系于书后,亦各有义焉。盖《河渠》、《平准》,非若《礼》、《乐》、《律》、《历》,可前序其事,而以名物度数次列于后者。《封禅书》所载诸畤诸祠,虽有方色牲币之数,而皆秦汉间妖妄不经之制,且与封禅无与也。故其事并详于书,而略见己意于后。惟《天官》宜与《律》、《历》一例;特家世所掌,有独传其精义者;灾异之变,有亲得之见闻者;诸家之占,有考之而不合者;故列次众法于前而以己意详论于后,所由与《律》、《历》二书异也。七书皆通古今;而《平准》则汉一代之制,故独以古事附论于后而志慨焉。"见《读史记八书》。

"《晋世家》,通篇以世数纪年为章法。桓叔受封纪年,武公得国纪年,卒又纪年。武公即位,追叙其父大父;悼公即位,亦追叙其父大父;故文公之立,覆举献公之子,因以为章法。文公少而得士纪年,其出也纪年,入而得位纪年,因以为章法。"《晋世家》"《勾践世家》,先世无所考,子孙事亦甚略,亦传体也。范蠡谋吴霸越,具见句践语中;其浮海以后事,不足别立传;而史公惜其奇,故用合传体附载于后,非常法也。"《勾践世家》"《萧相国世家》,首举收秦律令图书,进韩信,镇抚关中;而功在万世可知矣!末记与曹参素不相能,而举以自代;则公忠体国具见矣!中间但著其虚己受言以免猜忌,虽定律受遗,概不著于篇。观此可识立言之体要。"《萧相国世家》"《曹相国世家》,条次战功,不及方略,所以能简。治齐相汉,止虚言其清静,不填实一事。"《曹相国世家》。以上见《史记》评语。"古之晰于文律者,所载之事,必与其人之规模相称。太史公传陆贾,其分奴婢装资,琐琐者皆载焉。若《萧曹世家》,而条举其治绩,则文字虽增十倍,不可得而备矣!故尝见义于《留侯世家》曰:'留侯所从容与上言天下事甚众,非天下所以存亡,故不著';此明示后世缀文之士以虚实详略之权度也。宋元诸史,若市肆簿籍,使览者不能终篇,坐此义不讲耳。"见《与孙以宁书》。"《陈丞相世家》,六出奇计,阴谋也;其后避谗伪,听吕后,亦阴谋也;故用此总结通篇。"《陈丞相世家》"绛侯安吕氏之功,具《吕后》、《孝文本纪》,故世家首叙战功,承以可属大事;其后独载惧祸遭诬二事。条侯亦首叙将略,后独载争粟太子之废,抑王信徐卢等之侯。其父子久任将相,岂他无可言者乎?盖所记之事,必与其人之规模相称,乃得体要。子厚以洁称太史,非独辞无芜累也,明于义法,而所载之事不杂,故其气体为最洁也。此意惟退之得之;欧王以下,不能与于斯矣!绛侯则高祖预识其可任大事。条侯则文帝决其可将兵。绛侯气质之偏,则东乡责诸生。条侯则顾命尚席取檖。微小处亦间出相映,其法取诸左氏。"《绛侯周勃世家》

"本纪、世家、列传后皆有论;惟伯夷孟荀,合传与论而为一,故无后论。"《伯夷列传》"管仲之功,焜燿史籍,于本传叙列则赘矣。其微时事,则以称鲍叔者见之。此虚实详略之准也。其书不可多载,故揭其指要。其事人所共知,故著其权略。晏子之事,亦人所共见,故本传不复叙列,与管仲同;而总论其为人,即于叙次其显名于诸侯见之,与管仲异。此章法之变化也。于管仲传,举鲍叔能知其贤,于晏子传,举其能知越石父及御者。三归反坫,正与食不重肉,妾不衣帛反对。观此可知文之义法,无微而不具也。管晏事迹见于其书及他载籍者不可胜纪;故独论其轶事。"《管晏列传》。以上见《史记》评语。"太史公传老子,著其国焉,著其邑焉,著其乡焉,著其里焉,外此无有也。著其氏焉，著其名焉，著其字焉，著其谥焉，著其官守焉，外此无有也。著其子焉，著其孙焉，著其孙之元来焉，于其子孙元来，仍著其爵焉，著其封焉，著其仕之时与国焉，著其家之地焉，外此无有也。盖世传老子，多幻奇荒怪之迹，故特详之，以见其生也有国邑乡里名字，其仕也有官守，其终有谥，其身虽隐，而子孙世有封爵里居，则众说之诞，不辨而自熄矣！"见《书老子传后》。"孙武吴起论兵具有书。阖闾破楚入郢，北威齐晋，武与有力；楚悼王南平百越，北并陈蔡，却三晋，西伐秦，以相起；则武与起之战功，不必言矣。故以虚语总括，而所载皆别事。孙膑在齐，田忌之客耳；其再破魏，主兵者田忌；故详著其兵谋。此虚实之义法也。武与起之书，世多有，于论见之。膑之书则无传焉，故于传曰'世传其兵法'。楚之战功，吴起实专之。吴则申胥华登之谋居多，故曰'武与有力焉'。盖古人之不苟于言如此！"《孙子吴起列传》"管子治齐，萧何定律，皆略而不具。而详记商君之法，著王道所由灭息也。"《商君列传》。以上见《史记》评语。"驺衍以下十一人，错出《孟子荀卿传》，若无伦次；及推其意义，然后知其不苟然也！盖战国之时，守孔子之道而不志乎利者，惟孟子耳！其次荀卿而少驳矣！故首论商鞅、吴起、田忌以及纵横之徒，著仁义所由充塞也。自驺衍至驺奭，说犹近正；而著书以干世主为志，则已骛于功利矣。其序荀卿于衍奭诸人后者，非独以时相次也；荀卿之学，虽不能无驳，而著书则非以干世；所以别之于衍奭之伦也。自公孙龙至吁子，则舛杂鄙近，视衍奭而又下矣！至篇之终，忽著墨子之地与时，而不一言其道术。盖世以儒墨并称久矣，其传已见于荀卿所序列而不必更详也。自汉及唐，庄列皆列学官，而孟子未兴。以韩愈之明，犹曰'孔墨必相为用'；而较孟子于荀杨之间。子长独以并孔子，一篇之中，其文四见。至荀卿受业于孔氏之门人，则弗之著也。老庄申韩衍奭诸人，皆有传，而墨子无；盖孟子距而放之之义。然则子长于道，岂概乎未有闻者哉！"见《书孟子荀卿列传后》。"平原君所喜策士也，而终以著书谈道之士，因与虞卿著书相映。"《平原君列传》"乐氏多贤，故乐毅列传，详其前后世系，因以为章法。而结赵破齐，具毅报惠王书，故叙次不得过详。"《乐毅列传》"赵奢李牧将略，及赵括之败，具详始末。假而牧再破秦，颇破齐燕，复一一叙列，则语芜而气漫矣；而出以简括。变化无方，各有义法；此史之所以能洁也！"《廉颇蔺相如列传》"夏太后华阳太后薨葬，不应载《不韦传》。以夏太后有后百年旁当有万家邑语，史公好奇，欲传之；而以入《秦本纪》，则无关体要；故因庄襄王之葬，牵连书之。而庄襄王之葬，所以见《不韦传》，又以后与庄襄王合葬芷阳者，乃不韦姬也。但此等止为文章波澜而设；据史法则不宜书。"《吕不韦列传》。以上见《史记》评语。"太史公裁割更易《尚书》、《左传》，或辞意不完；而于《国策》有远过本文者。其序聂政事曰：'其姊萦闻之，乃于邑曰：是吾弟欤？嗟乎！严仲子知吾弟！'盖韩卫悬隔，政又自刑以绝踪；其姊非闻而骇且疑，无缘遽如韩市也；既见政尸，而列其名，并为严仲子死，则他无可言者矣；故曰：'乃大呼天者三，于邑悲哀而死政之旁。'其本文一切不具，乃曰：'美哉气矜之隆，可以过贲育，高成荆矣！'世有乍见所亲皮面抉眼屠肠，而从容赞美如途人者乎！观太史公所增损，乃知本文之疏且拙也！盖《国策》本纪言之书，中间序事者多不过数语，而亦未有殊绝者！余少读《燕策》荆轲刺秦王篇，怪其序事类太史公。先秦人叙事皆廉峭；纡余曲畅，自史公作乃有此。及见《刺客传赞》，乃知果太史公文也!彼自称得之公孙季功董生所口道,则非《国策》之旧文,决矣!盖荆轲之事虽奇,而于策则疏。意《国策》本无是文,或以《史记》之文入焉,而削高渐离后事,以事在六国既亡后耳!《楚世家》说顷襄王,真战国之文也;而《国策》无之。盖古书遭秦火,杂出于汉世;其本文散佚,与非其所有而误入焉者多矣;不独刺客为然也!"见《书刺客传后》。

"赵高谋乱,入《李斯传》;以高之恶,斯成之;秦之亡,斯主之也。其始迹入《蒙恬传》,以蒙毅曾治高,当其罪死;而高因此有贼心也。"《李斯列传》。见《史记》评语。"太史公于汉兴诸将,皆列数其成功,而不及其方略,以区区者不足言也;惟于信详哉其言之。盖信之战,刘项之兴亡系焉。且其兵谋足为后世法也。然自井陉而外,阳夏潍水之迹盖略矣;其击楚破代,亦约举其成功;至定三秦,则以一言蔽之,而其事反散见于他传;盖汉楚之争,惟定三秦为易,虽信之部署,亦不足言也。左氏纪韩之战,方及卜徒父之占,而承以三败及韩;乍观之,辞意似不相承;然使战韩之前,具列两国之将佐,三败之时地,则重腿滞壅,其体尚能自举乎!此纪事之文,所以《左》、《史》称最也!其详载武涉蒯通之言,则微文以志痛也。方信据全齐,军锋振楚汉,不忍乡利背义,乃谋畔于天下既集之后乎!其始被诬,以行县陈兵出入耳;终则见绐被缚,斩于宫禁;未闻谳狱而明征其辞,所据乃告变之诬耳;其与陈豨辟人挈手之语,孰闻之乎?列侯就第,无符玺节篆,而欲与家臣夜诈诏发诸官徒奴,孰听之乎?信之过,独在请假王,与约分地而后会兵垓下。然秦失其鹿,欲逐而得之者多矣;蒯通教信以反,罪尚可释;况定齐而求自王,灭楚而利得地,乃不可末减乎!故以通之语终焉。"见《书淮阴侯列传后》。"汉初文臣,御史大夫与丞相并重。

张苍申屠嘉兼两职,故合传。其余为御史大夫者五人,具有声绩,故列叙之。为丞相者六人,皆无所发明,故总记其名以为妮妮备员者戒焉。汉兴,为御史大夫者五人,皆在张苍之前。张苍既相,而申屠嘉代之;故于苍相淮南,预书十四年迁为御史大夫;然后五人之为御史大夫,脉络相贯,而主客之分判然。苍以前为丞相者,名迹显著,故不复言。嘉以后为丞相者六人,别无所表见,故最其名氏而以妮妮备员蔽之,别有见者不列,皆义法之不得不然者。"《张丞相列传》"《礼书》痛汉用秦仪,三代圣制由是沉湮;而成之者实通。然时主之所用也,不敢斥言其非,故于后论隐约其辞,若褒若讽;而希世之污,则假鲁两生以发之。篇首载秦二世之善其对,以为面谀之征也。末载原庙之立,果献之兴,著其凭臆无稽,以示所言汉仪法,皆此类也。"《刘敬叔孙通列传》"盎忌刻,错刻深,而邓公持议平,故得善终,因以为章法。其子修黄老,亦与错学申商相映。"《袁盎列传》"《吴王濞列传》侧入逆叙处,酷似《左传》。盖以吴及六国之败亡,必牵连以书。设篇终更举周邱之师及汉制诏,则为附赘悬疣。故因叙吴兵之起,而及周邱之别出;因周邱之胜,而侧入吴王之败走;因吴王之败走,而及天子之制诏;然后追叙吴楚之攻梁及亚夫之守战,吴王之走死,六国之灭亡;而弓高侯出诏书以示胶西王,亦自然而合节矣!凡此皆义法所当然,非有意侧入逆叙以为奇也。"《吴王濞列传》"《魏其武安列传》,以魏其灌夫生平事迹,并正叙于前;故武安事迹,皆与魏其夹叙。其初起也,著魏其方盛而卑事之。其益贵用事而下宾客,进名士也,以欲倾魏其诸将相。其让魏其为丞相也,以天下士素归之,而用以钓让贤之名。其好儒术,兴礼度也,与魏其俱。其益横益骄也,以言事多效,天下吏士皆去魏其而归之。吏士去魏其,归武安,则魏其与灌夫相欢相倚之由也。武安益横益骄,则怒魏其,激灌夫之由也。中间魏其夫妇治具,且及日中;与武安往来侍酒跪起如子侄相对。灌夫尤敬诸士贫贱者,与武安折诎诸侯王,坐其兄南乡相对。好陵贵戚有势在己之右者,为后争酒骂坐张本。而魏其初致名誉,及后锐身救灌夫,则以沾沾自喜,多易蔽之。章法蔽遏,览者心怡目眩而莫知所以然,所谓工倕旋而盖规矩也。"《魏其武安侯列传》"'安国为人多大略'三话,括尽安国平生。管子韩非文,有置枢纽于中间以要绾前后者;后来惟太史公韩退之能为此。"《韩长孺列传》《平津侯主父列传》,以恢奇多诈蔽宏之为人。惟恢奇,故多诈而天子以为敦厚也。惟天子以为敦厚,故不惟汲黯之诘不能动,即左右佞幸之毁,亦不能入也。其称人主病不广大,及阳屈于买臣之议,阴祸主父,徙董相;诈也。而使匈奴还报,不合上意;数谏通西南夷,筑朔方,置沧海郡;汲黯廷诘,反称其忠,使天子察其行而以为敦厚;所谓恢奇也。黯诘以背约不忠,则曰:'知臣者以臣为忠,不知臣者以臣为不忠';黯诘其俭以饰诈;则曰:'管仲侈拟于君而桓公以霸,晏婴下比于民而齐国亦治',所谓辨论有余也。淮南衡山之反,泛引传记,莫识其意向;而究其隐私,则自引咎以释人主之惭;所谓习文法而又缘饰以儒术也。凡此类,皆以恢奇行其诈也。天子报书,一则曰君宜知之,再则曰君宜知之;而其曲学逢君,饰诈不忠之实,不可掩矣!"《平津侯主父列传》"《史记》所载赋颂书疏甚略,恐气体为所滞壅也。长卿事迹无可称,故独编其文以为传,而各标著文之由,兼发明其指意以为脉络;匪是则散漫而无统纪矣!"《司马相如列传》

"《淮南衡山列传》,备著淮南二王逆节,见汉法非过也。厉王反迹,皆于狱辞具之。故安之事既毕叙,乃曰'伍被自诣吏告与淮南王谋反'，踪迹如此，而狱辞则甚略。观此传，益信淮阴之枉；始则诈而禽之，而告反者无闻也；既则诈而斩之宫中，而上变者无征也；使果有踪迹，何难具狱而明征其辞哉！著以传著，疑以传疑，俾百世以下，可寻迹推理而得其情，此之谓实录也。"《淮南衡山列传》"循吏独举五人，伤汉事也。孙叔顺民所欲，不教而从化；以视猾贼任威，使吏民重足一迹而益轻犯法者何如？子产既死而有遗爱；以视张汤死而民不思；王温舒同时五族而众以为宜者何如？公仪子使食禄者不得与民争利；以视置平准，笼盐铁，纵告缗以巧夺于民者何如？石奢李离以死守法；以视用爱憎挠法，视上意为轻重者何如？史公盖欲传酷吏，而先列古循吏以为标准；故序曰'奉职循吏，亦足以为治，何必威严哉！'然酷吏恣睢，实由武帝侈心不能自克，而倚以集事。故曰'身修者，官未曾乱也。'子产事具《左传》，故略举其成功。"《循吏列传》"汲黯治东海，为九卿，徙内史，居淮阳，而传不填实一事；止虚言其性情气象，略举其语言及君臣上下之严惮，遂使千载下可闻风而兴起，必如此乃与黯之为人相称。黯学黄老之言，好清静，正与武帝与诸臣好兴事病民相反。'治务在无为而已'，语近复；然前郡守之治，后九卿之治也，其体各异，故分言之；且与张汤文深小苛，武帝分别文法反对；'面折犯颜'云云，亦与公孙宏怀诈饰智，阿谀取容反对。此传盖伤武帝有社稷臣，克知灼见而终不能用也。篇首称黯以数直谏不得久留内，则进言多矣！为右内史，守东海淮阳，列九卿，事迹众矣！而见于传者止此；盖非关社稷之计，则不著也。其直攻武帝之多欲，社稷臣所以格君也。矫节发粟以振贫民；奉使东越，不至而返；谏征匈奴，迎浑邪，罪民匿马及贾人与市者；社稷臣所以安民也。面诘宏汤；责李息；社稷臣所以体国也。始仕为太子洗马，即以庄见惮；及列九卿，与丞相大将军抗礼；致天子敬礼，不冠不敢见；社稷臣所以持身也。史公于萧相国，非万世之功不著；于黯，非关社稷之计不著；所谓辞尚体要也。黯之为社稷臣，不独庄助知之，淮南谋逆者惮之；武帝实自发之，而终不能用，则内多欲之故也。黯之为人，不独卫人惮之，大将军贤之，即武安侯亦不闻含怒；而宏汤独深心嫉之，欲挤之死，则宏汤为人，又出武安侯下矣！入后叙上曰'人果不可以无学'，与篇首称黯好学语反；以黯为无学，故以儒术任宏也。"《汲郑列传》"《酷吏列传》：宁成周阳由之前，不过吏之治酷而已！赵禹张汤而后，则朝廷之用法益刻；由上以为能，而丞相宏数称其美也。因汤与禹共定律令而及其交欢；因交欢而及其为人；以其后汤败，天子使禹责之，因以为章法也；故不与禹事连书而入《汤传》。'汤为御史大夫七岁败'；汤所以败，事绪多端，非用此为关键，则散漫无纪。'三长史皆害汤欲陷之'句法，与先揭'汤为御史大夫七岁败'同。禹与汤同起，而死在汤后，故牵连以书。义纵守南阳，宁成奔亡而其迹终焉，故叙列于《纵传》。'弃纵市,后一岁,张汤亦死。'汤诛在纵后，以天下事皆决于汤，故连书其败露诛死之由，不暇书其年，至是始补记年岁也。尹齐与王温舒相代为中尉，而死又相次，故牵连以书。减宣出前早，而系于篇终，以死后也。宣死而杜周任用。禹汤尚能贫；而周则家訾累巨万矣！郅都尚能死节官下，不顾妻子；而周且为子孙营窟，故以是终篇。"《酷吏列传》"《大宛列传》：'大宛之迹，见自张骞'；汉伐大宛，在张骞死后，而此篇前幅，乃通西北诸国事；非此二语，首尾不能相应。诸国地势道里，皆以大宛四面言之，列序诸国，皆牵连大宛，以为征宛立传也。'骞因分遣副使'云云；大宛之迹，见自骞使月氏，其兵端起于使西北国者称宛多善马，故用此为关键。此篇前半记通使西北国，后半记以通使起兵端，而终于伐宛，故因乌孙献马，预入后得宛马，以为中间之关键。而通乌孙，乃骞本谋；故特书'自博望死后'，与篇首相应，然后首尾脉络，并相贯注。'乌孙多马，其富人至有四五千匹马'，二语非多骈；见乌孙富人有马至数千匹，则其王以马千匹聘汉女，未为重币；而汉群臣廷议，要以先纳聘，始遣女，大辱国也。使端无穷，每遣赍金币直数千万，而所得仅此；与后天下骚动传相奉伐宛而仅得善马数十匹、中马以下三千余匹相应。"《大宛列传》。以上见《史记》评语。

"《春秋》之制义法，自太史公发之，而后之深于文者亦具焉。义即《易》之所谓言有物也；法即《易》之所谓言有序；义以为经，而法纬之，然后为成体之文。《货殖传》两举天下地域之凡，而详略异焉；其前独举地物是衣食之源，古帝王所因而利道之者也；后乃备举山川境壤之支凑，以及人民谣俗性质作业，则以汉兴海内为一，而商贾无所不通；非此不足以征万货之情，审则宜类而施政教也。两举庶民经乐之凡，而中别之；前所称农田树畜，乃本富也；后所称贩鬻儃贷，则末富也。上能富国者，太公之教诲，管仲之整齐，是也。下能富家者，朱公子贡白圭，是也。计然则杂用富家之术以施于国，故别言之，而不得侪于太公管仲也。然自白圭以下，皆各有方略，故以能试所长许之。猗顿以下，则商贾之事耳；故别言之，而不得侪于朱公子贡白圭也。是篇大义，与《平准》相表里，而前后措注，又各有所当如此；是之谓言有序，所以至赜而不可恶也！夫纪事之文，成体者莫如左氏；又其后则昌黎韩氏；然其义法皆显然可寻。惟太史公《礼》、《乐》、《封禅》三书及《货殖》、

《儒林传》，则于其言之乱杂而无章者寓焉；岂所谓定哀之际多微辞者耶！"见《又书货殖传后》。其论《汉书》疏于义法，不如太史公曰："太史公序礼乐，而不条次为书，盖以汉兴，礼义皆仍秦故，不合圣制，无可陈者。郊庙乐章，并非雅声；故独举《马歌》，藉黯言以及明己意；其称引古昔，皆与汉事相发，无泛设者。《汉书·礼乐志》，乃漫原制作之义，则古礼乐及先圣贤之微言，可胜既乎？是以不贯不该，侗然而无所归宿也！其于汉之礼仪则阙焉；而独载房中郊祀之歌及乐人员数。夫郊庙诗歌，乃固所称体异雅颂，又不协于钟律者也；既可备著于篇，则叔孙所撰，藏于理官者，胡为不可条次以姑存一家之典法乎？用此知韩柳欧苏曾王诸文家，叙列古作者，皆不及于固；卓矣哉，非肤学所能识也！"见《书汉书礼志后》。"《春秋》之义，常事不书；而后之良史取法焉！昌黎韩氏目《春秋》为谨严，故撰《顺宗实录》，削去常事，独著其有关治乱者。班史义法，视子长少漫矣！然尚能识其体要。其传霍光也，事武帝二十余年，蔽以'出入禁闼，小心谨慎'；相昭帝十三年，蔽以'百姓充实，四夷宾服'；而其事无传焉；盖不可胜书，故一裁以常事不书之义，而非略也；其详焉者，则光之本末，霍氏祸败之所由也。古之良史，于千百事不书，而所书一二事，则必具其首尾，并所为旁见侧出者而悉著之，故千百世后，其事之表里，可按而如见其人。后人反是；是以蒙杂暗昧，使治乱贤奸之迹，并昏微而不著也。是传于光事武帝，独著其出入殿门下，止进不失尺寸；而性资风采，可想见矣！其相昭帝，独著增符玺郎秩，抑丁外人二事；而光所以秉国之钧，负天下之重者具此矣！其不学专恣，则于任宣发之，而证以参乘，则表里具见矣！盖其详略虚实，措注各有义法如此！然尚有未尽合者！昌邑失道之奏，不详，不足以白光之志事。至光之葬具，显及禹山之奢纵，宣帝之易置其族姻，则可约言以蔽之者也；具详焉，义无所当也；假子长退之为之，必有以异此！"见《书汉书霍光传后》。"《王莽传》，尤班史所用心，其钩抉幽隐，雕绘众形，信可肩随子长；而备载莽之事与言，则义焉取哉！莽之乱名改作，不必有征于后也；其奸言虽依于典诰，犹唾溺耳；虽用文者无所取也；徒以著其诓张为幻，则举其尤者以见义可矣；而喋喋不休以为后人诙嘲之资，何异小说家驳杂之戏乎！汉之朝仪礼器，一切阙焉；而具详莽所易职官地域之号名，不亦舛乎！冯道事四姓十君，窃位固宠于篡弑武人之朝，其丑行秽言必多矣；欧公无一及焉；而转载其直言美行，及所自述，与当时士无贤愚，皆喜为称誉，至拟之于孔子；是之谓妙远而不测也！"见《书王莽传后》。其论《五代史》得《史记》法，而犹未详其义曰："记事之文，惟《左传》《史记》各有义法；一篇之中，脉相灌输，而不可增损；然其前后相应，或隐或显，或偏或全，变化随宜，不主一道。《五代史·安重诲传》，总揭数义于前，而次第分疏于后；中间又凡举四事，后乃详书之；此书疏论策体；记事之文，古无是也！《史记·伯夷·孟荀·屈原传》，议论与叙事相间；盖四君子之传以道德节义，而事迹则无可列者；若据事直书，则不能排纂成篇；其精神心术所运，足以兴起乎百世者，转隐而不著；故于《伯夷传》，叹天道之难知；于《孟荀传》，见仁义之充塞；于《屈原传》，感忠贤之蔽壅，而隐以寓己之悲愤。其他本纪世家列传，有事迹可编者，未尝有是也！《重诲传》乃杂以论断语。夫法之变，盖其义有不得不然者。欧公最为得《史记》法；然犹未详其义而漫效焉；后之人，可不察而仍其误耶！"见《书五代史安重诲传后》。

其论古文之渊源曰："古文所从来远矣！六经《语》、《孟》，其根源也。得其枝流而义法最精者，莫如《左传》、《史记》。《易》《诗》、《书》、《春秋》及"四书"，一字不可增减，文之极则也！降而《左传》、《史记》韩文，虽长篇，句字可雍芟者甚少。其余诸家，虽举世传诵之文，义枝辞冗者，或不免矣！古文气体，所贵清澄无滓；澄清之极，自然而发其光精，则《左传》、《史记》之瑰丽浓郁，是也。始学而求古求典，必流为明七子之伪体。《三传》、《国语》、《国策》、《史记》为古文正宗；然皆自成一体；学者必熟复全书，而后能辨其门径，入其奥窔。周末诸子，精深闳博；汉唐宋文家，皆取精焉；但其著书主于指事类情，汪洋自恣，不可绳以篇法。子长世表年表月表序，义法精深变化；退之子厚读经子，永叔史志论，其源并出于此。孟坚《艺文志·七略序》淳实渊懿；子固序群书目录，介甫序《诗》《书》《周礼》义，其源并出于此。退之永叔介甫俱以志铭擅长；但序事之文，义法备于《左》、《史》；退之变《左》、《史》之格调，而阴用其义法；永叔摹《史记》之调，而曲得其风神；介甫变退之之壁垒，而阴用其步伐。学者果能探《左》、《史》之精蕴，则于三家志铭，无事规模，而自与之平矣！在昔议论者，皆谓古文之衰，自东汉始，非也。西汉惟武帝以前之文，生气奋动，倜傥排宕，而法度自具；昭宣以后，则渐觉繁重滞涩；惟刘子政杰出不群，然亦绳趋尺步，盛汉之风，邈无存矣！"见《古文约选序例》。

其论唐宋八家曰："古文自周以来，各自名家，仅数十人，其艰可知。苟无其材，虽务学，不可强而能也。苟无其学，虽有材，不能骤而达也。有其材，有其学，而非其人，犹不能以有立焉。盖古文之传，与诗赋异道。魏晋以来，奸佥污邪之人，而诗赋为众所称者有矣；以彼瞒瞒于声色之中，而曲得其情状，亦所谓诚而形者也；故言之工而流俗所不弃。若古文，则本经术而依于事物之理，非中有所得，不可以为伪；故自刘歆承父之学，议礼稽经而外，未闻奸佥污邪之人，而古文为世所传述者！韩子有言：'行之乎仁义之途。游之乎诗书之源。'兹所以能约六经之旨以成文，而非前后文士所可比并也！姑以世所称唐宋八家言之。韩及曾王，并笃于经学，而浅深广狭，醇驳等差，各异矣。"见《答申谦居书》。"子厚自述为文，皆取原于六经；甚矣其自知之不能审也！彼言涉于道，多肤末支离而无所归宿；且承用诸经字义，尚有未当者。盖其根源杂出周秦汉魏六朝诸文家，而于诸经特用为采色声音之助尔；故凡所作效古自汩其体者，引喻凡猥者，辞繁而芜，句佻且稚者，记序书说杂文皆有之；不独碑志仍六朝初唐余习。其雄厉凄清浓郁之文，世多好者；然辞虽工，尚多町畦，非其至也！惟《读鲁论》、辨诸子《记柳州近治山水》诸篇，纵心独往，一无所依藉，乃信可肩随退之，而峣然于北宋诸家之上！惜乎其不多见耳！"见《书柳文后》。"欧阳永叔粗见诸经之大意，而未通其奥赜。苏氏父子，则慨乎未有闻焉。此核其文，而平生所学不能自掩者也。韩、欧、苏、曾之文，气象各肖其为人。子厚则大节有亏而余行可述，介甫则学术虽误而内行无颇。其他杂家，小能以文自襮者，必其行能少异于众人者也！非然，则一事一言偶中于道而不可废，如刘歆是也；然若歆者，亦仅矣！以是观之，苟志乎古文，必先定其祈向，然后所学有以为基；非是则勤而无所！若夫《左》、《史》以来相承之义法，各出之径途，则期月之间，可讲而明也！"《答申谦居书》其论明归有光曰"震川之文，乡曲应酬者十六七；而又徇请者之意，袭常缀琐，虽欲大远于俗言，而道无由。其发于亲旧，及人微而语无忌者，盖多近古之文。至事关天属，其尤善者，不俟修饰，而情辞并得，使览者恻然有隐，其气韵盖得之子长；故能取法于欧曾而少更其形貌耳！孔子于艮五爻辞，释之曰'言有序'。家人之象，系之曰'言有物'。凡文之愈久而传，未有越此者也！震川之文，于所谓有序者，盖庶几矣；而有物者则寡焉！又其辞号雅洁，仍有俚而伤于烦者。"见《书震川文集后》其论钱谦益曰："余初至京师，见时人言古文，多称虞山钱受之。尝私语其文，秽恶藏于骨髓，一如其人；有或效之，终不可涤濯！"见《汪武曹墓表》其辨文体曰："乔侍讲莱一生大节，在争开海口；而其子索为墓志及家传。以鄙意第可记开海口始末，而以侍讲奏对车逻河事及四不可之议附焉，传志非所宜也！诸体之文，各有义法。表志尺幅甚狭，而详载本议，则拥肿而不中绳墨；若约略剪截，俾情事不详，则后之人无所取鉴，而当日忘身家以排廷议之义，亦不可得见矣！《国语》载齐姜语晋公子重耳，凡数百言；而《春秋传》以两言代之；盖一国之语可详也；传《春秋》者总重耳出亡之迹，而独详于此，则义无取；今试以姜语备入传中，其前后尚能自运掉乎？世传《国语》，亦邱明所述；观此可得其营度为文之意也。家传非古也，必陋穷隐约，国史所不列；文章之士，乃私录而传之。独宋范文正公范蜀公有家传；而为之者，张唐英、司马温公耳；此两人故非文家，于文律或固不审。若八家则无为达官私立传者。韩退之传陆贽、阳城以载《顺宗实录》。顺宗在位未逾年，而以贽与城之传附焉，非所安也；而退之以附焉者，以附实录之不安，尚不若入私集之必不可也！"见《答乔介夫书》"文士不得私为达官立传。李习之与退之游，此义宜夙讲；而集有《东川节度卢坦传》，事迹平叙，无杼轴经纬，后无论赞；岂习之尝欲笔削国史，故于所闻见偶录以备取材；其后史卒未成,而编者误以入集耶?吾观周秦间诸子,其传显著者,尚多为后人伪乱。太史公作《史记》,藏之名山,副在京师,然中间多骈旁枝,如《秦纪》后覆出襄公至二世六百一十年事,《田单传》别载君王后王蠋语,盖当日摭拾群言,以备采择而未用者;不知者乃取而附录焉。故退之自言所学,首在辨古书之正伪。然则文之义法,不独作者宜知之也!"《书李习之卢坦传后》"退之、永叔、介甫俱以志铭擅长。退之诸志,奇崛高古;而马少监柳柳州二志,皆变体。盖志铭宜实征事迹;或事迹无可征,乃叙述久故交亲而出之以感慨,马志是也。或别生议论,可兴可感,柳辅志是也。永叔善叙述亲故,介甫则别生议论,其体制皆师退之。"见《古文约选序例》。"介甫志钱公辅母,以公登甲科为不足道,况琐琐者乎!余文乃用欧公法,若参以退之介甫,尚可损三之一;假而周秦人为之,则存者十二三耳。诵欧公文,试思所熟者,王武恭杜祁公诸志乎?抑黄梦升张子野诸志乎?然则在文言文,虽功德之崇,不若情辞之动人心目也;而况职事族姻之纤悉乎!夫文未有繁而能工者,如煎金锡,粗矿去,然后黑浊之气竭而光润生。《史记》、《汉书》,乃事之体本大,非按节而分寸之不遗也!"见《与程若韩书》。"志铭每事必详,乃近人之陋!古作者每就一端引伸以极其义类。"见《与陈沧洲书》。"古者妇人祔葬无特铭。"见《刘中翰孺人周氏墓表》。"余生平非亲懿故旧,未尝一与之铭。盖铭者,谥诔之遗也。古者非贵而有功德不为诔;而谥则虽君父不敢有私焉。今于素所不识之人而与之铭,设实背于所称,是謷言也!"见《葛君墓志铭》。"碑记墓志之有铭,犹史有赞论,义法创自太史公;其指事辞事,必取之本文之外。班史以下,有括终始事迹以为赞论者,则于本文为复矣!此意惟韩子识之;故其铭辞,未有义具于碑志者;

或体制所宜,事有覆举,则必以补本文之间缺;如《平淮西碑》兵谋战功详于序;而既平后情事,则以铭出之。其大指然也。前幅盖隐括序文;然序述比数世乱,而铭原乱之所生;序言官怠,而铭兼民困;序载战降之数,铭具出兵之数;序表洄曲文城收功之由,而铭备时曲、陵云、邵陵、郾城、新城比胜之迹。至于师道之刺,元衡之伤,兵顿于久屯,相度之后至,皆前序所未及也。欧阳公号为人韩子之奥突,而以此类裁之,颇有不尽合者。介甫尽之矣,而气象则过隘。夫秦周以前,学者未尝言文,而文之义法,则无一之不备焉!"见《书韩退之平淮西碑后》。"墓之有志,以纳于圹,义主于识其人之实;其道宜一而已,唐柳宗元以哀其姊而贰之,非古也!外碑之表,依表之者以重;缘孝子之心,所以光扬其亲者不一而足,则受其请者,各以意为之可也!"见《黄际飞墓表》。"散体文惟记难撰结。论辨书疏,有所言之事。志传表状,则行谊显然。惟记无质斡可立,徒具工筑兴作之程期,殿观楼台之位置,雷同铺叙,使览者厌倦,甚无谓也。故昌黎作记,多缘情事为波澜。永叔介甫则别求义理以寓襟抱。柳子厚惟记山水,雕刻众形,能移人之情。至监察使四门助教武功县丞厅壁诸记,则皆世俗人语言意思,援古证今,措事指语,皆有现成文字一篇,不假思索;是以北宋文家,于唐多称韩李,而不及柳氏。凡为学佛者,传记用佛氏语,则不雅;子厚子瞻皆以此自瑕;至明钱谦益,则如涕唾之令人呕矣。岂惟佛说,即宋五子讲学口语,亦不宜入散体文;司马氏所谓言不雅驯也。"见《答程夔州书》。苞以文章为天下宗;而世之治桐城文者,持其言论以为准式;遂要删之以备一家之学云。

集虚斋学古文十二卷

《集虚斋学古文》，签题《方璞山古文》，还淳方婺如字文辀所撰。婺如与其宗人苞同时有名，而文章各出一途。方苞质厚以为浑，清约以见洁，而不敢出奇；盖由李翱以得韩愈之体段，而稍短气韵，不如翱之优游缓衍。婺如峭厉以为雄，吊诡以出奇，而不欲为平；盖从皇甫湜孙樵以学韩愈之章句，而特为警切，力矫湜之堆砌胅𦢊。苞之文朴，而婺如之辞华。苞之势平，而婺如之笔峭。婺如气肆不平，而苞不敢不平。婺如辞华不澹，而苞不能不澹。昌黎《上宰相书》所谓"时有感激怨怼奇怪之辞"，惟婺如为有之能之，而苞不能！集为光绪十年甲申仲秋，淳安县署重刊；前有乾隆二十年岁在旃蒙大渊献端阳日，虞山王应奎一序，文格略仿皇甫湜《韩文公墓铭》，盖亦以韩公待之也，颇足以尽婺如之意趣。其辞曰："本朝文教讫乎四海，而江浙之间，渐被尤深；于是得强笔之儒二人焉，制义之外，兼以古文词伏一世，而其人皆出方氏，一为望溪先生，一为赋溪先生云！天不慭遗，又弱一个。而赋溪先生乃以耆年宿德，巍然鲁灵光特闻！先生秀气孤禀，而笃嗜惟书，怠以为枕，飡以饴口，寝馈既久，富若生蓄；发而为文，割其膏胰，入我炉韝，罗络蟹蛤，拘致鲲鹏，众美辐辏，与古大适；周情孔思，流溢简外；班香宋艳，浮动毫端；与世之貌为欧曾以文其空疏者，判若筳楹矣！在昔义山之称《韩碑》也，谓为'点窜《尧典》、《舜典》字，涂改《清庙》、《生民》诗。'然后知为古文者，非点窜涂改，伏材于古，而理以贯之，气以使之，则不能句奇语重，入人肝脾，使人钦其宝而莫名也！而或者谓点窜涂改，乃王李故智，非大雅所尚。而不知王李之所以为伪体者，以其文不从，字不顺，佶屈而不贯串，驳杂而不雅驯也；而岂点窜涂改之为病哉！今观先生之文，融经液史，范秦铸汉，而所谓点窜涂改者，绝无痕迹；如千狐之腋，会粹成裘，而灭尽针线也！如百花之萼，酝酿成蜜，而化尽渣滓也！又如五侯之鲭，熊蹯豹胎，猩唇象约，合并一器，而不辨为此饷自某甲，彼饷自某乙也！当此人不悦学之世；而先生之文出焉，用以钳持啾发，吹回虫濫，庶空夸枵腹之士，撝指而退；而读书汲古之士，俠毅以起乎！应奎沟瞀无识，妄有述造；而辱先生妄叹，赐以良书，方滋愧悚！兹又检寄文集，属题卷端。顾余何人，而敢为先生皇甫氏哉！重违嘉命，勉效一言，终不能研其才外之致；而区区愿附于李汉裴延翰之流，藉以致其钦挹之私于退之牧之者，固于是乎在！"观王氏序婺如之文，谓"为古文者，非点窜涂改，伐材于古，而理以贯之，气以使之，则不能句奇语重，入人肝脾。"若方苞则谓"古文气体，所贵清澄无滓；澄清之极，自然而发其光精，则《左传》、《史记》之瑰丽浓郁，是也。始学而求古求典，必流为明七子之伪体。"见《望溪文集·古文杓选序例》而婺如则不惮求古求典，而贯以理，使以气，顺理成章，以不同于王李伪体之佶屈驳杂焉！大抵方苞之文，所贵澄清无滓。而婺如之文，难在茂典有致。摭录可诵，篇目如左。

论说类　道与文俱

序跋类　读史记游侠列传　刻读书记题词　书蒋东委孟子读后　书外舅徐宝名先生诗后　书桐野先生诗集后　听雨楼乐府题词　题邹古岳云根楼草　小山堂唱酬诗题词　书春浮书屋印谱　郑注拾沉自序　重修嵊县志序代　严州救灾图序　云洞叶氏宗谱序　蒋峰方氏谱序　应氏续

修谱序　金氏续谱序　述本堂三世诗集序　梦月岩诗集序　石川诗序　施竹田诗序　鲍西冈闽江集序　石帆诗钞序　鲒埼集序　亡弟药房缘情诗序　王榛逸遗集序　某人诗序　金先生文录序　陈先生文录序　百川先生遗文序　吴竹城先生文序　姜自耘文序　墨汀初刻序　刘万资文序　程爽林遗文序　叶丽南遗文序　吴协南遗文序　序钱载锡文　储于宾文序　徐笠山文后序　龚硕果文序　杭大宗文序　蔡桐川文序

书牍类　奉辞檄试鸿博揭子　奉辞王少司马荐举札子　与周白民书　与储大雅书壬寅　与王虚舟书　与王汉阶　与王立甫书　奉王少司马　奉家学士灵皋二兄书　与储于宾先生　与吕待孙先生书　与全绍衣　答谢生书　答何汉勋

赠序类　送何汉勋入都序　送胡方二子试礼部序　越州太守周公考绩序　赠甸宾序　赠汪聿昭序　贺两浙鹾使御史中丞谢公序代　吴尺凫五十寿序　徐笠山先生夫妇双寿序　同学王君七十初度序　史拙圃夫妇七十双寿序　张母李太君八秩序　邵翁泉若八十寿序　宗人维章兄八十寿序　家从名卿五十寿序　族诸母王少君六十寿序　范鹤亭六十寿序

传状类　百五岁老妪　述吕节妇　吴征君传　李培园传　学博应孔昭家传　方石卿志

碑志类　嵊县崇祀贝子惠献公神祠碑铭　严州太守周公德政碑铭　温州府创建育婴堂碑代　捐修将盈库署碑　清故诰封恭人张母李太夫人墓志铭　翰林院编修赠侍读学士义门何先生墓志铭　清故奉政大夫陶君暨元配宜人胡太君墓志铭　清故敕封文林郎知惠安县钱君暨孺人墓志铭　贞孝沈先生暨节孝陈太君墓志铭　明经处士周六云先生墓志

铭　文学应次鲁墓志铭　清故摄知合州事定远县知县吴君墓志铭　诰封中宪大夫学博周澹庵先生墓志铭　先兄若远暨嫂吴氏墓志铭　先兄若召墓志铭　亡弟药房墓志铭　继室徐氏墓志铭　药房弟妇沈氏墓志铭　从子栗夫墓表

杂记类　灵皋文稿后书事　书华豫原事　记长老言　应东白筑室记

右文一百零三首。集中与方苞何焯以学问文章相商榷者数见，而各行其是。论学，则右汉而抑宋，又极称王安石之学。论读书则不尚宋本。

其论读书不尚宋本曰："今本《大戴礼》第七十九篇目为《公符》；大抵所言皆冠礼，而发云'公符自为主'；初不知公符何解也？既读《仪礼·士冠礼》贾疏引《大戴礼·公冠篇》者三，求之今本目次，顾无之；举其词，即今《公符篇》所云；然后知'符'字即'冠'字之三豕，以草笔涉误耳！尝试改'符'为'冠'，则篇首'公冠自为主'，与后文'太子与庶子，其冠皆自为主'之句，一一珠穿矣！然高安朱文端公抚浙时，尝开此书，自谓得宋刻善本于满制府案头，其篇目亦为《公符》；而潜邱阎氏义门何氏各有校正《困学纪闻》一书，今方流布，所引者仍作《公符》;则州铁铸错，所从来久。世尝宝宋版本书，谓可是正文字；即如此，岂不疑误后生也！"见《书大戴礼后》。

其论王氏新学曰："吾尝怪陆农师方性夫辈，皆从介夫新学；然说经铿铿，类能敷通危疑，桀然自建。而号为得不传之学，其门徒昏昏索索，乃反十三四不逮之！端居多暇，点勘经解，有蔡元度《毛诗名物解》二十卷，阅之，叹其穿穴囚锁，远有致思；自《杂解》以下诸条尤奇；因念其人为鬼为蜮，狗彘不食汝余；而缘饰经术乃如此！然则妙解文章之味者，不独章子厚也！又念子厚且不免以世故废学；元度贪顾凶叫，岂办仰屋梁著书！意渠妇翁偶遗下兔园册子，从道旁拾得耳！既阁李迂仲黄实夫两家《诗解》，其中往往摭王氏之说而反之；而意语强半与此编相出入，又多同陆农师《埤雅》，然后决其为安石碎金，无疑也！窃计经义字说中，如此类者非一！何等腐生，因其衰也而攻之；吠虚唓实，猏猏相索；而妙析奇致，竟以此无种矣！惜哉！"见《书毛诗名物解后》。

其论道与文俱以砭宋儒之著书曰："欧阳子曰：'吾所为文，必与道俱。'某则一言以变之曰：吾所为道，必与文俱。今称载道之文者《五经》；然文必如《五经》，始能以载道。自《五经》后，言道者世多有其书。至宋而益浩浩若烟海；其间号为得不传之学者，仰视天，俯画地，中更人事，旁涉物怪，上追本始之茫，下极诸元会运世之穷无所入，以复归于溟涬，皆言其理而笔之于书，精无伦而大不可围，往往出于《五经》之文之所不到；意且超而越焉。然而《五经》之文，回薄万古，光景若日月。凡此儒书，则使人读未竟一纸，欠申思睡者过半；是何也？道有余而文不足起之也！文不足起之，而至使人欠申而思睡，则道翳翳而愈伏；不惟不并驱《五经》，而并不能与扬子之《法言》，王氏之《中说》，韩子之《原道》、《原性》诸篇，争黄池之长！夫此皆诸儒所不满，以为道不足而强言者也；而因文见道，文极于工，遂耸其书于得不传之学者之上！且夫左氏之诬也，《公羊》之短也，《穀梁》之俗也，史迁之是非谬于圣人也，班氏之排正直，否死节也，皆非知道者也！老、庄、列则道其所道。荀之于道，亦同门而异户。外此法家、名家、杂家如韩公子、《吕览》、《淮南》之属，战国短长家言，倾危权变，其于道疑无一毫可论。而学士家玩其华，食其实，直与《五经》流通相肴馔；任诸儒老先生排摈毁斥之，口燥唇干，卒不能使之回面易向，举所业而投之水火；盖文之入人肝脾有如此，虽无道者犹将申焉！然则道之必与文俱也决矣！抑非独此而已！经故以道法胜；然唯《易》与《春秋》无间然！《诗》、《书》虽经圣人手，而如《吕刑》《文侯之命》，儒先既有违言矣！又谓《郑风》即郑声之淫；夫淫复何道！《礼记》成于汉人，由诸儒言之，其背理伤道者难遍以疏举。将以《周礼》当之；而或诋为渎乱不经之书；或又以为六国阴谋之书。《仪礼》则形而下者耳，虽号为经，未多乎道。而其光景之回薄万古者，诸经若一，不以损其毫毛；顾反苦绳诸文人，若有一言之不几乎道，即贬剥之，令一钱不直；以己之不好，而并禁人之好之；呜呼！此何理也！相马者期于骥。骥之德力，不可必得，而必待骥而乘之；不得骥，虽马之奔踶，力可致千里，皆斥弃异皂，不以服箱，为其将折轭而摧辕也；而反任驽下以睎骥之乘，驾蹇驴而无策，驷跛鳖而上山，将没世不行寻常，而又何路之能极！是故有道而文者上也。道不足而文者次之。文不足而道者又次之。虽诡于道，而其文深妙，使人不觉入其玄中者又次之。言之无文，而托诸道以逃其朴钝枯朽，则无次！某之为此言也，重文也，乃所以重道也！昔者庄周言道，盖无所不在，稊稗瓦甓，每下愈况。其序《天下篇》，凡一曲百家，皆标为古之道术有在者。是故荀卿之非十二子也，必曰'其持之有故，言之成理'，夫其有故而成理也，即道也。朱子讥苏氏，亦曰'出入有无，曲成义理。'夫其出入而曲成也，即道也。诡乎道以为文，要之文仍不离所谓道。而或者谓辨道不可耀文，欲以朴钝枯朽之学，嚅哜道真。夫人之弃其文也，若弃泥涂矣！又安所得道而辨之！然则无文者，道之贼也。重文乃所以重道，虽谓某之说，即欧阳子之说，可也！"见《文与道俱》。

其论文以韩愈为宗，而志不在唐以下曰："仆幼狂蠢，起辰终酉，读书不能度十行；居三家村中，亦无与道古者。先君子不知其驽下，经书外，颇授以《三传》、《史》、《汉》、韩柳文，而旁及牧之可之辈；曰：'成学治古文当取是！'退而寻今世古文，乃无一毫相似！仆尝以古文盛于唐；而论文之旨，亦莫如唐备！昌黎语刘正夫曰：'文无难易，惟其是。'习之语王载言曰：'文无难易，极于工。'此二言者，如左右手，断其一则两俱废；不是，非工也；不工，非是也。故皇甫持正之志昌黎也，曰：'至是归工'，则既尽之矣。虽然，为此者，有族有祖。昌黎盖祖左、史、扬子云，而以刘向班固辈为之族，故其文奇而法。河东盖祖《国语》《汉书》，而以杜钦谷永辈为之族，故其文密而至。樊川则已固矣；然所祖者，尚在贾太傅晁家令，而以韩柳为之族，故其文散朗劲侠，得韩一体，习之持正及可之辈，不能纪远，祖于韩而还相为族；故论者以为学韩而不至；夫其学韩也，兹所以不至也！赖其才力雄独，故尚能持门户。苟才减诸人，则不胜困踬矣；如义山袭美等，是也。锐意钻仰，盖不在唐以下；苟叩其祖与族之所处，而倍道趋之，于韩、柳、樊川，尚可得意仿佛；次不失持正可之诸公；下亦径到义山、皮、陆辈。故曰：'图王不成，其弊犹可以霸。'"见《与王立甫书》。综所云云，生平宗尚可知矣！

刘海峰集十九卷　附时文三册

《刘海峰集》，古文八卷，诗古体五卷，今体六卷，附时文即四书文三册；桐城刘大櫆字耕南撰。大櫆于桐城年辈视方苞为后，而以古文继起有名，骈称方刘。苞亟赏叹，至谓："苞何足算！刘生乃国士尔！"苞不能诗，而大櫆兼能诗；五言尤胜七言。近体运古于律，秀丽而出以疏朗，韵高气清，仿佛王维。古体风骨峻拔，兴象渊微，盖得元亮之古澹，而协左思之风力者。七言古错综震荡，逸气干云，其原出李太白，而微欠卓炼。此集为前清光绪二年，其族孙少涂游宦河南所重刊，冠以《国史·文苑传》，谓："大櫆虽游方苞之门，所为文造诣各殊。苞盖择取义理于经，所得于文者义法。大櫆并古人神气音节得之，兼集《庄》、《骚》、《左》、《史》、韩、柳、欧、苏之长。尝著《观化篇》，奇诡似《庄子》。诗雄豪奥秘，挥斥出之。"尚非过誉之论！特谓"大櫆并古人神气音节得之，兼集《庄》、《骚》、《左》、《史》、韩、柳、欧、苏之长"，则不免故相矜诩耳！大抵方苞取义理于程朱，取体段于史公。而大櫆取诙诡于《庄子》，取音节于韩愈。大櫆之气矜肆，而方苞之文醇茂。然大櫆虽好为诙诡，而学庄学韩，模拟之迹太似；转不如方苞之放笔灏落，脱尽畦径！桂林吕璜录宜兴吴德旋《初月楼古文绪论》曰："刘海峰文，最讲音节，有绝好之篇。其摹诸子而有痕迹，非上乘也！"然吾以为大櫆之文，有音节而无风力，描头画角，未能如韩愈之肆意有所作！墓志神道碑，尤伤庸絮，殆不足法；而铭俶诡有光响，往往遒变；庶几韩愈之具体乎！论桐城文者必及大櫆。然大櫆特桐城人尔！而读其文，则阳湖张惠言之所自出，而不合世之所谓桐城宗派。桐城以震川敉欧公，而薪于洁适；大櫆以庄子化韩愈，而故为矜诞；故不同也。采录可诵，篇目如下。

诗类　杂诗十四首　观鱼　登金谷岩　江乡　宿合明寺　过周山人庄居　不寐　山中　夜行　送周大汝调之官福建　感

怀七首　羁旅行二首　杂诗八首　饮酒五首　雨后　田居诗　借酒　晓望北齐校书图　宿山中古寺　舟行见月有怀倪九司城　题巴船出峡图　杂感十一首　赠徐昆山　结交篇以上古体　山居雨后　五印寺听吴少峰弹琴　山行　与诸君泛舟荷花盛开　夏日暝兴　独坐有怀　独宿　雨晴　访鹤鸣寺僧不遇　春日有怀方二颂椒　对酒　江村独宿　晚行　竹圃独游古寺　真州作　归雁　送何渊若将军　送人赋西域　过大慧寺　独酌思归　山中暮归　家在　江乡　江口晚泊　宿胜福寺　跏趺　感怀　怀姚姬传　郧阳客舍　怀方颂椒　怀跂三二首　宿山寺　闻雁以上今体

论说类　观化　心知　天道上中下　息争　焚书辩　雷说　续难言

序跋类　书荆轲传后　海舶三集序　见吾轩诗集序　马湘灵诗集序　倪司城诗集序　王天孚诗集序　海日楼诗集序　海门初集序　江若度文集序　郑山子诗集序　张讷堂诗集序　张秋浯诗集序　张荔亭诗集序　顾备九时文序　綦白堂时文序　潘在涧时文序　徐笠山时文序　朱子颖诗集序

书牍类　与吴阁学书　再与吴阁学书　与李侍郎书　答吴殿麟书

赠序类　赠张絅儒序　送张福清序　送姚姬传南归序　送沈萩园序

传状类　胡孝子传　江先生传　郑之文传　樵髯传　钱节妇传　胡节妇传　芋园张君传　少宰尹公行状　章大家行略

碑志类　方府君墓志　江西吉南赣道副使方君墓志铭　海门鲍君墓志铭　许游击墓志铭　吴荨千墓志铭　吴锦怀墓志

铭　谢师其墓志铭　方桤林墓表　舅氏杨君权厝志　下殇子张十二郎圹铭

杂记类　浮山记　游黄山记　游晋祠记　游大慧寺记　游三游洞记　游百门泉记　窦祠记　游万柳堂记　漱润楼记　半野园图记　贲趾堂记　一掌图记　金陀图记　无斋记　如意寺记　缥碧轩记

祭文类　祭尹少宰文　祭望溪先生文　祭张闲中文　祭左和中文　祭余少京兆文　祭邵开府文　祭左茧中文　祭史秉中文

右诗一百零一首，文七十八首。古文前有《论文偶记》，四书文前有《时文论》，可以觇蕲向所在。

其论文以神气为主，而不以理为主曰："行文之道，神为主，气辅之，曹子桓苏子由论文以气为主，是矣。然气随神转，神浑则气灏，神远则气逸，神伟则气高，神变则气奇，神深则气静，故神为气之主。至专以理为主，则未尽其妙！盖人不穷理读书，则出词鄙倍空疏。人无经济，则言累牍不适于用。故义理书卷经济者，行文之实；若行文自别是一事。譬如大匠操斤，无土木材料，纵有成风尽垩手段，何处设施！然有土木材料而不善设施者甚多，终不可为大匠。故文人者，大匠也。神气音节者，匠人之能事也。义理书卷经济者，匠人之材料也。作文本以明义理，适世用；而明义理，适世用，必有待于文人之能事。程子谓：'无子厚笔力发不出。'文章最要气盛；然无神以主之，则气无所附，荡乎不知其所归也！古人文章，可告人者惟法耳；然不得其神而徒守其法，则死法而已！要在自家于读时微会之。李翰云：'文章如千军万马，风恬雨霁，寂无人声。'此语最形容得气好。然论气不论势不备。昔人云：'文以气为主。

气不可以不贯。鼓气以势壮为美，而气不可不息。'此语甚好。今粗示学者：古人行文至不可阻处，便是他气盛；非独一篇为然，即一句有之。古人下作一语，如山崩峡流，觉拦当他不住，其妙只是个直的。气最要重。予向谓文须笔轻气重，善矣而未至也。要得气重，须便是字句下得重。此最上乘，非初学笨拙之谓也。文法至钝拙处，乃为极高妙之能事；非真钝拙也，乃古之至耳！古来能此者，史迁尤为独步！"

其论神气见于音节，音节托于字句曰："文章最要节奏，譬之管弦繁奏中，必有希声窈渺处。神气者，文之最精处也。音节者，文之稍粗处也。字句者，文之最粗处也。然余谓论文而至于字句，则文之能事尽矣！盖音节者，神气之迹也。字句者，音节之矩也。神气不可见，于音节见之。音节无可准，以字句准之。音节高，则神气必高。音节下，则神气必下。故音节为神气之迹。一句之中，或多一字，或少一字；一字之中，或用平声，或用仄声；同一平字仄字，或用阴平阳平上声去声入声，则音节迥异，故字句为音节之矩。积字成句，积句成章，积章成篇，合而读之，音节见矣！歌而咏之，神气出矣！近人论文不知有所谓音节者，至语以字句，则必笑为末事；此论似高实谬！作文如字句安顿不妙，岂复有文字乎！但所谓字句音节，须从古人文字中实实讲贯通始得；非如世俗所云也。凡行文多寡短长，抑扬高下，无一定之律，而有一定之妙，可以意会而不可以言传；学者求神气而得之于音节，求音节而得之于字句，则思过半矣！其要只在读古人文字时，便设以此身代古人说话，一吞一吐，皆由彼而不由我；烂熟后，我之神气，即古人之神气；古人之音节，都在我喉吻间；合我喉吻者，便是与古人神气音节相似，久之，自然铿锵发金石声。记得多，便可生悟；譬如弈棋，记得着多，便须有过人之着。文章到极妙处，便一字不可移易；所谓无一定之律，而有一定之妙。"

其论文之所贵曰："行文最贵者品藻；无品藻，便不成文字，如曰浑，曰灏，曰雄，曰奇，曰顿挫，曰跌宕之类，不可胜数；然有神上事，有气上事，有体上事，有色上事，有声上事，有味上事，有识上事，有情上事，有才上事，有格上事，有境上事，须辨之甚明。文章品藻最贵者，曰雄，曰逸。欧阳子逸而未雄。昌黎雄处多，逸处少。太史公雄过昌黎，而逸处更多于雄处，所以为至！文贵奇。所谓珍爱者，必非常物；然有奇在字句者，有奇在意思者，有奇在笔者，有奇在邱壑者，有奇在气者，有奇在神者。字句之奇，不足为奇；气奇，则真奇矣！神奇者，古来亦不多见。次第虽如此；然字句亦不可奇，自是文家能事。扬子《太玄》、《法言》，昌黎甚好之，故昌黎文奇。奇气最难识，大约忽起忽落，其来无端，其去无迹；读古人文，于起灭转接之间，觉有不可察识处，便是奇气。奇正与平相反。气虽盛大，一片行去，不可谓奇。奇者，于一气行走之中，时时提起。文贵高。穷理则识高。立志则骨高。好古则调高。文到高处，只是朴淡意多；譬如不事纷华，翛然世味之外，谓之高人。昔人谓子长文字峻，震川谓此言难晓；要当于极真极朴极淡处求之。文贵大。道理博大。气脉宏大。邱壑远大。邱壑中必峰峦高大，波澜阔大，乃可谓之远大。而文之大者，莫如史迁。震川论《史记》谓为大手笔，曰'起头处来得勇猛'，又曰'连山断岭，峰峦参差'；又曰'如画长江万里图'；又曰'如大塘上打纤，千船万船不相妨碍'；此气脉洪大，邱壑远大之谓也。文贵远。远必含蓄；或句上有句，或句下有句，或句中有句，或句外有句，说出者少，不说出者多，乃可谓远。昔人论画曰：'远山无皴。远水无波。远树无枝。远人无目。'此之谓也。远则味永。文至味永，则无以加。昔人谓：'子长文字微情妙旨，寄之笔墨蹊径之外。'又谓：'如郭忠恕画，天外数峰，略有笔墨，而无笔墨之迹。'昔人谓：'意尽而言止者，天下之至言也；然言止而意不尽者尤佳。'意到处，言不到；言尽处，意不尽；自太史公后，惟韩欧得其一二。文贵简。笔老则简。意真则简。辞切则简。理当则简。味淡则简。气蕴则简。品贵则简。神远而含藏不尽则简。程子云：'立言贵含蓄意思，勿使无德者眩，知德者厌！'此语最有味。文贵疏。宋画密，元画疏。颜柳字密，钟王字疏。孟坚文密，子长文疏。凡文力大则疏；气疏则纵，密则拘；神疏则逸，密则劳；疏则生，密则死。子长拿捏大意，行文不妨脱略。文贵变。易曰：'物相杂，故曰文。'一集之中篇篇变，一篇之中段段变，一段之中句句变。而文法有平有奇，须是兼备，乃尽文人之能事。上古文字初开，实字多，虚字少。典谟训诰，何等简奥；然文法自是未备！至孔子之时，虚字详备，作者神态毕出。《左氏》情韵并美，文彩照耀，至先秦战国，更加疏纵；汉人敛之，稍归劲质；惟子长集其大成！唐人宗汉多峭硬。宋人宗秦，得其疏纵而失其厚懋，气味亦稍薄矣！文必虚字备而后神态出，何可节损；然枝蔓软弱，古人厚重之气少，自是后人文渐薄处！司马迁句法似赘拙，而实古厚可爱。文贵瘦，须从瘦出而不宜以瘦名。盖文至瘦，则笔能屈曲尽意而言无不达；然以瘦名，则文必狭隘。公、穀、韩非、王半山之文极高峻难识，学之有得，便当舍去。文贵华，华正与朴相表里，以其华美，故可贵重。所恶于华者，恐其近俗耳。所取于朴者，谓其不著脂粉耳。昔人谓'不著脂粉而清真刻削者，梅圣俞之诗也。不著脂粉而精彩浓丽，自《左传》、《庄子》、《史记》而外，其妙不传'。此知文之言。天下之势，日趋于文而不能自已。上古文字简直。周尚文，而周公孔子之文最盛。其后传为《左氏》，为屈原宋玉，为司马相如，盛极矣。盛极则转衰，流弊遂为六朝。六朝之靡弱，屈宋之盛肇之也。昌黎氏矫之以质，以六经为文。后人因之为清疏爽直，而古人华美之风亦略尽矣！平奇华朴，流激使然，末流皆不可处。唐人之体，较之汉人微露圭角，少浑噩之象；然陆离璀璨，犹似夏商鼎彝。宋人文虽佳，而万怪惶惑少矣！文贵参差。天之生物，无一无偶而无一齐者。故虽排比之文，亦以随势曲注为佳。文贵去陈言。昌黎论文，惟陈言之务去；又极言去之之难。盖经史诸子百家之文，虽读之甚熟，却不许用他一句；另作一番语言，岂不甚难！《樊宗师墓志》云：'必出于己，不蹈袭前人一言一语，又何其难也！'正与'戛戛乎难哉'互相发明。李习之亲炙昌黎之门，故其论文必以创意造言为宗。所谓创意者，如《春秋》之意，不同于《诗》；《诗》之意，不同于《易》；《易》之意，不同于《书》，是也。所谓造言者，如述笑哂之状，《论语》曰莞尔，《易》曰哑哑，《穀梁》曰粲然，班固曰攸尔，左思曰辗然；后人作文，凡言笑者，皆不宜复用其语。习之此言，虽觉太过；然彼亲聆师长之训，故发明之如此；亦可窥见昌黎学文之大旨矣！《樊志铭》云：'惟古于词必己出，降而不能乃剽贼，后皆指前公相袭，自汉迄今用一律。'今人行文，反以用古人陈语，自谓有出处，自矜典雅；不知其为袭也，剽贼也。昔人谓杜诗韩文，无一字无来历；来历者，凡用一字二字，必有所本也，非直用其语也。况诗与古文不同；诗可用成语，古文则必不可用；故杜诗多用古人句，而韩于经史诸子之文，只用一字或至两字而止。若直用四字，知为后人之文矣。大约文字是日新之物，若陈陈相因，安得不目为朽腐！原本古人意义，到行文时，却须重加铸造一样言语，不可直用古人，此谓去陈言；未尝不换字，却不是换字法。"

其论《庄子》、《史记》之文曰："理不可以直指也，故即物以明理。情不可以显言也，故即事以寓情。即物以明理，《庄子》之文也；即事以寓情，《史记》之文也。"以上见《论文偶记》。

其论时文与古文之不同曰："八比时文，是代圣贤说话，追古人神理于千载之上，须是逼真；圣贤意所本有，我不得减之使无；圣贤意所本无，我不得增之使有。然又非训诂之谓；取左马韩欧的神气音节，曲折与题相赴，乃为其至者。作时文要不是自我作论，又不是传注训诂，始得。要文字做得好，才不是传注训诂。要合圣贤当日神理，才不是自我作论。故曲折如题而起灭由我，八字是要言。作时文，使不得才情，使不得议论，使不得学问，并使不得意思，只看当日神理如何；看得定时，却用韩欧之文，如题赴之；须先洗涤心地，加以好学深思，令自家肺肠，与古圣贤肺肠相合，然后吐出语言，自然相似。如今人作文字，便不见圣贤神理；待摹神理时，又不见今人作文字的人；须是取自家行文神理，去合古圣贤神理；有古人有我；即我即古人，大非易事。古文只要自己精神胜。时文要己之精神，与圣贤精神相凑合。时文摹绘圣贤神理，而神尤重于理，作者以兼至为上。神重于理，则写神为主，而理自无不至。理重于神，则说理为主，而神自无不合。写神者宜少说理，恐碍神也。说理者忌恐写神，贵明理也。明代以八比时文取士，作者甚众。日久论定，莫盛于正嘉！其时精于经，熟于理，驰骤于古今文字之变；震川先生一人而已。荆川之神机天发，鹿门之古调铿锵，卓然自立，差可肩随。唐、归、茅三家，皆有得于《史记》之妙。荆川所得，多在叙置曲尽处。鹿门所得，多在歇脚处，逸响铿然。震川所得，多在起头处；所谓来得勇猛也。谈古文者，多蔑视时文；不知此亦可为古文中之一体；要在用功深，不与世俗转移。"以上见《时文论》。造论入微，语无泛设。董理其说，以俟考论。

惜抱轩文集十六卷　文后集十卷　诗集十卷　诗后集一卷　诗外集一卷　尺牍八卷

桐城姚鼐字姬传撰。《诗集》与《文集》，皆鼐及身刊定。而《诗后集》、《文后集》，则其门人娄县姚椿字春木出赀，上元梅曾亮字伯言、管同字异之校刊；而尺牍，则其门人新城陈用光字硕士搜刻者也。桐城文学，姚鼐继方苞、刘大櫆而自用我法；遣言措意，切近的当；不如方之质厚，而胜以澹远；不为刘之雄奥，而力求洁适；奇辞奥句，湔洗净尽，已不敢为韩昌黎之怪怪奇奇；而迂回荡漾，余味曲包，深得欧阳永叔纡徐委备，容与闲易之致。《刘海峰先生八十寿序》、《登泰山记》，皆发愤为雄，于集中为别调；然光焰不长，终是遒而未雄！余独喜诵《范蠡》、《翰林》、《李斯》、《贾生明申商》诸论，事核而理当，尽明爽而避剽滑，不为苏老泉之笔情踔厉，而为王介甫之笔力拗峭。又《庄子章义序》、《左传补注序》、《读司马法六韬》、《读孙子》、《书货殖传后》，长于道古，辩证而出以裁制，辞气芳洁；观其意绪风规，盖由柳子厚以上窥刘氏向歆，而不为曾子固之持论，可谓善自得师！诗则以清刚出古澹，以遒宕为雄深，由韩学杜，已开晚清同光体之先河；特不为生崭奥衍，与文之萧然高寄者，别一蹊径！大抵姚氏之文，由归学欧；而诗则由韩学杜。姚氏之文，纡徐为妍；而诗则卓荦为杰。姚氏之文，长于掉虚，短于用实，气有余韵，文无遒力；而诗则体骨坚苍，衔华佩实，力破余地；此其较也。要其归皆出宋贤江西；特文为庐陵之不尽，而诗则不惮为西江之尽耳！采录可诵，篇目如左。

诗类　山寺　感春杂咏　柬王禹卿病中　临清雨夜　酬胡君　望庐山　漫咏三首　田家　送子颖之　湖南　邠州　黄山　赠沈方谷　与王禹卿泛舟至平山堂即送其之临安府　柬张榕亭庶子　次榕亭韵寄张安履　景州开福寺塔　九月八日登千佛山顶　大明湖夜　安肃道中　获嘉渡河　许州　寄仲孚应宿　岳麓寺　定州遇雪　王少林读书图　送沈观察赴四川同知任　万寿寺松树歌呈张祭酒　严侍读散木庵集时严将南旋　花朝雪集覃溪学士家归作此诗　钱詹事座上观沈石田画桧歌　王舍人友亮坐看云起图　篆秋草堂歌赠钱献之　岁除日与子颖登日观观日出作歌　杂诗　舟中望板子矶以南山势甚奇因题长句　同王禹卿冯拙斋游八公洞循招隐寺归　惠照寺分韵得自字　潘惟勤弟兄有小园在城北当龙眠山口林麓谽谺蟠拥最为可爱惟勤于松下作亭余为名之曰谷口亭　夏昼斋居　王叔明山水卷　偕方坳堂登牛头回至献花岩宿幽栖寺　雨晴出庐江寄诸同学　舟中漫兴　金麓村招游莫愁湖偕浦柳愚毛俟园陈硕士醉中作歌　秋斋有述　三月九日郑三云通守邀于隐仙庵看牡丹竟日翌日雨毛俟园复邀同往赋呈两君　题叶君云海移情图　送胡豫生之山西赵城将访乃翁旧知　阙口阻风　次日又阻风　酬释妙德　米友仁楚江风雨图卷　王麓

台山水　赠孙雨窗　吊朱二亭　登天平山观白云泉　观飞来峰人灵隐寺由寺西北上韬光庵乃北高峰上也　戊午九月十四日出云栖寺作　次韵答秦小岘观察赠别并以别谢蕴山方伯以上古体　贵池道中　出池州　送人往邺　宿德化县　送客之南昌　太白楼　由仪真至滁州口号三首　过江浦县　法源寺　官塘　万年庵次刘石荇韵以呈补山论墨绝句　乔鸥村江村图　饮郑前村寓舍观其两郎君新作文艺前村本出先伯之门追感往昔作此二首　次韵子颖送别三首　江行绝句　夏夜　泥汊阻风　竹林寺怀王禹卿　招隐寺　寄王禹卿　凉阶　敬敷书院值雪　霄汉楼　春日漫兴　又绝句　销暑　夏日绝句　夏夜　榖树　入龙眠　野戍　江路又一首　寄灵谷僧　天门　四合　山阻风　天门阻风　翠微亭　怀祝芷塘　洲上见桃花　葆光寺　归舟　过黄陂湖　王太常雨景　秋至　入山　晓过苏堤作　洪造深深柳读书堂图　题甘梦六桐阴小筑照

论说类　范蠡论　翰林论　李斯论　贾生明申商论　议兵

序跋类　庄子章义序　左传补注序　代州道后冯氏世谱序　食旧堂集序　左仲郛浮渡诗序　吴荀叔杉亭集序　张仲絜时文序　高常德诗集序　读司马法六韬　读孙子　书货殖传后　方坳堂会试硃卷跋尾　孙文介公殿试卷跋尾　朱二亭诗集序　方恪敏公诗后集序　南园诗存序　跋盐铁论　左兰成诗题辞

书牍类　答翁学士书　复张君书　复鲁絜非书　复蒋松如书　复休宁程南书　答鲁宾之书

赠序类　送右庶子毕公为巩秦阶道序　送龚友南归序　赠钱献之序　赠程鱼门序　刘海峰先生八十寿序　陈东浦方伯

七十寿序　家铁松中丞七十寿序　旌表贞节大姊六十寿序　陶慕庭八十寿序　陈约堂七十寿序

传状类　朱竹君先生传　张逸园家传　何季甄家传　方染露传　礼恭亲王家传　刘海峰先生传　吴殿麟传　方恪敏公家传　周梅圃君家传

碑志类　郑大纯墓表　疏生墓碣　蒋君墓碣　内阁学士张公墓志铭　赠太傅钱文端公墓志铭　赠武义大夫贵州提标右营游击何君墓志铭　副都统朱公墓志铭　原任少詹事张君权厝铭　翰林院庶吉士侍君权厝铭　严冬友墓志铭　孔信夫墓志铭　陕西道监察御史兴化任君墓志铭　夏县知县新城鲁君墓志铭　建昌新城陈母杨太夫人墓志铭　章母黄太恭人墓志铭　袁随园君墓志铭　江苏布政使德化陈公墓志铭　方侍庐先生墓志铭　奉政大夫江南候补府同知军功加二级仁和严君墓志铭　歙胡孝廉墓志铭　继室张宜人权厝铭　东阁大学士王文端公神道碑文　吏部左侍郎谭公神道碑文　石屏罗君墓表　臧和贵墓表　博山知县武君墓表　方母吴太夫人墓表　安徽巡抚荆公墓志铭　广西巡抚谢公墓志铭　通奉大夫广东布政使许公墓志铭　中议大夫通政使副使婺源王君墓志铭　中宪大夫云南临安府知府丹徒王君墓志铭　中宪大夫松太兵备道章君墓志铭　苏宪之墓志铭　浮梁县知县黄君墓志铭　赠光禄寺少卿宁化伊君墓志铭　封文林郎巫山县知县金坛段君墓志铭　中议大夫太仆寺卿戴公墓志铭　新城陈君墓志铭　资政大夫光禄寺卿加二级宁化伊公墓志铭　举人议叙知县长洲彭君墓志铭　中宪大夫顺德府知府王君墓志铭　知县衔管石牌场盐课大使事师君墓志铭　周青原墓志铭

杂记类　仪郑堂记　宝扇楼后记　快雨堂记　游媚笔泉记　登泰山记　游灵岩记　晴雪楼记　游双溪记　观拔雪瀑记　袁香亭画册记　少邑尹张君画罗汉记　宁国府重修北楼记　游故崇正书院记　朱海愚运使家人图记

哀祭类　祭林编修澍蕃文　祭张少詹曾敞文　祭侍潞川文　祭朱竹君学士文

右诗一百又六首，文一百十一篇。大抵论学主义理而不废考据；作文偏阴柔而亦称阳刚。

其论学问之事有三曰："义理、考据、词章，三者苟善用之，则皆足以相济；苟不善用之，则或至于相害。今夫博学强识而善言德行者，固文之贵也。然而世有言义理之过者，其辞芜杂俚近如语录而不文。为考证之过者，至繁碎缴绕而语不可了当。以为文之至美，而反以为病者，何哉？其故由于自喜之太过，而智昧于所当择也。夫天之生材，虽美不能无偏；故以能兼长者为贵。"见《述庵文钞序》。"夫以考证断者，利以应敌；使护之者不能出一辞。然使学者意会神得，犁然当乎人心者，反更在义理文章之事也！"见《尚书辨伪序》。"今世天下相率为汉学者，搜求琐屑，征引猥杂，无研寻义理之味，多矜高自满之气；愚鄙窃不以为安！"见《复汪孟慈书》。其论义理考证之迭为兴废曰："孔子没而大道废。汉儒承秦灭学之后，始立专门，各抱一经，师弟传受，侪偶怨怒嫉妒，不相通晓；其于圣人之道，犹筑墙垣而塞门巷也！久之，通儒渐出，贯穿群经，左右证明，择其长说；及其蔽也，杂之以谶纬，乱之以乖僻猥碎，世又讥之！盖魏晋之间，空虚之谈兴；以清言为高，以章句为尘垢，放诞坏乱，迄亡天下。然世犹或爱其说辞，不忍废也！自是南北乖分，学术异尚，五百余年，唐一天下，兼采南北之长，定为义疏，明示统贯，而所取或是或非，未有折衷。宋之时真儒乃得圣人之旨，群经略有定说。元明守之，著为功令。当明佚君乱政屡作，士大夫维持纲纪，明守节义，使明久而后亡，其宋儒论学之效哉！且夫天地之运，久则必变；是故夏尚忠，商尚质，周尚文。学者之变也，有大儒操其本而齐其弊，则所尚也贤于其故；否则不及其故；自汉以来皆然已！明末至今日，学者颇厌功令所载为习闻，又恶陋儒不考古而蔽于近；于是专求古人名物制度训诂书数，以博为量，以窥隙攻难为功；其甚者，欲尽舍程朱而宗汉之士，枝之猎而去其根，细之搜而遗其钜，夫宁非蔽欤！"见《赠钱献之序》。"自秦汉以来，诸儒说经者多矣；其合与离固非一途。逮宋程朱出，实于古人精深之旨，所得为多；而其审求文辞往复之情，亦更为曲当；非如古儒者之拙滞而不协于情也！而其生平修己立德，又实足以践行其所言，而为后世之所向慕。故元明以来，皆以其学取士；利禄之途一开，为其学以进趋富贵而已！其言有失，犹奉而不敢稍违之；其得亦不知其所以为得；斯固数百年以来学者之陋也！然今世学者，乃思一切矫之，以专宗汉学为主，以攻驳程朱为能，倡于一二专己好名之人，而相率而效者，因大为学术之害！夫汉人之为言，非无有善于宋而当从者也；然苟大小之不分，精粗之弗别；是则今之为学者之陋，且有胜于往者为时文之士，守一先生之说而失于隘者矣，博闻强识以助宋君子之所遗，则可也。以此跨越宋君子，则不可也！"见《复蒋松如书》。

其论清代学者之蔽曰："近世论学，喜抑宋而扬汉，吾大不以为然！正由自奈何不下腹中数卷书耶！"见《尺牍与胡雄君》。"初以人所鲜闻而吾知之，以赅博自喜；及久入其中，自喜之甚，而坚据之，以至迂谬纷纠不能自解。即如孔㧑约广森，岂可谓非通人，而所说《公羊》，有甚无理者！祭仲卫辄皆以谬说为正论；至滕侯褒称一条，乃绝可笑！无论鲁侯未甚足言；即使文王复生，一子爵者朝之，亦未必骤与进爵二等，且追赠及其父也！此岂若杜元凯以滕本侯爵，桓公时，王降之之说为明通哉！夫汉儒所言易学推衍取象之故，非精心穷之，不能得其解也。班固所云少穷一经，白首始能言也；及能言而却于圣人之旨未当；不若读程朱之书，用功之劳同，而所得者大且多也！凡为经学者，贵此心宏通明澈，不受障蔽。近时为汉学者，不深则不能入；深则障蔽生矣！"见《尺牍与陈硕士》。"夫为学不可执汉宋疆域之说，但须择善而从，此心澄空，自得恬适。"同上。"惠氏栋《左传补注》，亦自见读书精密处；特嫌其所举太碎小，近世为汉人学者，率有斯病！愚意不喜之，觉殊不能逮顾亭林也！阅其书，见为用力劳而受功寡！"同上。"如王伯申引之之小学，实可贵；其余艺或是努末，亦可勿论矣！李安溪光地虽未是真道学，而所论义理自可取；而侈言文章，乃殊可笑！戴东原震言考证岂不佳；而欲言义理以夺洛闽之席，亦可笑之甚矣！"同上。"夫汉儒之学，非不佳也；而今之为汉学乃不佳，偏徇而不论理之是非，琐碎而不识事之小大，哓哓聒聒，道听涂说，正使人厌恶耳！且读书者，欲有益于身心也。程子以记史书为玩物丧志。若今之为汉学者，以搜残举碎，人所少见者为功；其为玩物，不弥甚耶？"同上。"博闻强识，而用心宽平，斯为善学。守一家之言则狭！专执己见则陋！"见《尺牍与吴子方》。"且汉人各守师法，不肯相通，固已拘滞矣；然彼受业于先师，不敢背，犹有说也。吾生于后世，兼读各家之书，本非受一先生之言，而不欲兼以从是，而执一家之言为断；是辟之甚也！"见《尺牍与陈硕士》。

其自叙治学之功夫曰："凡人学问，千歧万派，但贵有成，不须一辙；实有自得，非从人取，斯为豪杰矣！"同上。"凡书少时未读，中年阅之，便恐难记。必须随手钞纂。退之记事提要，纂言钩玄，固古今为学之定法也！但此等只为求记之方，一人所为，于他人无用；后人往往刊行，等于著述，乃是谬也！地理乃史学中之一端，须足行多所历，方能了了；或觅得当今之全图有百里方格者，时悬于前，其间虽有小误，大体不失；若止于史志上，终不能分明也！"见《尺牍与刘明东》。"近时史学无过钱莘楣大昕。然吾有所辩论，殆足俪之；恨吾书彼不得见耳！凡说一事，欲使闻吾说者触处更无窒碍，乃佳！"见《尺牍与陈硕士》。"经学用功，诚为要务。窃谓学者以潜心玩索，令胸中有浸润深厚之味；不须急急于著述，斯为最善学也！"同上。"窃谓说经古今自有真是非，勿循一时人之好尚。如近年海内诸贤所持汉学，与明以来讲章诸君，何以大相过哉！鼐所愧者，功不沉密，不能专治一经；然每于一经内有一二条的论，自当为后之专治一经者所采用。"同上。"鼐昔在馆中，见宋元人所注经，卷帙甚大；而其间足存之解，或仅一二条而已！意以为何须为是繁耶！故愚见有所论，但专记之；如是历年所记，每经多者数十条，少则数条而已；谓之私说，不敢谓之注。"见《尺牍与翁覃溪》。"夫说经有数条之善，足补昔贤所未逮则易，专讲一经，首尾无可憾则甚难。窃谓生朱子后，朱子已注之经，但当为之疏；而朱子误处，不妨正之，用范宁注《穀梁》之法；如此则体谨小而意宏大，贤于自注一书也！"见《尺牍与陈硕士》。"又注书之体，欲简严，勿与人争；争辩，是疏非注矣！"同上。"凡人不能静坐，须以读书写字自遣者，亦是心不宁帖，无胸中真乐故也。鼐近深觉平生爱作文章，于自己本分事，全乏工夫；今虽欲自勉,薄收桑榆之效,其可得乎!"同上。"鼐于学儒学佛,皆无所得;正坐工夫怠惰耳;却非谓所读之书有难解也。《安般守意经》,吾所未见;然佛经大抵相仿,能用功者皆可入也。惟教意则需略问人。《世说》所谓殷深源未解事数,遇一道人,问以所签,便豁然者也。此与禅悟事不同,而理亦通。"同上。"阅佛书与佳僧谈论,胜于服药;此急救心火妙方也。盖世缘空,则心病必愈矣!"见《尺牍与鲍双五》。

其论文章之原,本乎天地,而有阴阳刚柔之分曰:"天地之道,阴阳刚柔而已!文者,天地之精英,而阴阳刚柔之发也。惟圣人之言,统二气之会而弗偏;然而《易》、《书》、《诗》、《论语》所载,亦间有可以刚柔分;值其时其人告语之体,各有宜也。自诸子而降,其为文无弗有偏者。其得于阳与刚之美者,则其文如霆,如电,如长风之出谷,如崇山峻崖,如决大川,如奔骐骥;其光也如杲日,如火,如金镠铁;其于人也,如凭高视远,如君而朝万众,如鼓万勇士而战之。其得于阴与柔之美者,则其文如升初日,如清风,如云,如霞,如烟,如幽林曲涧,如沦如漾,如珠玉之辉,如鸿鹄之鸣而入廖廓;其于人也,漻乎其如叹,邈乎其如有思,暖乎其如喜,愀乎其如悲。观其文,讽其音,则为文者之性情形状,举以殊焉!且夫阴阳刚柔,其本二端;造物者糅,而气有多寡进绌,则品次亿万以至于不可穷,万物生焉;故曰'一阴一阳之谓道'。夫文之多变,亦若是已;糅而偏胜,可也。偏胜之极,一有一绝无,与夫刚不足为刚,柔不足为柔者,皆不可以言文。"见《复鲁絜非书》。"然古君子称为文章之至,虽兼具二者之用,亦不能无所偏优于其间,其故何哉?天地之道,协合以为体,而时发奇出以为用,理固然也。其在天地之用也,尚阳而下阴,伸刚而绌柔,故人得之亦然。

文之雄伟而劲直者，必贵于温柔而徐婉，温深徐婉之才，不易得也；然其尤难者，必在乎天下之雄才也。"见《海愚诗钞序》。其论文章尚意气，贵自然，而欲以变化运用义法曰："今天下之善射者，其法曰：'平肩臂，正胚；腰以上直，腰以下反句罄折，支左诎右；其释矢也身如槁木；苟非是，不可以射！'师弟子相授受，若此而已！及至索伦蒙古人之射，倾首敧肩偻背，发则口眼皆动；见者莫不笑之！然而索伦蒙古之射远贯深而命中，世之射者常不逮也！然则射非有定法明矣！夫道有是非，而技有美恶。诗文皆技也。技之精者必近道；故诗文美者命意必善。文字者，犹人之言语也；有气以充之，则观其文也，虽百世而后，如立其人而与言于此；无气，则积字焉而已！意与气相御而为辞，然后有声音节奏高下抗坠之度，反复进退之态，采色之华；故声色之美，因乎意与气而时变者也；是安得有定法哉！"见《答翁学士书》。"夫古人文章之体非一类；其瑰玮奇丽之振发，亦不可谓尽出于无意也。然要是才力气势驱使之所必至，非勉力而为之也！后人勉学，觉有累积纸上，有如赘疣。故文章之境，莫佳于平淡，措语遣意，有若自然生成者；此熙甫所以为文家之正传！"见《与王铁夫书》。"而熙甫能于不要紧之题，说不要紧之话，却自风韵疏淡；此乃是于太史公深有会处。文家有意佳处，可以着力；无意佳处，不可着力，功深听其自至可也！"见《尺牍与陈硕士》。"震川论文深处，望溪尚未见。望溪所得，在本朝诸贤为最深，而较之古人则浅。其阅《太史公书》，似精神不能包括其大处，远处，疏淡处及华丽非常处；止以义法论文，则得其一端而已！然文章义法，亦不可不讲。如梅崖便不能细受绳墨，不及望溪矣！"同上。"文章之事，能运其法者才也，而极其才者法也。古人文，有一定之法，有无定之法。

有定者，所以为严整也。无定者，所以为纵横变化也。二者相济而不相妨。故善用法者，非以窘吾才，乃所以达吾才也；非思之深，功之至者，必不能见古人纵横变化中所以为严整之理。思深功至而见之矣；而操笔而使吾手与吾所见之相副，尚非一日事也！"见《尺牍与张阮林》。

其论文体曰："西汉人文传者，大抵官文书耳；而何其雄骏高古之甚！昌黎官中文字，止用当时文体；而即得汉人雄古之意。欧、曾、荆公官文字，雄古者鲜矣！然词雅而气畅，语简而事尽，固不失为文家好处矣！熙甫于此体，乃时有伤雅不能简当之病。"见《尺牍与陈硕士》。"墓表自与神道碑同类，与埋铭异类。神道碑有铭，似墓表用铭亦可通，然非体之正也。吾谓文章体制，当准理决之；不得以前贤有此，便执为是。如赠序中用不具某顿首，与书同；此颜鲁公《蔡明远序》体也，直当断以为不是耳；安可法之耶！"同上。"大抵作金石文字，本有正体；以其无可说，乃为变体，始于昌黎作《殿中少监马君志》，因变而生奇趣；文家之境，以是广矣！"同上。"墓志文不宜繁；必欲简峻，莫若更读荆公，则笔间自有裁制矣！叙事之文，为繁冗所累，则气不能流行自在；此不可不知也。"同上。"大抵颂辞每以嗫嚅为病；能如孟坚《典引》已大难；况西京乎！""东汉六朝之志铭，唐人作赠序，乃时文也；昌黎为之，则古文矣！明时经艺寿序，明时文也；熙甫为之，则古文矣！作古文者生熙甫后，若不解经艺，便是缺陷。本朝如李安溪，所见不出时文；其评论熙甫，可谓满口乱道！望溪则胜之矣；然于古文时文界限犹有未清。大抵从时文家逆追经艺古文之理甚难；若本解古文，直取以为经义之体，则为功甚易；不过数月，功可成也！"见《尺牍与管异之》。

其论古人文曰："大塘打纤，移入议论；此岂易言！必如此言，则如《报任少卿书》，足以当之耳！"见《尺牍与陈硕士》。"大抵《汉书》惟宣帝以前之传，可以肩随子长。元成以后，则弥劣矣！"同上。"汉人之文，如《论衡》乃不足道；谓蔡伯喈秘其书，乃越中伪造之辞；伯喈何至贵是书！其言平者则陋，奇者乃悖。"同上。"凡言理不能改旧，而出语必要翻新。佛氏之教，六朝人所说，皆陈陈耳！达摩一出，翻尽窠臼；然理岂有二！但更搬陈语，便了无意味。移此意以作文，便亦是妙文矣！"同上。"大抵简峻之气，昌黎为最！"同上。"宋朝欧阳曾公之文，其才皆偏于柔之美者也。欧公能取异己者之长而时济之。曾公能避所短而不犯。"见《复鲁絜非书》。"虞伯生文去震川甚远，其才识皆不逮归；但诗字杂艺胜之，又是元，前于明人，故翰墨家重之耳！"见《尺牍与陈硕士》。"如直求可当古文家数者，则南宋虽朱子不为是；况元及明初诸贤乎！如宋金华直是外道；而朱竹君以为妙绝，遂终身为所误。此等非所见亲切，安得无妄说也！"同上。"凌仲子至以《文选》为文家之正派，可笑如此！"见《尺牍与石甫侄孙》

其自论定曰："鼐于文章之事，何敢当作者之目！但平生所闻于长者，差异于俗学。"见《尺牍与周希甫》。"夫学问之事，天下后世之事，非自亢者所能高，亦非自抑者所能下。鼐于文事粗识门径，而才力不足尽赴其识。鼐以是更望诸年少者，假令更有韩欧之才出；而世第置吾于独孤及穆修之伦，则吾心所大快矣！"见《尺牍与王惕甫》。"夫文章之事，望见涂辙，可以力求；而才力高下，必由天授。鼐所自歉者，正在才薄耳！顷见王铁夫文规模颇正，其才恐不免与吾辈上下，无复古人意致佳处也！"见《尺牍与陈硕士》。"铁夫集中，有《跋惜抱集》一篇。此君乃未识面之人,而承其推许;使人有知己之感! 其论鄙作,所最许者叙事之文,甚爱《朱竹君传》,而不甚喜考证之作。愚意以考证累其文,则是弊耳;以考证助文之境,正有佳处,夫何病哉! 铁夫必欲去之,亦偏见耳! 其文章不愧雅驯,亦今之奇士矣!"同上。"韩理堂诚为好手,其论宋太宗事,与常州恽敬旨同而文胜。恽亦今一作手也!"同上。"理堂果胜于理境;文笔则苦有区㢑,无纵横超妙处;此亦是天限之,第胜于他人之猥陋耳!"同上。"鼐近作《礼亲王传》,似可胜《道园学古录》中文;以较韩欧便觉远在,况子长乎! 然只可如此做去;若勉强作汉人,则反成明人之伪体矣!"同上。"吾近钞取所作古文未入集者,寄松江姚春木。春木欲为吾刻续集,成否不可知。大抵人人集之文,亦欲其少,不欲其多也!"同上。"近人刻集务多,此最可笑! 其间不足录而录入者几半。然久之世自有定论,一时之好尚何足凭! 且文集多亦自难于传播。王元美《四部稿》,人家得观者希矣! 此亦其多之为害矣!"见《尺牍与张阮林》。

其诏门弟子学文,熟读勤作,从摹拟入手曰:"文章一事,而所以致美之道非一端。命意立格,行气遣辞,理充于中,声振于外,数者一有不足,则文病矣! 作者每意专于所求,而遗于所忽;故虽有志于学,而卒无以大过乎凡众! 故必用功勤而用心精密,兼收古人之具美,融合于胸中,无所凝滞;则下笔时自无得此遗彼之病也!"见《尺牍与陈硕士》。"深读久为,自有悟入。夫道德之精微,而观圣人者,不出动容周旋中礼之事。文章之精妙,不出章句声色之间;舍此无可窥寻矣!"见《尺牍与石甫侄孙》。"大抵学古文者,必要放声疾读,又缓读,只久之自悟;若但能默看,即终身作外行也。"见《尺牍与陈硕士》。"诗古文各要从声音证入。不知声音,终为门外汉耳!"同上。"文韵致好,但说到中间忽有滞钝处,此乃是读古人文不熟,急读以求其体势,缓读以求其神味,得彼之长,悟吾之短,自有进也。"同上。"学文之法无它,多读多为以待其一日之成就,非可以人力速之也。士苟非有天启,必不能尽其神妙;然苟人辍其力,则天亦何自启之哉!"同上。"夫文章之事,有可言喻者,有不可言喻者,不可言喻者,要必自可言喻者而入之。韩、柳、欧、苏所论言文之旨,彼固无欺人语。后之论文者,岂能更有以逾之乎,若夫其不可言喻者,则在乎久为之自得而已!"见《尺牍答徐季雅》。"夫学文者利病短长,下笔时自知之;更取以与所读古人文较量得失,便无不明了,充其得而救其失,可入古人之室矣。"见《尺牍与鲁宾之》。"凡作古文,须知古人用意冲澹处,忌浓重;譬如举万钧之鼎如一鸿毛,乃文之佳境;有竭力之状,则入俗矣!"见《尺牍与石甫侄孙》。"风味疏淡,自是好处,从此做深,或更入古人奇妙之境;然不可强为,反成虚憍。"见《尺牍与陈硕士》。"大抵文字须熟乃妙;熟则利病自明,手之所至,随意生态,常语滞意,不遣而自去矣!"同上。"文之出奇怪,惟功深以待自至,却又须常将太史公韩公境悬置胸中,则笔端自与寻常境界渐远也!"同上。"大抵文章之妙,在驰骤中有顿挫,顿挫处有驰骤。若但有驰骤,即成剽滑,非真驰骤也!更精心于古人求之,当有悟处耳!"见《尺牍与石甫侄孙》。"世人习闻钱受之偏论,轻讥明人摹仿。文不经摹仿,安能脱化!观古人之学前古,摹仿而浑妙者自可法;摹仿钝滞者自可弃!"见《尺牍与管异之》。"然文家之事,大似禅悟;观人评论圈点,皆是借径;一旦豁然有得,呵佛骂祖,无不可者!此中自有真实境地,必无疑于狂肆忘言,未证为证者也!"见《尺牍与陈硕士》。"欲悟亦无他法,熟读精思而已!大抵古文深入难于诗,故古今作者少于诗人;然又有能文而不能诗者,此亦自由天分耳!"见《尺牍与石甫侄孙》。

其诏弟子学诗,熟读精思,亦以摹仿为说曰:"吾以为学诗,不从明李、何、王、李路入,终不深入;而近人为红豆老人所误,随声诋明贤,乃是愚且妄耳!"见《尺牍与陈硕士》。"近人每云作诗不可摹拟,此似高而实欺人之言也!学诗文不摹拟,从何得入!须专摹拟一家,已得似后,再易一家,如是数番之后,自能镕铸古人,自成一体。若初学未能逼似,先求脱化,必全无成就。譬如学字而不临帖,可乎!"见《尺牍与纾侄》。"今日诗家大为榛塞,虽通人不能具正见。吾断谓樊榭简斋,皆诗家恶派;此论出,必大为世怨怒;然理不可易!"见《尺牍与鲍双五》。"五七言《今诗体钞》,吾意以捄俗体诗之陋,钞此为学者正路耳!使学者诵之,纵不能尽上口,然必能及其半,乃可言学;故惟恐其多,不嫌其少。以为此外绝无佳诗可增,此绝无之理;欲使人知吾意所向耳。"见《尺牍与陈硕士》。"吾向教后学学诗,只用王阮亭五七言《古诗钞》;然阮亭诗法,五古只以谢宣城为宗,七古以东坡为宗。今所宗正当以李杜,越过阮亭一层。然王所选,亦不可不看以广其趣。《崆峒集》亦正为李杜先导。"见《尺牍与管异之》。"凡学诗文之事,观览不可以不泛博。若其熟读精思,效法者,只欲其少,不欲其多,如渔洋《五言诗选》,吾犹觉其多耳!其选不及杜公;此是其自度才力不堪以为大家;而天下士之堪学杜诗者亦罕见,故不以杜诗教人;此正其不敢自欺处耳!今若病其缺此大家,只当另选一杜诗,或益以昌黎,以待天下才力雄健者之自取法,可也!若此外别家,只有泛览之诗,实无当熟读效法之诗。吾尝谓袁简斋尝云:'人只可以名家自待；后世人或置吾于大家之中；切不可以大家自待，俾后世人并不数吾于名家之内。'此言最妙！简斋岂世易得之才！欲得笔势痛快，一在力学古人，一在涵养胸趣。夫心静，则气自生矣！"同上。"近体只用吾选本；其间各家门径不同，随其天资所近，先取一家之书，熟读精思；必有所见，然后又及一家，知其所以异，又知其所以同。同者必归于雅正，不著纤豪俗气，起复转折，必有法度，不可苟且牵率，致不成章；至其神妙之境，又须于无意中忽然遇之，非可力探；然非功力之深，终身必不遇此境也！"见《尺牍与伯昂从侄孙》。"但就愚《今体诗钞》，更追求古人佳处，时以己作与相比较，自日见增长。大抵作诗平易，则苦无味；求奇，则患不稳；去此两病，乃可言佳！至古体诗，须先读昌黎，然后上溯杜公，下采东坡，于此三家，得门径寻入；于中贯通变化，又系各人天分。"同上。"五言诗每欲押强韵，辄不能妙。此处惟涪翁为独胜！此天赋，不可强学也！"见《尺牍与陈硕士》。"杜公排律，布置局格，开合起伏变化，大约横空而来，意尽而止，而千形万态，随时随地溢出；此他人诗中所无有；惟韩文时有之，与子美诗同耳！然作诗心之所向，必须在此；否则止是常境耳！李玉溪、白太傅、朱竹垞，皆刻意作排律之人，而不能得此妙！"见《复刘明东书》。"然观人之才，须正变兼论之，得其真境，乃善！夫文章之事，欲能开新境。专于正者，其境易穷，而佳处易为古人所掩。近人不知诗有正体，但读后人集，体格卑卑，务求新而入纤俗，斯固可憎厌！而守正不知变者，则亦不免于隘也！"见《尺牍与石甫侄孙》。"大抵其才驰骤而炫耀者宜七言，深婉而澹远者宜五言；虽不可尽以此论拘，而大概似之矣！"见《尺牍与陈硕士》。

泾县包世臣著《艺舟双楫》，以姚鼐行草书入妙品；以故论书亦极有真见。其论二王独推大令书曰："论二王书，譬之论李杜之诗。太白作五言诗，固为妙矣。然必至其歌行，瑰诡纵荡，穷态极变，乃所以为大家而与杜并也！大令草书，能变右军之法，极其笔力，雄奇怪伟，绝超古今，此所以并称二王也！近王虚舟辈评大令书，但取其清迥和雅，似右军之书。至其狂草，变化无方，率加诋毁，此不可谓善论书矣！譬如读《太白集》者，但取《牛渚西江》等制；而弃《蜀道难》、《远别离》诸篇，是尚为能读李诗者乎！世传《桓江州》及《委曲前书》等帖及以子敬书误入张芝《知汝殊愁帖》，皆古今绝出之奇笔，如祖师禅，入佛入魔，无不可者！书品以大令草书列右军上，虽未必至当，要非无理！"见《法帖题跋三》。"至《辞令帖》，未见古摹；而明嘉靖中，吴章杰摹本，多姿媚而少古韵，乃有唐李北海等笔法，窃疑非子敬迹也。"见《跋王子敬辞令帖》。其论褚河南书曰："褚书《圣教序》，于用笔极细瘦中，有起伏转变之妙。"见《跋褚书圣教序》。其论颜鲁公书曰："鲁公书多取篆籀法入真行。"见《跋颜鲁公刘太冲序》。论八分书曰："吾见未能楷书，学八分，终不佳！惟本善楷书，故进为八分，极有笔力也！"见《尺牍与伯昂孙侄》。并附录之。

中复堂全集九十八卷

《中复堂全集》，内《东溟文集》六卷，《外集》四卷，《东溟文后集》十四卷，《外集》二卷，《东溟奏稿》四卷，《后湘诗集》九卷，《二集》五卷，《续集》七卷，《识小录》八卷，《寸阴丛录》四卷，《东槎纪略》五卷，《康輶纪行》十六卷，《姚氏先德传》六卷；桐城姚莹字石甫所撰。其子浚昌以同治丁卯八月，刻于安福县署；盖浚昌方为安福县知县也，而以南丰吴嘉宾所撰《姚公传》，合肥徐子苓撰《墓志铭》，桐城徐宗亮撰《墓表》，及浚昌撰其父《年谱》与其母《方淑人行略》为附录一卷，殿焉。莹为姚鼐从孙，从受义理考据词章之学。湘乡曾国藩为《欧阳生文集序》，谓："姚先生晚而主钟山书院，门下著籍者，上元有管同异之、梅曾亮伯言，桐城有方东树植之及莹，四人者称高第弟子。"观莹之集。诗胜于文，浑脱浏亮，其诗由明何景明李梦阳入，而以盛唐李杜为宗。古体胜于近体；七古尤胜五古，震荡错综，阖辟顿挫，其原出李白；而近体亦颇脱去纤秾，独抒高浑，嗣响杜陵，不为格律所拘；庶几姚鼐之血脉！文章善持论，忼慨深切，亦得姚鼐之一体。然上者为东坡之快利；其下者急言极论，不免再衰三竭；无姚鼐《李斯》、《翰林》等论瘦峭拗劲，往复百折之致。叙事好为尽而涉觊缕，又少变化；未若鼐之控驭归于含蓄，余味醰然！采录可诵，篇目如左。

诗类　处女篇　游子篇　采葛篇　拟古八首　杂诗　飞龙引四首夜饮方竹吾北园偕左匡叔徐六襄方履周光律原张阮林诸君　白沟河大风　月下有怀　辞家曲　咏古七首　十九夜待月不见　咏怀十三首　梦归　从大奎阁归途中忆在榄山日开元寺一僧穷老且病客至亦不为礼然枯寂有禅意余梅花时辄访之今此间有僧颇能诗乃不及也　寄希光侄　七月五日用东坡韵　愁来　中秋日出游　溪山夜兴　番禺段纫秋佩兰招同薛南洲敬茂黄香石培芳游白云山自蒲涧至安期岩夜雨止宿　九月二十一日至羊城谋归忽闻故人张阮林殁于京师惊哀有作成七十四韵　述忧四首　三月朔日自台湾放舟至澎湖遇北风舟南驶不可收越两日夜达粤东之惠来乃舍舟登陆间道至潮州偕方子步琛登江楼小饮凭槛有作寄颖斋观察　自梅筌换舟至赤石　新城道中二首　湖口夜

下三首　山中人日　荆州晤光律原第一首　再呈律原　丁酉六月十二日偕潘四农毛生甫游金山放舟焦山宿松宁阁赋柬二君并示从游诸子四首　高旻寺夜舟　金带围　活鱼　观物八首　出游两首　赠梅伯言　梅山园微雪以上五言古　赠彬卿　采石矶遇汪梦塘　庐山谣　峡江歌　忆昨行寄吴子方　观梅舞剑行寄梅壮士　海船行　台湾行　晚泊延平城下喜张庆斋见过且馈茶笋　舟中午梦到一园亭有轩池竹石之胜主人煮茗邀客甚殷作诗以赠觉乃仅忆八句遂率成之　山水大涨舟不得进泊葭苇中遥望断山一缺登岸攀缘久之得一狭口更百余步豁然开朗稻田数百顷嘉禾青秀可爱山泉乱响沟渠满溉四面山围绿合竹树甚茂平畴中起一小山高里许岩谷天然时雨初晴四山草香扑鼻野鸟杂色格磔飞鸣不可名状裴回经时心甚羡之归询舟人不知地名亦未尝至也　苦雨　守水　蜻蜓　舟行触鱼跃起丈余惜不能得之　独酌偶忆昔在粤中有术者言余前身为王无功戏赋此篇　舟起早发　寒知阁在龙眠山内左忠毅少时读书于此张文端尝作诗和者颇多春麓侍御属作长句　邓湘皋先生松堂读书图　湘皋有田在新化之南村其兄云渠隐焉以湘皋常游外恐其仕作书招之湘皋乃作南村耦耕图以见志　酬别同年金鹤皋大令周伯恬陆纶山及里中诸子时众人宴集北园为饯凡三十二人诸君皆有诗　微雨登小孤山用东坡焦山诗韵　饶河舟中　寄光律原　古庙　下滩歌　己丑四月方竹吾来漳州邀同汪味根二丈胡晓峰同年陈澧西滕蓝村二明府文谦之二尹游开原寺观唐咸通石塔遂登芝山谒道原堂还至僧寮听蔡香谷秀才弹琴蔡石坪明府后至　漳浦黄忠端公先茔在云霄道光八年有欲侵葬山麓者一夜山上石苔无数尽作

黄山字凹凸大小不一或篆或隶天成奇绝柳孝廉廷爵作黄山苔字歌作和　至福州喜晤杨笙友水部林梅友谢硕甫刘芑川三孝廉及亨甫弟子余柏溪茂才小集寓舍诸君各有诗文见赠既登舟诸君复置酒洪山桥饯送作长句酬别是时亨甫方游河洛　李生歌　峡中作示同行诸子　折多山雪　高日寺　将至巴塘见松林口花树二株一红一白叶似枇杷花皆一干数朵每朵十数小花合抱状如蜡梅罄口檀心特红白异耳询其名曰达麻花为长句赏之　还度飞越岭大雪　食橘　苑中芙蓉一树高出檐花开百数十朵大者如碗色红而瓣多自中秋后终九月末已　出游两首以上七言古　谣变六首树有枝客宴客至同声和歌老女叹腽腑鸡　逼仄行　相逢行送董定园　镊白发歌　双姑谣　白芍药歌以上杂言古　芦沟桥晚眺　南旅舟中杂咏五首乌程道中　寄二内首　湖口渡江两首　出溴阳峡　秋日登粤秀山和曾宾谷方伯原韵同王壁樵　晓望　魏默深赠佛书数种　凤台夜坐　头塘晓起冒雪登山以上五言律　孙秀林斋中夜话　春日登粤王台　书怀　寄方竹吾　三十　酬张南山孝廉见赠　书斋春日　许昌怀古　鹿春如召同张亨甫张竹虚陈梁叔陆次山家兄伯符集白公祠下时方七夕　三月十五日赴蜀前二日邀同马元伯光律原家兄伯符弟绪周携浚昌游谷林微雨迟方植之不至　自折多山至提茹道中　夜坐二首以上七言律　鸳鸯曲四首　洞房曲四首　柳枝词四首　明珠曲三首以上五言绝　东流夜思　皖江杂诗　望小孤山　清明日登大奎阁见桃花一枝半落矣怅然有作二首　杂诗四首　论诗绝句六十首　感怀杂诗二十首　寓舍海棠　旅店山丹属客　坊口晓发二首　廿八都二首　寓里塘僧楼即景以上七言绝

赋类　怪鸥赋

论说类　通论上下　贾谊论　说鹰

序跋类　吴子方遗文序　吴子山遗诗序　刘薇卿诗序　孔蘅浦诗序论语集注书后　张南山诗序　松坡诗说序　黄香石诗序　香苏山馆诗集序　北园宴集诗序　侯冠芳遗集序　惜抱先生与管异之书跋

书牍类　与张阮林论家学书　上座师赵分巡书　复赵尚书言台湾兵事两书　上韩中丞书　与吴岳卿书　与吴春麓员外书　复方彦闻书　复管异之书　奉速入都别刘中丞书　复鹰青一兄书

赠序类　王石卿寿序

传状类　仲童子传　张阮林传　朝议大夫刑部郎中加四品衔从祖惜抱先生行状　万孝子传　张亨甫传　汤海秋传

碑志类　孙宜人墓志铭　广东盐运使知事王府君墓表　光禄大夫兵部尚书戴公墓志代

杂记类　游榄山记　粤东学使后园记　桐城麻溪姚氏登科记　噶玛兰台异记　一乐居记　游白鹤峰记　李凤冈生圹记　桐乡书院记

　　右诗二百七十三首，文四十五篇。论学论文，壹本家学。其论学必宗程朱曰："仆承家业，治经史，为诗古文之学三世矣！先曾祖姜坞先生为文根柢经史，指渊思深，必得古人精意，不为放谲蹖驳之论，取快一时。至其天资沉笃，强记博闻，自束发以终其身无间；故能淹通宏洽，不为拘墟孤陋之见，空疏无据之谭。论者以为可差肩阎惠诸君。然阎君斵斵博辨，以摘发前人自喜。惠君凿凿训诂，以搜求古义专门；二君精博，均不可及！然其于圣人之道，曾未望藩离，乃与宋儒为难，欲以寸筵破巨钟！若先曾祖则以考博佐其义理，于程朱之学，见之真而守之笃，固与二君大异；以为'非考证，不足以多闻；而舍身心，亦何以为学。汉儒谨守师法，训诂略备于前。宋儒讲论修明，义理大著于后。其道在守先待后，其功在风俗人心。学者当识其大以体其微；去其矜心，与其昏气，乃可以为学。俗儒务毁人以成己名，邪说好立异以乱是，非卮言日出，贻害人心，亦何异乱法舞文之吏耶！'莹之生，距先曾祖殁已十余年；家中落，藏书为人窃取尽！又十余岁，稍解读书；二十四岁，编录遗集，又六七年，然后有以见先曾祖为学之实。从祖惜抱先生以诗古文鸣海内，学者宗之！然惜抱先生孤立于世，与世所称汉学异趣；而海内学者徒以诗古文相推；于其说经治学，罕有从者！风气使然，不能以一人挽也！"见《与张阮林论家学书》。"顾学术是非，非文章不能以自显！莹于经术之文，尝慕董胶西刘中垒；论事之文，尝慕贾长沙苏眉山父子；非徒悦其文章；以为数子之学，皆精通明达，所谓其言有物者。至于天人之际，性命之微，则非殚究于濂、洛、关、闽，不足以定极中至正之归；而又必考索于汉、唐、元、明诸儒经说以明其章句；辨核于正通别霸历代史书以观其事迹；泛滥于九流百家以博其趣；出入于释老二氏以穷其说。若夫陶冶性情，抒写景物，则诗歌之作，即古乐之遗，所以宣道幽滞，寄哀乐于声音者也。"见《再复赵分巡书》。

其论学不废老释曰："释氏与老庄，有同有异；其同处，在收心返观，净静为体以制群动；其异处则不免索隐行怪。然其观心之法，实能体勘种种偏私傲辟、嫉妒忿狠、谄媚贡高、矜己慢人、损物自利一切贪嗔妄见，切中隐微。士大夫终日儒行者，多护己非；其自讼之诚，或未能逮也！虽其深妙之义，不出吾教;而所行坚忍,则有不止于富贵不淫、贫贱不移、威武不屈者,恐亦未可厚非;非特《中庸》所云知者过之耳!果能如其推勘私心,毫无己见,亦何害于人耶!世俗崇奉彼教,多悚于祸福死生之说,固鄙陋可嗤。若上智不以福祸死生为念者,往往亦喜观之;故程朱大儒皆尝从事。惟能透过此关,所以为程朱也!"见《复光律原书》。

其论道不可道曰:"方植之书皆卫道,见真语确,多前儒所未发;然所论辨,皆在学者用功着力处,苦心苦口,开悟来兹。若道之本原,则有不可言、不容言者;斯理浑然,无有畔岸;人皆窥寻,就见为说,皆非道体。生平最喜《阿含经》众盲言象一段,与吾儒仁者见之谓之仁,知者见之谓之知同意。儒先诸说,往往小言破道,但取能救学者之失,有功世道人心,可矣。忠敝而救之以质、质敝而救之以文、文胜则返之于质,如五行之相克而相生,其用无穷;而于天之所以为天,道之所以为道,则皆非也!害道之事多矣!圣人随事立法,以救世耳!邪固害道。正而非当,害与邪同。吾观前贤之书,虽有浅深纯杂不同;但就我所蔽而救其失,则皆神农之《本草》也。参苓术草;各适其用,是为得之。必使天下人蓄参苓术草;其他一切屏弃,必有待桂附乌头,不得而死者矣!特参苓术草之性质功用为良,使天下人知其良而近之;桂附乌头之性质功用为劣,使天下人知其劣而远之;可也。过为去取,则非道矣!"见《与方植之书》。

其论《论语》莫精于朱注曰:"朱子生平用力《四子书》训解,屡有更易。盖见道愈精,析义愈密,而训诂文字初不少略焉。《论语》成书凡四本:最先作《论语要义》,在隆兴元年;盖病王氏新学之穿凿,而诸儒说经,又或支离,未能卓然不畔于道;

慨然发愤，取平生所编古今诸儒之说，以及门人友朋之议，尽删其穿凿支离及不得圣人之微意者，定为一书；而以二程子为宗。此皆讲明大义，不解章句；以为文义名物之详，当求之注疏，有不可略者；未尝废注疏也！既因训诂略而义理详，非初学宜习；复加删录，作《训蒙口义》，本之《注疏》以通其训诂，参之《释文》以正其音读，然后会之以诸儒之说以发其精微；一句之义，系之本句之下；一章之旨，刊之本章之左；又以生平所自得者附见一二，然后训诂音义备焉！既又取二程子讲论之语，及横渠张子、范氏、二吕氏、谢氏、游氏、杨氏、侯氏、尹氏九家之说，作《论孟精义》。《集注》之成，盖在晚年；然犹随时更改。先贤大儒好学之勤，体道之深乃如此；而于百家之说，未尝尽废也！故作《论孟精义序》曰：'汉魏诸儒，正音读，通训诂，考制度，辨名物，其功博矣？学者苟不先涉其流，则亦何以用力于此。而近世二三名家，与夫所谓学于先生谓二程子之门人者，其考证推说，亦或时有补于文义之间。学者有得于此而后观焉，则亦何适而无得哉！特所以求夫圣贤之意者，则在此而不在彼耳！'呜呼！朱子述而不作，皎如天日，所以为天下万世计者，无非欲下学上达，由粗入精，同底于大中至正；岂小儒俗学，专以一己之私说，欺世取名，假博闻多识以自文其不肖者所能望其万一哉！"见《论语集注书后》。

其论《左传》莫善于杜注曰："《左氏传》自贾太傅始为训诂，刘子骏创通大义。后汉郑仲师、贾景伯、服子慎、许惠卿、颖子严之徒，皆有注。马季长谓：'贾君精而不博；郑君博而不精；已无可复加。'但作《三传异同说》，则贾郑之书可知矣；魏世王子雍亦有《左传》解，此皆通师硕儒之说也。至杜氏以为诸家皆肤引《公羊》、《穀梁》以释《左氏》，适足自乱，乃著《经传集解》,专修丘明之传以释经,其所论三体五例,详哉言也!又作《长历》以推其岁时,撰《释例》以通其条辨,殚毕生之勤,成专家之业;大义举而训诂明,天文昭而地理核;自有左氏以来,传注未有若元凯者也!故南北学者皆为之疏义。刘光伯虽曾规其过失一百五十余条,未害其美。且隋世诸传,尚多存者;光伯独为杜氏作疏,岂非其长不可掩耶!疏其书而规其短,乃光伯通见,足破疏家袒护之陋,非好攻之以为异同也!夫长短不容相掩,功过可以互明,贾、服、刘、马之异同,要当并著其书,使后学有所钻仰。自唐世奉敕修定《正义》,独用征南,而诸家注说,如爝火辰星,荧然暗灭;此固当时学人之陋,亦孔冲远颜师古之徒,不能请闻于朝,兼存古训;通人至今为恨!然以诸家之废,而大不平于杜氏;此何说哉?亦犹朱子表章六经四书,原令人先习注疏以通其训诂;其后学者不能兼习,乃自放弃注疏,专治宋儒注义。今举世驳辨,咸谓宋儒灭绝旧注,徒言义理而废训诂;此何异盲人道黑白乎!《左传补注》之作,发端于元人赵汸;盖以杜为主,不足,以陈傅良之说通之;非纠杜也!国朝顾宁人作《杜解补正》三卷,朱鹤龄作《读左日钞》十二卷,补录二卷,始有意正其阙误;而曰补曰钞,不居攻辨之名。近世惠定宇以古义名家,特搜辑服贾之说,为《左传补注》。吾乡马器之慕惠氏之风,援光伯之说,亦有《补注》之作,意乃颇攻杜氏;向尝疑之!若惜抱先生亦尝撰《三传补注》,在马氏之先,则又不过随所考证,其有未安,间为之说,并无意于长短之见。说经硁硁,贵渊通,不在攻击也!"见《与张阮林论家学书》。

其论史注之得失曰:"自古史书,惟《史记》、《前、后汉书》、《三国志》有注;通史惟《资治通鉴》而已。裴骃、司马贞、裴松之、刘邵、李贤、颜师古、胡三省，皆博极群书，学通今古；且经昔人注本，乃集其成；然皆殚毕生之精力，或数十年而成之，千百年来，犹时为人所纠。信乎注书难，注史尤不易也！李氏之为《南、北史》也，取宋、齐、梁、陈、魏、齐、周、隋八代之书，芟其繁芜，而通著之；世皆称善；犹有未尽，朱子讥之！然非取八代之书互观，乌知其所以善，与朱子所以讥哉！特是古书存者日少，征引无其广博；所恃不过晋、宋、齐、梁、陈、魏、齐、周、隋诸书及《通鉴》而已；此外皆少全书。不得已于古类书，如《初学记》、《艺文类聚》、《白孔六帖》、《太平御览》、《册府元龟》、《北堂书钞》各种中，有涉及南北朝事文者，遍加考索以为之注；一字一句，或烦旬日，非可定拟为之。夫正史久已昭垂，而犹注之者，非欲著其所未明，详其所未备乎？天文、职官、地理、制度、典章，代有不同，本书有志，可无费词。若其无之，则非注不能明了矣！其未备者，亦非即为病；昔人去取，不无意义；诸家异闻，必有汰削，或始末未赅，或存舍未审；故当博收旁证，即本书去取之旨益明；此注所由作也；非是则无须矣，然注家得失，亦有可言。弇陋者，失在简而多阙。繁博者，失在滥而鲜当。此其蔽也。大小颜注《前汉书》，刘昭李贤注《后汉书》，裴松之注《三国志》，胡三省注《通鉴》，可谓善矣！《前、后汉》自有志；地理职官制度可无详，而前人犹多所援引。《三国》、《通鉴》本无志，故注者考证益详，此后人所当取法也。然考《通鉴》上采千数百年之事，卷帙已富，则注不容更繁。《三国》卷轴无多，则注不妨广博。此又相体为通，不可不察也。元明以来，学人著书，但严取义，而事实辄从疏略，读者病焉！乃矫之者又但尚广博而昧于体裁；苟能两袪其蔽，斯为善耳！李清注《南北史稿本》已见；此是李清自修《南北史》耳！李乃明季人，相沿元明人习气，妄以本书书法失当，辄凭己见任意删改原文，而自注其下；荒略武断甚矣！本朝彭文勤因徐无党旧注《五代史》，过于荒略；欲更搜讨古书，凡关五代事实者，悉为援引以成补注。然文勤亦仅发凡起例；更以属之刘金门先生。五代距今千余年耳；当时书籍已多放佚。"见《与童石塘论注南北史书》。"往在杭州金门先生学使署中，见彭补注，大约以薛书割裂，分系欧史每条之下；而于他书少所征引。窃谓欧《五代史》体严义精，考博家漫谓其纪事疏略，不如薛书之详，为可叹也！盖公未作此书，先为《十国志》，原亦多取繁载；及与尹师鲁论之，乃大芟削改并为正史，初与师鲁分撰，后独成之。公在夷陵，与尹师鲁书云：'开正以来，始以无事治旧史，前岁作《十国志》，务要卷多；今若变为正史，尽宜芟削，存其大要。至于细小之事，虽有可纪，非干本体，自可存之小说，不足以累正史。数日检旧本，因尽芟去矣！'此可见公载笔之精义。又云：'师鲁所撰，在京师不曾细看；路中细读，乃大好！师鲁素以史笔自负，果然！河东一卷大妙，修本所取法。'是公此书，经与师鲁商榷，从其芟削者也。至云'修本所取法'；时公以文章自命，上追龙门，而虚心如此！至和二年，与徐无党书云：'《五代史》，昨见曾子固议，今重头改换，未有了期。'则又经与南丰商榷而改定之者也。又皇祐五年，与梅圣俞书云：'闲中不曾作文，只整顿《五代史》，成七十四卷，不敢多令人知。'盖是书初成，人见其简，必多议之者，故不欲轻以示人；及后始从南丰说而自改定。然则此书以著五代之得失为本；其事实繁琐，无关法戒者，固非正史之所宜载。若夫典章制度，则有志在；纪传中不必淆入；而五代纷纷，为国日浅，制度盖无可言，故并不立志。

世人浅见，喜广异闻，以为详备，乃谓公学《史记》，故为高简；不顾事实阙略，岂非不辨正史载记之各有体裁而轻议昔贤乎！今注称徐无党撰，或疑其陋；然公与徐书，已言作注之难，则未必后人讹撰；安知非以公当日意在简严，即注亦不取繁芜耶！然鄙意作注与著书不同；而注史尤与注经不同。盖著书病在芜杂。注经病在支离。注史者，旁引广证以存事实，正可多引本书所不载，使人得以观其去取之意，抑何害乎！昔刘昭既有著《续汉志》，以刘昉注《后汉书》一百二十卷，仅及范书所见，乃更搜广异闻，作《后汉书补注》五十八卷，可云宏富！而刘知幾讥之，《史通·补注》篇云：'蔚宗之芟《后汉》也，简而且周，疏而不漏，盖云备矣。而刘昭采其所损以为补注，言尽非要，事皆不急。'知幾此言，可谓精史体者；世俗纷纷，争咎蔚宗欧公之缺略，当以此说示之；而其责注家不当广引为非体，无乃过乎！愿更深味欧公命笔之意以立其本；而于薛史外，更博考别史载记，如王禹偁《五代史阙文》、陶岳《五代史补》、马令陆游《南唐书》、龙衮《江南野史》、陈彭年《江南别录》、张唐英《蜀梼杌》、钱俨《吴越备史》之类，参比之以存其事；搜讨于诸家，如司马公《通鉴考异》、吴缜《五代史纂误》、朱子《语类》、胡三省《通鉴注》、胡一桂《十七史举要》及近代杭大宗钱莘楣《廿二史考异》之类，缕析之以证其文；务揭所长，勿讳所短。"见《与徐六襄论五代史书》。

其论古诗独存于乐府曰："《书》曰：'诗言志。歌永言。'古人诗与乐合，未有不可歌者，故贵乎长言永叹。《记》曰：'情动于中，故形于声，声成文谓之音。'孔子曰：'诗可以兴、观、群、怨。'声音之道微矣！故诗之不可以歌，不得为善诗。歌之不能以感人，不得为善歌。夫《三百篇》，多愚夫妇之所讴吟，其人岂尝习金石、谐宫商之奏哉？然而自合于乐者，天籁也。后人不求自性之真籁，而摩古人之音节，即之愈真，去之愈远矣！汉魏以后，诗与乐分，其道遂亡！流变至于唐宋，古意益远，无复永言之旨；兴、观、群、怨，鲜有合焉！独乐府一体，可见古人遗意；为其据事写情，感深语挚，辞直而思曲，节短而音长，意有怨抑，语无褒讥，使人闻声自不能已，是其至也！然其体亦自有二：如郊祀、房中、铎舞、巾舞等词，皆文臣所作，故多润色，极奇古奥驳而不能起发人意；盖其源出于雅颂。若铙歌、瑟调、杂曲，则采民间歌谣为之；此皆人情天籁，无假修饰，最有兴观群怨之旨，即古之变风也。历代文士最喜为之；鲍明远、李太白为最；元次山、韩退之、孟郊、张籍次之。惟杜子美、白乐天，则师其体而不用其题，自为新声以写世事；论者以为转得古意。自是乐府又为二派。明人诗称复古，作者集中，无不以拟古乐府居首。其善用变者，惟王弇州而已！余幼读诗，则喜言兴观群怨大意；每至《谷风》、《式微》诸诗，未尝不流涕反覆！及阅汉以来乐府歌谣，辄低徊永叹，以为古诗之存，独有此耳！"见《诗集谣变序》。

其论诗以李、杜、韩、苏为极诣曰："诗有可以学而至者，有不可以学而至者；有可以悟而得者，有不可以悟而得者。格律之精深，声响之雄切，笔力之沉劲，藻饰之工丽，此可以学而至者也。意趣之冲淡，兴象之高超，神境之奇变，情韵之绵邈，此不可以学而至者也，非悟不能。若夫忠孝之怀，温厚之思，卓越之旨，奇迈之气，忽而沉挚，忽而激烈，作之者歌哭无端，读之者哀乐并至；是则天趣天籁，又岂可以悟得者乎！汉魏以前是已！盛唐作者，妙悟为多。李杜二公，可悟不可悟之间者也，天与学两至之矣！昌黎眉山，则其诗也，即其文也；去风骚、汉魏之音远矣！虽然，性情正，胸襟旷，才力峻，问学博，得之于心，应之于手，举人世可惊可喜可哭可笑之事，一于诗发之；千载以下，读其诗，如见其人，如见其世；此则天与人合，不学焉不至，不悟焉不得，而实不关乎悟与学者也；夫如是，则其文也，皆其诗也；所以并称于李杜也！世之为诗者，其以学至耶？以悟得耶？抑不由学与悟而得之天也？明何李之论诗，以学至也；学之失，则有形合神异者矣！王阮亭之言悟，捄其失也，而非废学也；悟之失，则又有以不至为至，以不得为得者矣！沈归愚是也。于是钱箨石翁覃溪辈，思有以振之，取杜与苏，日伐其毛而洗其髓；于杜苏则有功矣，要亦言其辞句体制耳；有不得而言者，二君未由及之也！故二君之诗，虽异俗学之浮声，实亦古人之游魄；天趣天籁，吾未之见也！真气不存焉耳！近一二名贤，取材六朝，而借径于少陵眉山；其家法，吾莫能非也；然而有剪彩为花，范土为人者矣！门下从而和之，出入攀援，自以为工。吾读其诗，泛泛然不能得其人与世也；不得已而强指之，则曰某者六朝，某者杜，某者苏而已！"见《张南山诗序》。

其论杜诗曰："七律诗五六两句最难工；以上四句雄骏直下，至此力竭，气难转运故也。昔人论此，推义山《马嵬》一首；其五六云：'此日六军同驻马，当时七夕笑牵牛'，盖用逆挽法也。然此法亦本少陵。《诸将》第一首云：'见愁汗马西戎逼，曾闪朱旗北斗殷。'第二首云：'胡来不觉潼关隘，龙起犹闻晋水清。'义山实本于此；盖以锁上斗转，更开收结，章局既变化，而气骨益见开拓；此等当从《国策》、《史记》来。如《史记》叙荆轲刺秦王一篇，而秦法云云，忽然拓开，即此法也。杜七律当以《诸将》第一，《秋兴》次之，《咏怀古迹》又次之。若《白帝城最高楼》及《暮归》二首,虽是拗体,而雄炼自然,老横无敌,笔力真可屈铁,无一弱字,岂非空前绝后!后来得此种纍兀之妙者,惟山谷一人而已!东坡亦间有之,而沉雄不及,惟得其横放耳!太白登谢朓楼诗,末云:'人生在世不称意,明朝散发弄扁舟。'杜《暮归》诗末云:'年过半百不称意,明日看云还杖藜。'语意极相似,而气象迥然不同;李则豪放,杜则悲壮也。"见《识小录》。

其论清人诗曰:"国朝诸公,病明代复古之弊;乾隆嘉庆以来,多避熟就生以变其体;大约不出苏黄二公境中,究未能自开生面也!古今作者,文质相宣,繁简递嬗,要当抒轴性情,雕绘景物,风骨坚壮,才思高翔,格高体正,绝除卑俗,则其善也!若必以常见为非,力求新异;即明珠白璧,等诸瓦砾;特牲太牢,不登肴俎。此乃赋七之奇,岂复言志之旨;虽复自矜沉奥,及乎群辈为之,久更生厌,犹然炫烂之极,归平淡耳;前后易观,何足深讥乎!"见《鹰青诗集序》。"至于论诗,自以阮亭为正,所谓妙悟天成也;乃其自运,又失之靡弱;虽力追唐贤,实则不异金元诸家;识者谓学似遗山,才力微不逮焉!归愚以吴人言诗,颇能脱去纤秾,别裁伪体;而才质凡近,骨力不腾,每多死句滞意!近世虚憍之流,又以其豪艳狷薄,伤风败俗之辞,倡导后生,自比铁崖。然铁崖当日已有文妖之目,斯又下矣!又有工应试举诗者数家,能以唐音入于体制;于是学者又相仿效;及取全集观之,则所谓古近体者,犹然应试举诗也!又或真情不足,假故实以文疏舛,由温李之余波,益加繁博,自矜选体;而不知与曹、刘、沈、谢有天壤之殊,其甚者,乃更孜孜考证,好古搜奇,破碎繁芜;其于文章论说,犹失廉肉取舍之道;而况诗之风雅乎!"见《孔巂浦诗序》。

其论文以八家为涂轨，以沉郁顿挫为极诣曰："文章一事，盛于周秦，衰于建安。自士衡《文赋》子桓《典论》出，而斯道为之极坏矣！周秦以上，惟六经之文，大纯无疵。诸子亦各出其瑰玮之言；大抵义丰词约，气固神完，以道为标，以志为的；采其一言，终身可行；究其全归，六合不尽；是以繁简微显，荡志惬心；凡所修辞，立诚为本。自贾、董、扬、马，恢张宏肆，已觉词胜于义，气王于神。建安以来，则专精词赡，而高古坚朴之意尽矣！然风骨矫骞，神气遒迈，创语造意，廉杰精奇，誓不相袭；盖道衰而文盛，亦升降之大端也！唐宋诸贤，有见于斯，然望道未至，果于自矜，修辞之工，或反不逮；特其取义甚正，立体尤严；譬诸乐然，虽非清明广大之奏，已绝烦数淫滥之音矣！先正论文，所以必主八家，非谓文章极于八家；谓八家乃斯文之涂轨耳！斤斤一先生，不敢失其趋跄謦咳；又岂八家之意哉！"见《复方彦闻书》。"古人文章妙处，全是沉郁顿挫四字。沉者，如物落水，必须到底，方著痛痒，此沉之妙也；否则仍是一浮字。郁者，如物蟠结胸中，展转萦遏，不能宣畅；又如忧深念切，而进退维艰，左右窒碍，塞阨不通，已是无可如何，又不能自己；于是一言数转，一意数回，此郁之妙也；否则仍是一率字。顿者，如物流行无滞，极其爽快，忽然停住不行，使人心神驰向，如望如疑，如有丧失，如有怨慕，此顿之妙也；否则仍是一直字。挫者，如锯解木，虽是一来一往，而齿凿巉巉数百森列，每一往来，其数百齿必一一历过，是一来凡数百来，一往凡数百往也；又如歌者一字，故曼其声，高下低徊，抑扬百转，此挫之妙也；否则仍是一平字。文章能祛其浮率平直之病，而有沉郁顿挫之妙，然后可以不朽；《楚辞》、《史记》、李杜诗、韩文，是也。嗟乎！此数公，非有其仁孝忠义之怀，浩然充塞两间之气，上下古今穷尽情态之识，博览考究山川人物典章之学，而又身历困穷险阻惊奇之境，其文章亦乌能若是也哉！今不惟数公之所以为人，而惟求数公之所以为文，此所以数公之后，罕有及数公者也！"见《康輶纪行》。

其论清人文曰："古人文章，所重于天下者，一以明道，一以言事。理义是非不精，则道敝。利害得失不核，则事乖。然理义可以空持；利害必以实验，故言事之文为尤难也。唐之陆宣公，宋之苏文忠公，皆善言政事者，文与实俱茂焉；他人为之，非诡则萎矣！本朝作者，如方望溪朱梅崖能为古人之文，海内无异辞也！望溪之后，有刘海峰及吾家惜翁。梅崖之后，则称鲁山木。山木又自以所得者就惜翁商榷之；其文章渊澹处，真可以追古人矣；而政事之文，特为茂实，所陈得失利害皎如也。"见《重刻山木居士集序》。"山木之甥陈硕士诗文醇雅，得惜翁正传。然硕士殊推上元管异之同，比之六祖，而自居秀上座。余谓吾桐方植之东树、刘孟涂开、上元梅伯言曾亮及异之，皆惜翁高足，可称四杰。"见《感怀杂诗自注》。"然孟涂异之皆蚤卒。植之著述虽富，而穷老不遇，言不出乡里。独伯言为户部郎官二十余年，植品甚高，诗古文无与抗行者！以其所得为好古文者倡导，和者益众；于是惜翁之说益大明。"见《惜抱先生与管异之集跋》。

其论姚鼐《惜抱轩诗文》曰："《惜抱轩诗文》，皆得古人精意。文品精洁似柳子厚，笔势奇纵似太史公；若其神骨幽秀，气韵高绝，如入千岩万壑中，泉石松风，令人泠然忘返，则又先生所自得也！或谓文学六一。余意不尔！集中文以记序墓志为最。铭辞不作险奥语，而苍古奇肆，音节神妙，殆无一字凑泊。昔范蔚宗自称其《后汉书》论赞，以为奇作。吾于先生碑铭亦云。""文章最忌好发议论，亦自宋人为甚。汉唐人不然！

平平说来，断制处只一笔两笔，是非得失之理自了；而感慨咏叹，旨味无穷；此盖文章深老之境，非精于议论者不能；东坡所谓绚烂之极也！先生文不轻发议论，意思自然深远，实有此意；读者言外求之！""诗以五古为最！高处直是盛唐三昧，非肤袭貌取者可比！七古用唐调者时有王李之响，学宋人处时入妙境，尤不易得！七律功力甚深，兼盛唐苏公之胜。七绝神俊高远，直是天人说法，无一凡近语矣！""五古中如《送演纶归里》、《邳州黄山》二首，俊逸神到，居然太白！《景州开福寺塔》一首，岂逊盛唐诸公《慈恩寺塔》耶！他如《山寺》、《题沈学子步屟寻幽图》、《赵北口》、《舟中作》、《吴戍桥》、《南旺湖》、《岳麓寺遇刘朴夫》等作，神似崔王。《田家》一首，虽学渊明，却近储大祝。《由桥头驿至长沙》一首，则步骤大谢；《九日渡湘水》一首，则小谢也！""七古中，《泖湖渔舍图》、《送朱子颖之淮南》、《送余扶重游武昌》等作，是东川龙标逸篇。《酬胡君唐伯虎匡庐瀑布图》、《赠沈方谷唐伯虎赤壁图》等作，横逸之气，直逼太白。《万寿寺松树歌》、《沈石田画桧歌》、《赠钱鲁思》等作，则沉壮苍老，入少陵之室。若《元人散牧晚归图》、《延祐元年江西乡试卷》、《魏三藏菩提流支译金刚经拓本》、《新城道中书所见》、《唐人关山行旅图》等作，则东坡得意之篇，真杰作也！七律中，全篇如《古意》，效西昆体。《出塞》、《南朝》、《金陵》、《晓发河上杂诗》、《彰德怀古》、《吊王彦章》、《怀刘海峰》、《怀王禹卿》、《临江寺》等作，皆沉雄高浑，调响气劲，唐音之尤者。若《清苑》、《望郎山》、《漫兴》、《泥汊阻风》、《谢简斋惠黄精》诸作，则尤苏黄妙谛也！佳句尤多！七言如：'伊阳风雨从中出，洛下山川向北多。''行穷南汶山初见，吟到澄江叶尽飞。''斜阳万里背人去，落叶千声与客悲。''寒吹满空云出塞，暮天无色日平关。''寒潮不隔中原望，白日遥悬大海流。''沧海雾摇孤月上，青天影合二流来。''中原日落关城白，西楚河来天地黄。''春草不知韩信来，秋风曾到项王台。''千秋遗迹寻黄石，一片寒阳下白楼。''屠市故人从偶语，屏风侍史不知名。''紫陌莺花故人㾑，黄河风雨郡城楼。''归人夜夜听山雨，落雁声声下郡楼。''尽室相看浮汶去，数山如画入船来。''贾舶霾云吹暗浪，佛图悬日照空矶。''藏史著书归苦县，祠官侍礼在甘泉。''安定有城名第一，陇西出将每无双。''十月清霜天地肃，一江空水古今寒。''南国市朝非曩日，西风阑槛又经年。'五言如：'水澹松兹郭，月生天柱峰。''河水流中国，寒阳下塞门。''连峰渤海外，流眹穆陵西。''筒水浇青圃，檐风陨白花。''单车度淇水，秋雨绿王刍。''闭门生径草，空砌堕邻花。''风丝垂缢女，雨蔓长牵牛。''连朝江路冷，数点岸花春。''帆势遥投戍，涛声故近人。'凡数十联，皆精深华妙。七言绝句如《送人往邺》、《出湖口》、《淮上有怀》、《留别扬州诸君》、《湘阴》、《江上送吴殿麟》诸首，在唐人中犹为高作。若《黄河曲》二首，则'黄河远上'之亚。秦汉宫辞，即似龙标。竹枝等篇，何殊梦得。若明贤中，使王李见之，能不击节耶！"见《识小录》。所以阐扬姚鼐之学者甚尽！要删其语以俟考论。

柏枧山房文集十六卷　续集一卷　骈体文二卷　诗集十卷　续集二卷

上元梅曾亮字伯言撰。曾亮，道光壬午进士，官户部郎中，以为古文有名京朝。其诗文集，乃其同年友江南河道总督杨以增，以咸丰五年为刻于清江节署而祝七十之寿者也。曾亮少好骈体文；年近三十，始事姚鼐以肆力为古文，不事涂饰而选言有序。惟姚鼐洁而适。曾亮洁以峻。姚鼐纡回荡漾，余味曲包。曾亮抑扬爽朗，余地力破。独其论议切核，善剽剥古今；盖以半山之瘦劲拗折，参永叔之纡徐委备，于姚氏为得师法。传志之文，则辞喜简练，而事贵刻画，与姚氏之容与闲易以摄虚神者，蹊径不同。若夫容与闲易，余味曲包者，集中亦时时遇之，如《观渔》、《读庄子书后》、《费昆来西园感旧图叙书后》、《韩氏藏明题名录书后》、《江亭消夏记》、《通河泛舟记》、《侯子有先生墓志铭》、《男八十墓碣》、《邹孺人墓表》、《舒伯鲁集序》等篇，率以出真，淡而有味，可谓步趋姚氏而得其神髓者也！骈文则意境尚沉郁，而气调欠岸异，辞句不新丽，然有意鲍照刘峻之遒警，而不为徐陵庾信之华艳者也。诗则汰肤存骨，由瘦得坚，以峻嶒出妥贴，以清削见识趣，盖亦衍韩退之黄山谷一派；然无退之之大力控抟，亦无山谷之拗调诘屈，此其较也。采录可诵，篇目如左。

诗类　赠胡圣基　哭幼弟曾诰　秋怀五首　呈管异之　偕异之游东城　避暑过管异之斋是日小雨未成同坐者朱干臣吏部马韦伯茂才侯振庭舅氏　赠左匡叔桐城　放歌行示植之异之韦伯彦勤弟　暑甚与钮非石顾千里夜坐　岁暮感旧用东坡聚星堂雪韵　题陈仰韩读书秋树根图　秋日偶书　春日杂咏　过滕县作时县令赵毓驹贵州人　暑甚喜雨　自都中赴栾城省视家弟仲卿　方子范故园樽酒图　出京自德州赴历城泥水失路　回宣城谒墓夜泊江宁镇作　铜井泊舟　薛家渡夜泊　苦雨作　急雨歌　六月十五日柏枧山飞桥纳凉作　归舟至江东门　过方村晤外兄崔芝田　自郡城

赴坐吉村过崞阳桥　村中杂咏　夏日杂咏　和明叔见怀用其韵不复次　和琯香地楼看雪韵　过当涂黄山寺　为人题跨牛图　题许心梅如意图　题张渊甫图　得家书口号寄仲卿彦勤弟及淑仪妹　偶出　买书四友歌　赠黄景濂友莲　赠李莲舫冬夜偶成二首　送黄香铁归岭南　赠邹松友　程春海侍郎人日雪后招饮龙树寺中　赠陈小松　悼汪均之　七月十七日作　书示张生端甫　赠冯鲁川　和余小坡甓翁诗　赠余小坡　追悼程春海侍郎　即事呈伯韩小坡鲁川　可叹　悼柏云伯父　也似　种竹　题戴云帆寒斋味雪图　与方慎之夜话寄示仲卿弟　苦雨作　喜晴　和邵位西游书肆诗　和吴笏庵枕上偶成　苦雨叹四首　为蔡友石先生题董羽六龙图　钟山寒烧　腊八粥　送穷　燕行九村居无书无墨无砚无纸无衣作六无叹　示家人　有客　杂咏　当书　杂咏　赠杨至堂　七十自嘲　三月十日看花作　秋虫　有客

骈文类　姚姬传先生八十寿序　答惠川书　寄汤燮堂书　吊梁武帝文　书陈保田男文保圹铭后　普洱茶赋

论说类　士说　韩非论　民论　观渔　晁错论　刑论　臣事论

序跋类　钮非石非石子书后　秦远亭诗书后　读庄子书后　梅氏宗谱书后　费昆来西园感旧图叙书后　董文恪公诗集叙　桑弢甫先生集叙　繁昌县志叙　抚吴草序　缘园诗序　管异之文集书后　陈拜芗诗序　黔记序　郭羽可竹册跋　韩氏藏明题名录书后　朱蕴山诗序　刘帘舫先生行状书后　帝鉴图诗序　阴晋异函序　叶耳山遗稿书后　孙秋士诗存序　耻躬堂文集序　阮小咸诗集序　舒伯鲁集序

书牍类　上汪尚书书　覆上汪尚书书

赠序类　赠陈仰韩序　赠汪平甫序　送姚建木序　送张梧岗序　送张渔篁序　赠孙秋士序　送马止斋序　送蔡友石先生序　秦稚堂五十寿序　邓巁筠先生七十寿序

传状类　书杨氏婢事　侯起叔先生家传　书李林孙事　叶应传　汪泊斋先生家传　书邓中丞决狱事　鲍母谢孺人家传　艾方来家传　总兵刘公家传　王刚节公家传　栗恭勤公家传　秦省吾家传　黄个园家传

碑志类　侯子有先生墓志铭　王惠川先生墓志铭　男八十墓碣　朝议大夫贵州遵义府知府胡君墓志铭　崔恭人墓志铭　黄先生墓表　陈师吾墓志铭　光禄大夫兵部尚书王公墓志铭　朝议大夫台湾府知府盖君墓志铭　汤府君墓表　诰封中宪大夫安襄郧荆道即墨县教谕杨府君墓志铭　原任予告大学士戴公墓碑　方彦闻墓表　朱仁山墓志铭　汤海秋墓志铭　朱孺人墓志铭　馆陶县知县张君墓表　邹孺人墓表　驰赠奉直大夫陈府君墓志铭　翁母张太淑人墓志铭　国子监学正刘君墓表　朝议大夫南昌府知府吴君墓志铭　胡母龚宜人墓志铭

杂记类　游小盘谷记　钵山余霞阁记　周石生授经图记　记棚民事　谒墓记　冯晋渔舍人梦游记　游瓜步山记　吴淞口验功记　昼樵夜读图记　江亭消夏图记　宣南夜话图记　通河泛舟记　金山寺藏鼎记

右诗八十首，骈文六篇，古文九十二篇。论学不喜汉学，而以义理为无与文事；论文独贵汉文，而以诵读为急所先务；或出师说而不必尽同。

其论宋明人语录曰："向于性理微妙，未尝窥涉；稍知者，独文字耳。昔孔子之门，有善言德行者，有善为说词者，此自古大贤不能兼矣。谓言语之无事乎德行，不可也；然必以善言德行者，乃得为言语，亦未可也！庄周列御寇及战国策士，于德行何如？然岂可谓文字之不工哉！若宋明人所著语录，固非可以文词论，于德行亦未为善言者也！窃以为读古人书，求其为吾益者而已；求其疵而辨胜之，无当也！专求其疵，则可为吾益者寡矣！方其得一说焉，皆自以为维世道，防人心也；然人心久存而不毁者，自有在焉；虽朱陆之是非，良知格物之同异，犹未足为其轻重也。况所辨有下于此者，或前人所已辨而不必置辨者，愈少味矣！"见《答吴子序书》。

其砭清学曰："昔侍坐于姚姬传先生，言及于颜习斋李刚主之非薄宋儒。先生曰：'习斋犹能溪刻自处者也。若近世之士，乃以所得之训诂文字，讪笑宋儒。夫程朱之称为儒者，岂以其训诂文字哉！今无其躬行之难，而执其末以讥之，视习斋又何如也！'昔李文贞、方侍郎苞以宋元诸儒议论，糅合汉儒，疏通经旨，惟取义合，不名专师；其间未尝无望文生义揣合形似之说；而扶树道教，于人心治术有所裨益；使程朱之学，远而益明；虽不必尽合于经，而不失圣人六经治世之旨；则固可略小疵而尊大体；弃短取长，积义成章；治经之道固如是也。后之学者，辨汉宋，分南北，以实事求是为本，以应经义不倍师法为宗；其始亦出于积学好古之士，为之倡；而末流浸以加厉，言《易》者首虞翻而黜王弼；言《春秋》者，屏左氏而尊何休；至前贤义理之学，涉之惟恐其污，矫之惟恐其不过，因便抵巇，周内其语言文字之疵，以诡责名义，骇误后学，相寻逐于小言群说而不要其统，党同妒真而不平其情，安其所习，毁所不见，终以自蔽；此其患未可谓愈于空疏不学者也！"见《九经说书后》。

其论文不尚骈体，而欲参会汉宋曰："某少喜骈体之文，近始觉班、马、韩、柳之文为可贵。盖骈体之文,如俳优登场,非丝竹金鼓佐之,则手足无措;其周旋揖让,非无可观;然以之酬接,非人情也!"见《复陈伯游书》。"文章至极之境,非可骤喻;以言有用,则论事者为要耳!宋人文明健酣适,然时失之冗。战国策士文,可谓雄矣;然抑扬太甚,有矜气,令人生不信心。简而明,多而不令人厌生者,惟汉人耳!苟得其意,而为宋人之文从字顺,论事之道,莫善于是矣!"见《与姚柏山书》。

其论学文必自诵读入手曰:"古文与他体异者,以首尾气不可断耳!有二首尾焉,则断矣!退之谓'六朝文杂乱无章',人以为过论!夫上衣下裳,相成而不复也,故成章。若衣上加衣,裳下有裳,此所谓无章矣!其能成章者,一气者也。欲得其气,必求之于古人;周、秦、汉及唐、宋人文,其佳者,皆成诵乃可。夫观书者,用目之一官而已!诵之而入于耳,益一官矣!且出于口,成于声,而畅于气。夫气者,吾身之至精;以吾身之至精御古人之至精,是故浑合而无有间也!国朝人文,其佳者,固有得于是矣!"见《与孙芝房书》。"罗台山氏与人论文,而自述其读文之勤,与读文之法;此世俗以为迂且陋者也!然世俗之文,扬之而其气不昌,诵之而其声不文,循之而词之丰杀厚薄缓急与情事不相称;若是者,皆不能善读文者也!文言之,则昌黎所谓养气;质言之,则'端坐而诵之七八年';明允之言,即昌黎之言也。文人矜夸,或自讳其所得,而示人以微妙难知之词;明允可谓不自讳者矣!而知而信之者或鲜!台山氏能信而从之,而所以告人者,亦如老泉之不自讳;吾虽不获见其人,其文固可以端坐而得之矣!""诵之而成声,言之而成文,而空疏寡情实者,盖亦有焉!则闻见少而蓄理不富也。故诗之道,性近者皆能工之。古文而成体,非博学而心知其意者不能!"

见《与孙芝房书》。

其论陈言务去曰:"文章之事,莫大乎因时。立吾言于此,虽其事之至微,物之甚小,而一时朝野之风俗好尚,皆可因吾言而见之。使为文于唐贞元元和时,读者不知为贞元元和人,不可也!使为文于宋嘉祐元祐时,读者不知为嘉祐元祐人,不可也!韩子曰:'惟陈言之务去';岂独其词之不可袭哉!夫古今之理势,固有大同者矣;其为运会所移,人事所推衍而变异日新者,不可穷极也;执古今之同而概其异,虽于词无所假者,其言固已陈矣!"见《答朱丹木书》。

其论结体贵屈曰:"凡诗阅一二字,可意得其全句者,非佳诗也!文气贵直而其体贵屈;不直,则无以达其机;不屈,则无以达其情,为文词者,主乎达而已矣。"见《舒伯鲁集序》。

其自叙曰:"曾亮年十三四,学执笔为诗文;见时贤集多快语无忌惮,大以为佳!二十余,见王惠川,云:'君博览而不循其本,未终卷,已易他书,不足以为学也!博书当先求其古者;专治一书,熟其神情词气,再易他书;数年后,视近人当何如耳!'其时闻言,面赤汗沾衣也!稍取《史记》,点定两三次;继以《汉书》及先秦子书,渐及诸史;数年前所叹赏者,渐化去无顾藉心!尝除夕,阅旧作诗文不可者,裂然炉中;下布栗子数十,且燃且阅,遂尽无一纸存者;时栗子则大熟矣,作爆竹声,跃起触人面。是后人皆戒子弟以无交梅管两生,两生多误人。管生者,异之也。"见《与容澜止书》。"曾亮少好为骈体。异之曰:'人有哀乐者面也;今以玉冠之,虽美,失其面矣!此骈体之失也。'余曰:'诚有是!然《哀江南赋》、《报杨遵彦书》,其意固不快耶;而贱之也!'异之曰:'彼其意固有限。使有孟荀庄周司马迁之意,来如云兴,聚如车屯,则虽百徐庾之词,不足以尽其一意。'余遂稍学为古文词。异之不尽谓善也,曰:'子之文病杂!一篇之中,数体互见。武其冠,儒其衣,非全人也!'余自信不如信异之深,得一言,为数日忧喜!"见《管异之文集书后》。"昔会课钟山书院,每论文,讼议纷然,忘所事事。异之色独庄,盛言古文。余曰:'文贵词达耳!苟叙事明,述意畅,则单行与排偶一也。'异之不复难曰:'君行自悟之!'"见《马韦伯骈体文序》。

其论诗毋为学所累曰:"国初以诗鸣者,王渔洋、施愚山,皆不以考证为学。其以是为学者,如阎百诗、惠定宇、何义门,于学各有所长,而诗非其所好。兼之者,惟顾亭林朱竹垞而已!亭林不以诗人自居。竹垞于诗则求工而务为富者矣;然其诗成处多而自得者少,未必非其学为之累也!尝谓诗人不可以无学;然方其为诗也,必置其心于空远浩荡;凡名物象数之繁重丛琐者,悉举而空其糟粕;夫如是,则吾之学常助吾诗于言意之表而不为所累;然后可以为诗!"见《刘楚桢诗序》。

其论诗贵肖乎吾,当乎物曰:"诗至今日,难言工矣!言唐者容,言宋者肆,汉魏者木,齐梁者绮,矜其所尚,毁所不见,舌未干而名磨灭者,不可胜数也!然则孰探其所从生?曰:空而善积者,人之情也。习而善变者,物之态也。积者曰故,变者曰新,新故环生,不得须臾平,而激而成声,动而成文;故无我不足以见诗;无物亦不足以见诗;物与我相遭,而诗出于其间也。今以吾一人之身,俄而廊庙,俄而山水,俄而斋居,俄而觞咏,将拘拘然类以居之,派以别之,取古人之所长而分拟之;是知有物而不知有我也!若昧昧焉不揣其色,不则其声,而好为大,曰不则其境隘;好为庄,不则其体俳;好为悲,不则其情荡;是知有我而不知有物也!知有物而不知有我;则前乎吾,后乎吾者,皆可以为吾之诗,而吾如未尝有一诗!知有我而不知有物,则道不肖乎形,机不应乎心,日与万物游而未尝识其情状焉;谓千万诗如一诗,可也!然则诗恶乎工?曰:肖乎吾之情性而已矣!当乎物之情状而已矣!审其音,玩其辞,晓然为吾之诗,为吾与是物之诗,而诗之真者得矣!"见《李芝龄先生诗集后跋》。

其论诗不规规于一家,乃为善学一家曰:"吾尝谓东坡之诗,出于刘梦得,而读者或不能知。盖有过乎前人之材,而所旁涉者,又广博而无涯涘;故使人移易耳目而忘其源流之所自出;古之善学人者,固皆如是;不独东坡然也!法可庵于诗,盖深学东坡而不规规于一人一境,且旁及大历以下诸子,游其思而博其趣;故所作得东坡清旷之气,而运以唐贤之调适澹沱;亦时有感激振厉;而离合微至,不大声色。然则东坡之于梦得,其所学有高出于梦得者,而可庵之于东坡,其所学有不专于东坡者也。惟其不专于一人也,乃合乎东坡之所以学梦得,而为善学古人也!"见《法可庵诗序》。要删其语,以备考览。

因寄轩文初集十卷 二集六卷 补遗一卷

上元管同字异之撰;附《小异文》四篇,为其子嗣复所著。同好谈经世之学,而文章则师姚鼐。鼐以古文名一世,少许可;顾独称同。而同自以意为古文,故不之袭也!道光乙酉举于乡;公车辄报罢,无所用其学;则退论天下大计,洎流极所至,往往若逆睹:若所拟《风俗》、《积贮》及《与凤阳守令》诸书议,是也。是故同学于姚氏,自陈用光、梅曾亮,类率相推下;非特以其文也！即言乎文，其劲气峻骨，亦绝出流辈云。所著有《七经纪闻》、《孟子年谱》、《文中子考》、《战国地理考》、《皖水词》等书。其《文集》，则其乡人安徽巡抚邓廷桢以道光十三年，为刻于皖中，而属曾亮编校。同以前一年卒，年四十七。邓廷桢亦姚鼐弟子，与同为同门，而序其集曰："桢为诸生时，肄业钟山书院，从姚姬传先生游。先生古文为一时宗匠，慎所许可；惟亟称吾友异之以为得古人雄直气。同年陈石士侍郎亦为姚先生弟子；而异之即侍郎己酉所得士。侍郎每为余言，不以持节校两江士为荣，而以得一异之自憙也！及桢巡抚安徽，延异之为儿子师，益悉其底蕴。盖宋以后，言文者约有数派：司马子长之文，雄阔而澹远。得其澹远者，欧阳庐陵也；而归熙甫继之。董生刘子政之文，浑噩朴茂。曾子固朱文公取之。苏长公取《国策》、《庄子》而参以班孟坚。明允之文，峻厉严切，甚似贾生，其原出于韩非荀子。能学孟子者，惟昌黎而已！长公之学，盛于南宋，而师明允者甚少！学庐陵而兼子固者，方望溪；学庐陵而兼长公者，刘海峰也；然皆不及熙甫！姚先生文师庐陵而上溯子长，故与熙甫皆神似庐陵而不以貌也。异之学于姚先生，而文似明允；其平居亦未尝诵法宋人，独好贾生。不好明允而好贾生，所以能明允欤！师姚先生之文而不袭其派，此先生所以以文事深许欤！"集中《与友人论文书》，称"与其偏于阴也，无宁偏于阳"；则与姚鼐言"文章之境，莫佳于平淡，措语遣意，有若自然生成者，此熙甫所以为文家之正传"；《与王铁夫书》。而"文之雄伟而劲直者，必贵于温深而徐婉"，《海愚诗钞序》。意趣迥殊。今观其文章，工于持论；如集中论议书疏诸类之文，深切憙往复，而特瘦折曲达，无不尽之情与理；其言峭以肆，虽不如鼐之纡徐委备，而得其一体，足与梅曾亮伯仲者也！题跋如《读晏子春秋》、《读墨子》、《读司马法》、《读六韬》、《读汉书货殖传》及《重修甘敬侯墓碑记跋》诸篇，辩证而成章以达；辞笔简峻而波澜澹荡，其原出于柳宗元经子诸跋；而与鼐《左传补注序》、《读司马法六韬》、《读孙子》、《书货殖传后》诸篇，意境仿佛似之。传志亦喜以刻画为写生，而辞笔不如梅曾亮之峻重，时失之絮！词赋则以贾谊学屈原，其气喷薄，其辞俶诡，其文也纵而后反。要之同好为峭悍，能为尽而不欲为不尽，与曾亮为同调，于师门为转手矣！采录可诵，篇目如左。

赋类　吊邹阳赋　悼亢宗赋　暑赋

论著类　原仙　除奸　蒯通论　韩信论　范增论上下　禁用洋货议　说士上下

序跋类　读晏子春秋　读司马法　读六韬　读汉书货殖传　重修甘敬侯墓碑记跋　舅氏邹君诗稿序　严小秋诗词集序　许叔翘文集序　书李伯时圣贤画像后　书李伯时白描追夔图后　姚庚甫集序　钱秋倡和诗序　陈竹如诗序　书梅伯言马韦伯诗后　跋团勇助军约记

书牍类　拟言风俗书　拟筹积贮书　拟与凤阳守令书　与朱干臣书　与吴仲伦书

赠序类　送李理问序　送朱干臣为浙江按察使序　赠汪孟慈序　送李海帆为永州知府序

传状类　先大父家传　王砺可家传　邹梁圃先生传　罗彬文传　资政大夫刑部右侍郎致仕王公行状　附小异张炳垣传

碑志类　举孝廉方正李君墓志铭　资政大夫兵部侍郎都察院右副都御史总督江南河道黎公墓志铭

杂记类　登扫叶楼记　过关山记　宝山纪游　饿乡记　灵芝记　包孝肃公像记　安徽巡抚部院题名记代　观潮图

记　抱瓮园游宴记　继园记　附小异书汪马二秀才书
颂赞类　画龙赞　欧阳文忠公画像赞
祝祭类　祭方明府文　祭王秀才文　祭赵司马文代　祷雨龙神文

右文六十二篇。综其所学，解经兼综汉宋，此与姚鼐同也。论文偏尚阳刚，此与姚鼐异也。

其论《尚书·洪范》曰："《洪范》三德之章，自'一曰正直'至'高明柔克'，其义止矣；而其下忽缀以'惟辟作福'至'民用僭忒'之辞，于三德何相关涉？初读而甚疑之！及后观韩非《有度篇》载先王之法曰：'臣无或作威！无或作利，从王之指。无或作恶，遵王之路。'始知此十语乃《皇极章》文；旧本在'无偏无颇'之上，而编书者乱其次耳！《皇极》一章，言人君有锡福之事，故承上言人臣毋作威福，而所当得为者，绝偏颇以遵王之义也；苟作福焉，则作好而不遵王道；苟作威焉，则作恶而不遵王路；如此连属，其文义致为通贯；知古书本必如此尔！及汉后，简编失错，马郑辈乃不能晓；其解三德，乃以诛治人臣为说。夫《左氏》宁赢引《尚书》刚克，明言治性；安得以为治人！盖不悟简编有误，遂并其本不误者而亦牵率解之矣！"见《答孙渊如观察书》。

其论解经曰："朱子解经，于义理决无谬误；至于文辞训诂名物典章，则朱子不甚留神，其中不能无失！义理之得，贤者识其大也。文辞训诂名物典章之得，不贤者识其小也。世之善学者，当识大于朱子，识小于汉唐诸儒及近代经生之说；而又必超然有独得之见，然后于经为能尽其全体而无遗。求胜焉，曲徇焉，非私则妄；均之无补于经也！"见《答陈编修书》。

其论《司马法》曰："姚姬传先生尝谓今《司马法》为东晋后伪书，非汉人所言之本。同谓今《司马法》后二篇文甚古，恐非东晋后人所能伪作；若前三篇，则其辞诚浅，不可谓之洪阔深远矣！然考魏武序《孙子》，引是书云：'人故杀人，杀之可也。''故杀'，谓有意杀人；今律文犹有是语。今本乃于'人'下增'是'字，而'杀人'下增'安人'二字；则其上语意不可复通。又今本云：'国容不入军。军容不入国。军容入国，则民德废！国容入军，则民德弱！'上二语见《汉书》，下四语，始亦疑其伪作。及观刘渊林《吴都赋注》全引是文，而'民德废'，作'民德粗'；'粗'与'弱'对，且语意绝精；作'废'者乃以字形相近而讹。乃知古书庸浅，大抵传久舛误；而浅者以意增损其间耳；非其书本固然也。夫作伪者不能无依据；故采撷他书，十常八九。今《司马法》于《汉书》、《周礼注》所引之文，同者仅十一，而不见者且十八九焉；使其作伪，夫岂不知多取之而割弃若斯乎？《汉书·艺文志》《司马法》百五十五篇；及《隋志》乃云三卷。而李善注《文选》所引是书，多同《孙子》之文；然则今之五篇，尚非《隋志》三卷之全；古书所引，多不在其中，盖无足怪矣！又考《隋志》贾诩注《司马法》三卷。今《文选》李注载《司马法》曰：'古者以仁为本，以义治之之谓正。'曹操曰：'古者，五帝三王以来也。仁者生而不名。义者成而不有。'是此书在唐时犹有孟德注，而《隋志》无之。然则古书或著录而亡，或无录而在者，诚亦众矣；未可以篇章语句之不符，而遂疑其伪也！"见《读司马法》。

其论《晏子春秋》曰："阳湖孙督粮星衍甚好《晏子春秋》，为之音义。吾谓汉人所言《晏子春秋》，不传久矣！世所有者，后人伪为者耳！何以言之？太史公为《管晏传赞》曰：'其书世多有，故不论；论其轶事。'仲之传，载仲言交鲍叔事独详悉；此仲之轶事，管子所无也。以是推之，荐御者为大夫，脱越石父于缧绁，此亦婴之轶事，而《晏子春秋》所无也。假令当时书有是文，如今《晏子》，太史公安得称曰轶事哉！吾固知非其本也。柳宗元知疑其书而以为出于墨氏。墨氏之徒，去晏子固不甚远；苟所为，犹近古；其浅薄当不至是！是书自管、孟、荀、韩下逮韩婴、刘向书，皆见剽窃；其诋訾孔子事，本出《墨子·非儒》篇；为书者见《墨子》有是，意婴之道必有与翟同者，故既采《非儒》篇入《晏子》，又往往言墨子闻其道而称之；是此书之附于墨氏，而非墨氏之徒为是书也！且刘向歆、班彪固父子，其识皆与太史公相上下；苟所见如今书，多墨氏说；彼校书胡为入之儒家哉！"见《读晏子春秋》。

其论《离骚》曰："同幼好是书，广览诸注，尚愧不能尽晓；后乃愤发，舍注而专诵本文；诵之仅百余过耳；第觉其书辞义显，始终条理，无世所云难晓之处也！既又取注以解之，则不可晓者如故；然则是书岂有难晓哉！注累之也！古今注《骚》者，如王逸洪兴祖，其用意固已勤矣！大要专心名物训诂，置意不求。朱子欲求其意者也，牵于兴赋，亦不能尽得。至近世若张凤翼、林云铭，盖无足道矣！夫注《骚》者，节次不分，则言辞多杂；言辞多杂，则意旨不明；是皆读之不精之故耳！而猥谓《离骚》兴寄不一，非可言诠，壹以《史记》所云'三致意'者了之；是使屈子史公交受过矣！首贵分其节次；节次既分，则言辞不杂；言辞不杂，则意旨随之而皆明；虽不敢谓古人之意，必当如此；而其间不得古人之意者，必已寡矣！"见《与梅孝廉论离骚书》。

其论《招魂》曰："旧皆谓《招魂》为宋玉作。太史公赞屈原曰：'予读《离骚》、《天问》、《招魂》、《哀郢》，悲其志。'《招魂》亦原之为耳；岂玉作哉！其文之旨，首言魂魄离散，盖谓故国难安，亦尝有九州相君之志矣；《卜居》所云'心烦虑乱'时也；顾以义不可去，故招使归来。然招之必托于帝告巫阳者何也？孝子之于亲，天性也；忠臣之不忍离君，亦天命而已！其文之中，至乱辞之首，乃盛陈楚邦繁盛，则意讥顷襄，犹庄辛论幸臣之旨；父死于秦，不思报复，而乃逞声色，纵猎游；侈陈之，正以见王之不道而难与有为也。其文辩博闳丽，殊不易晓；故于篇终明见其意曰：'魂兮归来哀江南。'君子之居季世也，欲他去，则于义难安；欲不去，则其忧不可解；在位而极言之，犹冀其君之一悟也；而为君者必屏弃放逐，遏其身而杜其口，虽不去，亦何能为哉！则戚戚焉惟日忧故国之将亡而已矣！哀江南者，即庾信哀江南意也。自王逸以来，率不达其旨，猥以玉招原魂释之。是文首即曰'朕幼清以廉洁'；玉招原魂，而谓原为朕耶！"见《读招魂》。

其论文贵阳刚而戒剽袭曰："文之大原出于天，得其备者，浑然如太和之元气，偏焉而入于阳，与偏焉而入于阴，皆不可以为文章之至境。然而自周以来，虽善文者，亦不能无偏！仆谓与其偏于阴也，则无宁偏于阳。何也？贵阳而贱阴，信刚而绌柔者，天地之道，而人之所以为德者也！孔子曰：'吾未见刚者！'曾子曰：'士不可以不宏毅，任重而道远。'圣贤论人，重刚而不重柔，取宏毅而不取巽顺。夫为文之道，岂异于此乎！古来文人，陈义吐辞，徐婉不失态度，历代多有；至若骏桀廉悍，称雄才而足号为刚者，千百年而后一遇焉耳！甚矣阳之足贵也！然仆以为是有天焉，有人焉；得天之刚，世亦无几；其余必进之以学。进之以学，孟子所云'以直养而无害'是也。曰蓄吾浩然之气，绝其卑靡，遏其鄙吝，使夫为体也常宏，而其为用也常毅；则一旦随其所发，而至大至刚之概，可以塞乎天地之间矣！如此，则学问成，而其文亦随之以至矣！取道之原，六经其至极也；而论其从入之涂，则《公羊》、《国策》贾谊太史公，皆深得乎阳刚之美者；诚熟复之，当必更有所进耳！"见《与友人论文书》。"后人为文，不能不师古；上者神合之；次者貌肖之，最下者贩其辞。故曰：'惟古于辞必已出，降而不能乃剿贼。'何也？以其中不见己作也。荀子曰：'古之学者聚道。'吾辈生来，才思有几；故惟多见古书；博览而熟诵，重积而迟发，深造自得时，左右逢源，自无陈言到笔下；此非旦夕可为而勉强可致者也！"见《答侯念勤书》。

其论文贵体直而势益曰："体不直，不可以为杰；势不曲，不可以为妍；如长江大山，千里万仞，而峰峦岛屿，层见叠起，望之茫然而即之竦然，是故养气必盛，而储思必深。思深矣而气不盛，弱焉而已尔！气盛矣而思不深，平焉而已尔！今夫为文一篇，其始终必贯以一意，此不待能者而后知也；然而按文之首而可测其尾，读文之上面便知其下；其陈义遣辞，纵使明当，而欲执以论文章之奇妙，远矣！世之为文者，亦皆知文章贵乎奇妙，而卒至于弱且平者，何哉？读之不精，而临文时不知迎而距之之说也。仆幼为文章，私持谓文贵宏毅，具所答友人论文书；近乃知文人之心，控引天地，囊括万物，神机阖辟，不知其故，乃为能尽文章之极致，而宏毅乃其一端耳！"见《又答念勤书》。

其论别裁伪体曰："文辞者，人之所自为也；自为之，则宜有工拙之殊，而不当有真伪之辩。而古之人有言曰：'别裁伪体'，此何说也？无得于己而剿贩古人，是谓无情之辞。无当于道而涂泽古语，是为无理之作。之二者，是为伪体而已矣！文辞之有伪体，岂独明中叶为然！精而言之，子云之《法言》，犹剿贩也！元和之雅颂，犹涂泽也！设使后世复有删定之圣人，则二者亦必归诸伪体；何者？为其专事诗文，而情理中有不足故也。"见《蕴素阁全集序》。

其论临文下笔，有情有理曰："偶见陆祁孙《续集》，有与吴仲伦论吾师姚鼐序王惕甫文事一书；检吾师《前后集》无此序文；惟《后集》中有《与惕甫》一书。则同有说焉！吾师之为是书，方植之谓誉之过甚，同亦未以为然！吾师终写而与之者，诱掖奖劝，君子所以成人之美也。惕甫七十老翁，负海内文誉，以文集求张于吾师；实非如后生之求益也！岂得不稍假借之！天下之道，有情有理；徇情而不依理，固非；执理而不言情，必韬于好刚好直不好学者之所为矣！前辈岂肯出此！昌黎于文，最多徇情之作。《唐书》称韩宏玩寇；而《平淮西碑》云'都统宏责战益急'。《顺宗实录》备书李实之恶；及自与书，又极口称之。吾师所论者文耳，虽曲笔焉，未若昌黎徇情之害理！况乎其言亦尚有斟酌也！惕甫文诚不能得熙甫之传；而在今日，要为好手！但闻其人狂傲暴戾，不可向迩。祁孙恶其人，遂痛诋其文，谓吾师誉之太过；爱人者爱及屋乌，憎人者憎及储胥，其立论毋乃已甚乎！吾师于当代公卿，不为过誉；作《江上攀辕图记》，但美孙文靖厚于故交；作《王文端神道碑》，数十年宰相一事不书；惕甫，穷老学博耳！何所攀援，何所畏葸，而曲笔诪谀焉，其处此盖必有道矣！仲伦以为反言讥之，亦未然也！"见《与吴仲伦书》。

其论著书不宜自称字曰："古人著书，必自称名。《易大传》、《论语》诸书则每篇称子，其始盖门人所记录；而沿及周末，则无不自子者矣！其在古未必然也！然以周人创之，则其例可用。唐宋人文，则柳子厚称柳子，苏子瞻称苏子，王介甫称王子，依仿古书，其称为有据。若夫字以表德，出于朋友之相呼；《论语》记颜渊子贡云者，大抵他人所载述；古人著书，必无自表其字者也！顷见恽氏《大云山房文集》，动于篇中署'恽子居曰'四字，意甚以为不典！恽氏孤学无师，不足怪！桐城王悔生从海峰游，于此等宜素讲；而集首《孟献子论》亦自署'王悔生曰'；是岂合古人之义法哉！悔生文专学海峰，序事颇有佳者；此则不当律令！"见《题王悔生文集》。

其勖姚鼐之子以继文章绝业曰："庚甫，吾师惜抱先生之冢嗣也；二十举于乡，四十得县令；江南属县仪征、江都、泰兴，皆世所云好缺也；君连得之，不余一钱；既而失官寓江宁，穷益甚！始犹租屋以居，负屋值；主人厌而逐焉，乃移家入书院。所居粪墙土舍，上穴旁穿，不蔽风雨。客至，则君衣垢衣揖坐后，抗声高语，其出如渊泉不竭，多惊绝可喜之论；然久坐或不能具茗饮，客苦之，多不至；庭下草深尺许，岑寂极矣！然君乃更力于学；自义理经济考证，下逮阴阳星命，皆精究焉；而于诗文尤用意。自失官穷居，所作至数百篇，属同为序。嗟夫！同生也晚，不及知君少年事矣！顾犹见君为县令，服蟒服，冠朝冠，设乐于庭，为吾师寿，宾友杂遝，僮仆舆马丽都；今数年耳！吾师门生故旧，富贵者有人；何君乃一穷至此哉！然当君之得意也，其气甚盛，芴乎不知今之有失意也！及其穷也，气不少衰，浑乎不知前之尝得意也！然则如君者，非所谓'素位而行，无入而不自得,者欤！昔韩苏诸公皆自斥谪后，道益进，文益工；同所望君继吾师之绝业者在此！"见《姚庚甫集序》。

其论诗贵遒健曰："《记》曰：'温柔敦厚，《诗》教也。'夫柔也者，情之所以蹈和；健也者，辞之所以取胜；养温柔以为质，积雄健以为文。景星庆云，必无耿耿之光。凤凰鹓鸾，必无啾啾之响。酌之乎雅以范才,养之乎奇以足气,其始也纵其所之;其继也归其所舍;使夫识者观吾之容,肃然无不齐之步;听吾之声,铿然无不谐之律;以是为诗,虽未能与天为徒哉;抑其去于人也则远矣!虽然,是特言诗之末节也!古之为诗者,其情与古合,其作与经通,究万物之情而定以中正,极夷险之变而出以和平;其为道也,第囿于诗者能之乎!彼世之人,沉酣声色之中而曲得其情状,可以为诗,而终无与于古作诗者之事。由是言之,志在于为诗而已;则其诗必未足言也!"见《答花学博书》。"同少求友于乡中,其先得而交厚者,强圉而不移,深沉而不露,处事精明劲悍,是梅君伯言之行也。而伯言之于诗也,意欲其深,词欲其坚;一思之偶浅,必凿而幽之;一语之稍粗,必砻而精之;赋一诗,或累日逾时而后出。"见《书梅伯言马韦伯诗后》。

其辟诗贵性灵曰:"诗之为道,意欲其高,卑则下;辞欲其雅,俚则俗。夫高必视乎所怀,雅必视乎所学;然则诗之为道,舍立志读书,无他术矣!今之论者,援《国风》、《乐府》之作,以为诗贵性灵,不取学问。夫《国风》、《乐府》,出于闾巷小夫幽闺妇女;彼其人皆偶然得之,而执笔不能再作者也!周召之雅颂,屈宋之《骚辞》,汉魏唐宋十数大家之作,闳阔而典厚,变化而离奇,取之不穷,探之不竭,是则出于学问之诗,而后人之所当效法矣!今为诗者,不以十数大家自命,而窃附于古小夫妇女之偶然;小夫妇女之偶然,卒不可得;遂乃率其胸臆,肆其手口,不根之谈,无稽之说,鄙倍浅薄,丛积乎纸上;此今人所以日为诗,而诗日不善也!论者又谓诗本性情,必学古人,则古人又何学?是大不然!古之圣人,观鸟迹而造书,睹科斗而作字。今为书者,舍《说文》、《玉篇》,则不能知笔画。

祖述宪章，自孔子不能不师古；而为诗文者，矜其智出于孔子之上，不亦慎乎！由前之说，可以植诗之本。由后之说，可以得诗之径。同之所闻于师者如此！"见《答甘畴人书》。要删其语，以备考览。

刘孟涂诗前集十卷　后集二十一卷　文集十卷　骈体文二卷

桐城刘开字孟涂撰。开幼而神隽，十四岁，上书乡先辈姚鼐。鼐奇赏之，语人曰："此子他日，当以古文名家；望溪海峰之坠绪，赖以复振；吾乡之幸也！"由是著名，遂受业称弟子。而自以意为诗古文，不用姚鼐法。早喜为骈体文。晚乃肆力古文，谓："韩退之取相如之奇丽，法子云之闳肆，故能推陈出新，征引波澜，铿锵锽石以穷极声色；欲以汉人之气体，运八家之成法，本之以六经，参之以周末诸子。"语详集中《与阮芸台宫保论文书》。昔遵义黎庶昌自叙《续古文辞类纂》，谓"湘乡曾文正公出，扩姚氏而大之。循姚氏之说，屏弃六朝骈俪之习，以求所谓神理气味格律声色者，法愈严而体愈尊。循曾氏之说，将尽取儒者之多识格物，博辩训诂，一纳诸雄奇万变之中，以矫桐城末流虚车之饰。"桐城吴汝纶《与姚仲实》尺牍，谓："桐城诸老，气清体絜，海内所宗，独雄奇瑰玮之境尚少；则才气薄弱，不能复振。曾文正公出而矫之，以汉赋之气运之，而文体一变，故卓然为一代大家。"而兴化李详《论桐城派》，则称："文正之文，虽从姬传入手，后益探源扬马，姁宗退之，奇偶错综，而偶多于奇，复字单谊，杂厕相间，厚集其气，使声采炳焕而戛焉有声；此又文正自为一派，可名为湘乡派。"而莫知开之先曾氏而发其涂辙！姚鼐之文洁适；而开之辞博丽。姚鼐以永叔之纡徐，用苏王之爽朗，意思安闲，如不欲战。而开得昌黎之健举，发扬马之酞郁，辞气铿訇，欲自名家。集中书牍赠序二体，纵横排宕，尤多杰作；气往轹古，辞来切今，其格调风力，在桐城三家中，于海峰为近，而与姚鼐则异。诗则覃精极思，颇喜巧琢，词务妍炼，格求生峭，五古由鲍明远以学陈思，七古由李昌谷以宗太白，七律由李义山以追杜陵，新裁古藻，触手缤纷，发唱惊挺，不避危仄，与姚鼐之不贵绮错，由韩学杜，以坚苍出古澹者，体气迥异。至骈文情密古初，力疏凡近，不读唐以后书，不作宋以下语，得明远之傀诡，含开府之清新，连气而走千言，百炼而铸一字，古秀之艳，隐于幽奇；郁怒之思，出以温顺；有清一代，亦罕觏也！开怀才不遇，自刻诗十卷，即《前集》也；即殁之后，同门姚莹访遗稿，得《诗后集》二十二卷，缺第八卷；《文》十卷，《骈体文》二卷，付其兄元之柬之刻之，并重刻其《诗前集》，实为道光六年。《诗前集》有南城曾燠序；《后集》有姚元之及鄱阳陈方海所为《刘孟涂传》；而诗古文卷后各殿以诸家评语。《骈体文》有陈方海书后。采录可诵，篇目如左。

诗类 杂诗四首 杂兴六首 杂感八首 即事 遣兴四首 里巷吟六首 秋夜 晚眺 独坐 赠张二小阮 述怀二首 与石甫夜话有赠 黄鹄行 艳歌行 杂忆十三首 感遇十八首 读史四首 看花曲三首以上五言古 登太白楼 江楼醉题 次彭泽作题友人居 题师荔扉明府纪游图八首 春晓词 道中见枯松感赋 送别陈大冶 野乌行 咏砚 食蕨叹 催科吏 力役谣 岁暮别 少年

游 月下吟 江南曲四首 春闺曲 相逢曲 秦淮曲 抵星渚赠郑梦白明府 赠方茶山太守兼以留别 别郑梦白明府 题海帆孝廉海上钓鳌图 秦淮曲 赠王四 平山堂醉题 重过星渚奉赠郑明府尊人柳门先生 寄周涧东 董竺云以所画海棠见赠 望西山歌 笠帆方伯招同解铁樵高苍崖查花农宋于庭诸君宴集飞霞阁 过娄妃墓 螺墩行 抵广州呈曾宾阁方伯 白云山歌赠胡春海司马时春海约游不果兼以嘲之 梦游罗浮 酒楼赠石甫 择交行 短歌行 忆浮山寄光栗园比部抵济南观趵突泉 陈笠帆中丞邀同观珍珠泉喜周南卿回都即送回里 绛桃歌为杜虚斋赋 衰柳词 寄怀鲍觉生侍郎 素云曲 放歌行赠陶珠泉司马 弄珠楼宴集即席醉赋并赠竹屿 游黄山登莲花峰抵炼丹台 题周南卿品茶图 游金精洞作歌 十万松园歌为少伯山人作 亳州观牡丹歌 牡丹后歌 偕陈丈晚香任砚香至城东观芍药复作长歌以上七言古 夜泊 皖城即事二首 闺情 离家 过家敏斋比部丛桂山房 夜宿 石上 晚归 静坐 秋夜怀人 偶感 怀郑明府 题小孤山三首 题姚听泉忆故居图二首 别李蒿生先生二首 别潘柳堂 平野 即事七首 即事续咏十一首 题小松长夏读书图 归至江右 江岸独立 麻山 逆旅夜饮 园居五首 星子署偶咏三首 过友人居 游白云崖 游三公山三首 隐几 题黄明府竹里弹琴图 与栗原夜话 抵顺德 即事有怀姚幼楷 过龙门寺 白麻山夜归留赠 客至 西湖寓楼与梅麓刺史小住 夜归湖上以上五言律 秣陵口号 颍州感赋八首 金陵怀古八首 客馆咏怀八首 病中 客路有怀 咏古六首 咏史八首 过左叔

旧宅有怀二首　瑶台八首　道中　山中夜坐　楚中怀古二首　偶成　漫兴　即事　过姑塘　登金山寺四首　归自平山堂道中口占　将去扬州　题焦山四律　晓发栖霞最高峰　滕王阁　楚中杂感八首　粤中杂咏八首　望远简石甫　小园　重经栖贤寺　宿寺　夜感　江行即事　宿迁道中　燕台有怀六首　重有怀六首　偕海帆自灵隐登韬光寺　游云栖寺　阜阳道中口占以上七言律　再上姬传先生二十二韵　留别李苏门赞府兼示沈文浦二十二韵　寄怀张小阮二十二韵　即送其公车北上　再寄陈大冶以上五言长律　题剪衣图　闺情五首　静坐二首　古意十一首　有怀四首　宴集二首　闺怨五首　拟古五首　偶成　采莲曲十三首　幽居　独坐　春闺曲十一首　闺中消夏词十一首　湖上曲　忆昨五首　闺忆　春思　古意三首　闺意　山居　闺情　小别　新月二首以上五言绝　偶兴二首　拟唐人边庭四时词四首　宫怨三首　即事二首　皖城口占　秋怀　夜集　偶句　闺情　闺词三首　途中口占抵扬州　渡漳河　将抵里门阻雨　题程赤霞白秋海棠诗后三首　渡木樨河至金山古寺以上七言绝

骈文　游石钟山记　枞江游记　与吴理庵先生书　与光律原书　与许农生书　赠郑梦白明府序　再与光律原书　书司马迁货殖列传后　小园记　赠陶子静序　赠沈闰生序　与周伯恬书　与方彦闻书　与王子卿太守论骈体书　书文心雕龙后　雾都行记　孔城北游记　嘉树记　查口记　与朱鲁岑书　赠查梅史明府序　赠章完素明府序　艺园记

论说类　义理说　贾谊论　荀卿论　学论上中下　贵齿论　春秋责贤者备论

序跋类　书韩退之伯夷颂后　书退之与于襄阳书后

书牍类　复陈编修书　上蒋砺堂大司马书　上曾宾谷方伯书　与阮芸台宫保论文书　与张古余太守书　上汪瑟庵大宗伯书　与朱鲁岑书　与倪颖符书　再与倪颖符书　再与鲁岑书

赠序类　赠周海樵先生序　赠万香海序　赠吴子方序　赠陆子愉序　赠龚若士检讨序　赠左筐叔序　送宋思安归里序　送吴孝廉至京师序

传状类　张阮林传　吴生甫先生传

杂记类　游三叠泉记　过岐岭记　游小龙兴记　游寨山林记　游九龙山记　游乍浦记　渡海登小落伽山记　云心草堂图记　江右行记

词赋类　越游解

　　右诗四百四十六首，骈文二十三篇，古文四十篇。论学主程朱而不废考据，一承姚氏之说。论文尚汉魏而颇主偶丽，则异姚氏所论。

　　其论文以汉人之气体，运八家之成法曰："文章之变，至八家而极盛。文章之道，至八家而始衰。谓之盛者，由其体之备于八家也，为之者各有心得，而后乃成为八家也。谓之衰者，由其美之尽于八家也，学之者不克远溯，而亦即限于八家也。夫专为八家者，必不能如八家；其道有三：韩退之约六经之旨，兼众家之长，尚矣！柳子厚则深于《国语》；王介甫则原于经术；永叔则传神于史迁；苏氏则取裁于《国策》；子固则衍派于匡、刘；皆得力于汉以上者也！今不求其用力之所自，而但规仿其辞，遂可以为八家乎！其失一也。汉人莫不能为文，虽素不习者，亦皆工妙；彼非有意为文也，忠爱之谊，悱恻之思，宏伟之识，奇肆之辩，诙谐之辞，出之于自然，任其所至而无不咸宜，故气体高浑，难以迹窥；八家则未免有意矣！夫寸寸而度之，至丈必差；效之过甚，拘于绳尺而不得其天然；其失二也。自屈原宋玉工于言辞。庄辛之说楚王，李斯之谏逐客，皆祖其瑰丽。及相如子云为之；则玉色而金声。枚乘邹阳为之，则情深而文明。由汉以来，莫之或废。韩退之取相如之奇丽，法子云之闳肆，故能推陈出新，征引波澜，锵锽金石以穷极声色。柳子厚亦知此意，善于造练，增益辞采，而但不能割爱。宋贤则洗涤尽矣！夫退之起八代之衰，非尽扫八代而去之也，但取其精而汰其粗，化其腐而出其奇；其实八代之美，退之未尝不备有也！宋诸家叠出，乃举而空之。子瞻又扫之太过，于是文体薄弱，无复沉浸醲郁之美，瑰奇壮伟之观；所以不能追古者，未始不由乎此！夫体不备，不可以为成人。辞不足，不可以为成文。宋贤于此不察，而祖述之者，并西汉瑰丽之文而皆不敢学。其失三也。然而志于为文者，其功必自八家始。何以言之？文莫盛于西汉；而汉人所谓文者，但有奏对封事，皆告君之体耳。书序虽亦有之，不克多见。至昌黎始工为赠送碑志之文；柳州始创为山水杂记之体；庐陵始专精于序事；眉山始穷力于策论；序经以临川为优；记学以南丰称首；故文之义法，至史汉而已备；文之体制，至八家而乃全；彼固予人以有定之程式也。学者必先从事于此，而后有成法可循，否则虽锐意欲学秦汉，亦茫无津涯。然既得门径而犹囿于八家，所见不高，所挟不宏，斯为明代之作者而已！故善学文者，其始必用力于八家，而后得所从入；其中必进之以《史》、《汉》，而后克以有成。然犹未足以尽之也！退之以六经为文，而徒出入于《诗》、《书》，他经则未能也！

夫孔子作《系辞》，孟子作七篇，曾子阐其传以述《大学》，子思困于宋而述《中庸》，七十子之徒各推明先王之道以为《礼记》，岂独义理之明备云尔哉，其言固古今之至文也。世之真好学者，必实有得于此，而后能明道以修辞；于是乎从容于《孝经》以发其端，讽诵于典谟训诰以庄其体，涵咏于《国风》以深其情，反覆于变雅、《离骚》以致其怨；如是而以为未足也，则有《左氏》之宏富，《国语》之修整，益之以《公羊》、《穀梁》之清深；如是而以为未足也，则有《大戴记》之条畅，《考工记》之精巧，兼之以荀卿扬雄之切实；如是而犹以为未足，则有《老子》之浑古，庄周之骀荡，《列子》之奇肆，管夷吾之劲直，韩非之峭刻，孙武之简明，可以使之开涤智识，感发意趣；如是术艺既广而更欲以括其流也，则有《吕览》之赅洽，《淮南》之瑰玮，合万物百家以泛滥厥辞，吾取其华而不取其实；如是众美既具而更欲以尽其变也，则有《山海经》之怪艳，《洪范传》之陆离，《素问》、《灵枢》之奥衍、精微，穷天地事物以错综厥旨，吾取其博而不取其侈。凡此者，皆太史公所遍观以资其业者也，皆汉人所节取以成其能者也；而变而出之，又有自道；食焉而不能化，犹未为神明其技者也。有志于文章者，将殚精竭思于此乎？抑上及《史》、《汉》而遂已乎？将专求之八家而安于所习乎？且八家之称何自乎？自归安茅氏始也。退之之才，上比扬子云，自班固以下皆不及，而乃与苏子由同列于八家，异矣！退之之文，冠于八家之前而犹屈。子由之文，即次于八家之末而犹惭。使后人不足于八家者，苏子由为之也！使八家不远于古人者，韩退之为之也！

  吾乡望溪先生深知古人作文义法，其气味高澹醇厚，非独王遵岩、唐荆川有所不逮；即较之子由亦似胜之。然望溪丰于理而啬于辞，谨严精实则有余，雄奇变化则不足，亦能醇不能肆之故也！夫震川熟于《史》、《汉》矣，学欧曾而有得，卓乎可传；然不能进于古者，不能不囿于八家也。望溪之弊，与震川同；然其大体雅正，可以楷模后学，要不能不推为一代之正宗也！学《史》、《汉》者，由八家而入；学八家者，由震川望溪而入；由是明道修辞，以汉人之气体，运八家之成法，本之以六经，参之以周末诸子，则所谓争美古人者，庶几其有在焉！"见《与阮芸台宫保论文书》。

其论《文心雕龙》与退之之论有合曰："永嘉以降，文格渐弱，体密而近缛，言丽而斗新，藻绘沸腾，朱紫夸耀，虫小而多异响，木弱而有繁枝，理讪于辞，文灭其质；求其是非不谬，华实并隆，以骈俪之言而有驰骤之势，含飞动之彩，极瑰玮之观，其惟刘彦和乎！以为：钟鼓琴瑟，所以理性也，而亦可以惛性。黼黻文章，所以饰情也，而亦可以掩情。故名川三百，非无本之泉；宝璧十双，皆自然之质也；是宜寻源于经传，毓材于性灵，问途于古先，假径于贤材，求溢藻于神爵而后，想盛事于青龙以前，磅礴以发端，感叹以导兴，优柔以竟业，慷慨而命辞；故论及神思，则寸心捷于百灵；论及体性，则八途包乎万变；论及风骨，则资力于天半之鸾凤；论及情采，则借色于木末之芙蓉；论其夸饰，则因山而言高；论其隐秀，则耸条而独拔；示人以璞，探骊得珠，华而不汩其真，炼而不亏于气，健而不伤于激，繁而不失之芜，辨而不逞其偏，核而不邻于刻，文犀骇目，万舞动心，诚旷世之宏材，轶群之奇构也！前修言文，莫不引重。自韩退之崛起于唐，学者宗法其言；而是书几为所掩。然彦和之生，先于昌黎，而其论乃能相合；是其见已卓于古人，但其体未脱夫时习耳！夫墨子锦衣适荆，无损其俭。子路鼎食于楚，岂足为奢。夫文亦取其是而已，奚得以其俳而弃不重哉！然则昌黎为汉以后散体之杰出，彦和为晋以下骈体之大宗，各树其长，各穷其力，宝光精气，终不能掩也！"见《书文心雕龙后》。

"夫文辞一术，体虽百变，道本同源，经纬错以成文，元黄合而为采。故骈之与散，并派而争流，殊涂而合辙；千枝竞秀，乃独木之荣；九子异形，本一龙之产。故骈中无散，则气壅而难疏；散中无骈，则辞孤而易瘠；两者但可相成，不能偏废。世儒执墟曲之见，腾坎井之波，宗散者鄙俪词为俳优，宗骈者以单行为薄弱；是犹恩甲而仇乙，是夏而非冬也。夫骈散之分，非理有参差，实言殊浓淡，或为绘绣之饰，或为布帛之温；究其要归，终无异致；推厥所自，俱出圣经。夫经语皆朴，惟《诗》、《易》独华。《诗》之比物也杂，故辞婉而妍。《易》之造像也幽，故辞惊而创。骈语之采色，于是乎出。《尚书》严重而体势本方。《周官》整齐而文法多比。《戴记》工累叠之语，《系辞》开属对之门。《尔雅·释天》以下，句皆珠连，《左氏》叙事之中，言多绮合。骈语之体制，于是乎生。是则文有骈散，如树之有枝干，草之有花萼，初无彼此之别；所可言者，一以理为宗，一以辞为主耳。夫理未尝不藉乎辞；辞亦未尝能外乎理；而偏胜之弊，遂至两歧；始则土石同生，终乃冰炭相格。由唐及宋，骈俪之文，变体已极，而古法浸微，国朝作者起而振之，因骨理而加肤泽，易红紫而为朱蓝，穷波讨源，以雅代郑，意云善矣，法云正矣！然袭末流者既不归准衡，追古制者亦多滞形貌，八珍列而味爽，五官具而神离；良由胎意尚薄，藻饰徒工，情旨未深，意兴不飞之所致也。"见《与王子卿太守论骈体书》。所以推勘骈散相用之理者甚尽，抑与师门殊趣焉。

仪卫轩诗集五卷　文集十二卷　文外集一卷

桐城方东树字植之撰。东树与同邑方苞同姓而别族。曾大父泽，优贡生，候选知县。生平论学宗朱子，而为科举文宗明艾千子，诗似宋杨秘监；姚鼐尝师事焉。父绩，诸生，事鼐为弟子；著有《经史札记》、《屈子正音》、《鹤鸣集》。生东树，自少喜为古文辞；二十二岁，之江宁。时鼐主钟山书院，东树遂受学焉，与同里刘开及上元梅曾亮、管同，并为鼐所亟赏，称姚门四杰。东树自少力学，泛览经史百家之书，而独契朱子之言，每日鸡初鸣即起，矻矻铅椠，至漏下三十刻就寝，有得辄记之；或中夜揽衣起，书所记，名《待定录》，百余卷，凡格致修齐治平之理，无不备。乾嘉间，学者崇尚考证，专求训诂名物之微，名曰汉学，穿凿破碎，有害大道，名为治经，实足以乱经；又复肆言攻诋朱子。道光初，其焰尤炽！东树忧之，乃著《汉学商兑》上中下三卷，其指在申宋学以绌汉学，箴废起疾，议论凿凿，词笔既明快，足以达其所见；考据尤详该，足以证其不诬。汉学家每以考据傲宋学之不逮，而东树即以考据发汉学之覆；晰而不枝，核而能当，即以其人之道，还治其人之身；实开后来陈东塾朱无邪一派，博学明辨，未可以文章之士而少之也。仪征阮元方以名士为达官总督两广，而创建学海堂，辑刻《皇清经解》，以汉学唱导多士；东树授经其幕，兼阅学海堂课文，遂以是书上之；元意大忤！东树又以元落成学海堂之明年初春，首以学者愿著何书策堂中学徒；东树因慨后世著书太易而多，殆有孔子所谓不知而作者，因诵往哲遗言及臆见所及，为十有六论以成《书林扬觯》二卷。又著《昭昧詹言》十卷，论诗学旨要。大略谓古人诗，学者当求之于义理蕴蓄、本领根源、精神气脉，不可袭其形貌；宜力守韩公"陈言务去"之戒，及山谷"随人作计终后人"二语，而又以"文从字顺各识职"为归。它所著书，有《大意尊闻》《一得拳膺录》、《进修谱》、《未能录》、《最后微言》、《思适居铃语》、《山天衣闻》等书，好构深湛之思，博辨醇茂，而言必有物；学问宏通，四杰之冠；而文章则于四人为最下。好为持论，由苏轼以敚庄周，骏利而未免滑易，顿宕而嫌未沉着；自序称："吾为文务尽其事之理而足乎人之心，窃希慕乎曾南丰朱子论事说理之作，顾不善学之，遂流为滑易好尽，发言平直，措意儒缓，行气柔慢而失其国能；于古人雄奇高浑，沽健深妙，波澜意度全无。"寸心得失，匪不自知！然弥纶群言，研精一理，无辞不达，有意必透，抑扬爽朗，殊豁人意！骈文则仗气爱奇，不为纤靡；然而疏宕有余，藻采不足！至诗则横空盘硬，好作生语；评某人诗云："只因词熟，转晦意新！"由黄庭坚敚韩愈以窥杜甫，力避俗熟，自是姚门师法，惜其词句排奡而未臻妥帖，意境兀傲而未及华妙！而五七言绝，独缘情绮靡，出以清丽，不为拗体。其诗文集皆自定，而同邑后学郑福照辑《年谱》以殿文集之末焉。采录可诵，写目如左。

诗类　云泉山馆拟王右丞蓝田石门精舍　西郊游眺拟柳　柳州南涧中题　读孟郊诗　闻莺　真州城东观荷　丙申六月初六日同人宴集西郊吴氏似园作此呈主人　华阳镇阻风　马当遇风变　上滩　始兴江口望韶州石多奇念昔人吟咏皆傅著舜乐既辞客而意痴土人言其气凶恶主盗亦昧其佳折而作诗　浈阳峡　观音岩清远峡　飞来寺　将至广州舟中遣怀寄故乡诸友　遣兴六首　月　九日登粤秀山过曾勉士红棉

寺寓馆以上五言古　庭前红梅花三首　小孤山扶桑花　梦游罗浮拟李翰林梦游天姥吟　游六榕寺拟韩退之山石　试西樵茶恩平绿石砚　拟黄山谷团茶洮州绿石砚诗　儒林乡渔庄图拟虞道园渔村图　中秋玩月拟高青邱张校理宅得南字　唐荔园为阮公子赋以上七言古　春怨词三首　秋柳以上五言绝　庐江道中　晚抵临安　玉山道中效元人体二首　赠别梅花以上七言绝

骈文　孔雀赋　学海堂铭　汉晋名誉考　谢邓中丞启

论说类　原学　辨道论　杂说一　化民正俗对

序跋类　汉学商兑序　汉学商兑重序　节孝总旌录序　马氏诗钞序　刘悌堂诗集序　书法言后　书望溪先生集后　书惜抱先生墓志后　马一斋先生遗书跋　族谱序　族谱后述上下篇

书牍类　答叶溥求论古文书　答人论文书

赠序类　送毛生甫序

传状类　先友记　曾大父逸事

碑志类　管异之墓志铭　刘君应台暨夫人吴氏合葬墓志铭

右诗四十三首，骈文四篇，古文二十三篇。自谓："仆之文粗，而犷气未除；其于古人精醇境地，实未能臻！"见《复戴存庄书》。"在岭南所为者，尤粗豪放纵，时乱以浅俗常语，无复古人韵格；独其论议稍有可采。"见《复罗月川太守书》。"性喜庄老及程、朱、陆、王诸贤书，读之若其言皆如吾心之所发者；以观近时人文字，辄见其踳驳谬盭为不当意。"见《答姚石甫书》。论学以明道为要归，宗朱子而斥考据；论文以精诵为入手，师姚氏而戒剽袭。

其论清儒之言汉学曰："三代以上，无经之名。经始于周公孔子。乐正崇四术，春秋教以礼乐，冬夏教以《诗》、《书》。及至春秋，旧法已亡，旧俗已熄，诈谋用而仁义之路塞。孔子惧，乃修明文、武、周公之道以制义法而作《春秋》。《春秋》亦经也，孔子虽未尝以是教人，然其平日所雅言于人者，莫非《春秋》之义也！卫君待子为政。子曰：'必也正名乎！'陈恒弑其君，请讨之。季氏伐颛臾，旅泰山，则便欲止之。此皆《春秋》之义也。故庄子曰：'《诗》以道志。《书》以道事。《礼》以道行。《乐》以道和。《易》以道阴阳。《春秋》以道名分。'六经之为道不同，而其以致用则一也；此周公孔子之教也。及秦兼天下，席狙诈之俗，肆暴虐之威，遂乃荡灭先王之典法，焚烧《诗》、《书》；于时不特经之用不兴，并其文字而殄灭之矣！汉兴，购求遗经。于是群经始稍稍复出，或得之屋壁，或得之淹中，或得之宿儒之口授；而固已残缺失次，断烂不全；赖其时一二老师大儒，辛勤补缀，修明而辑治之；于是《易》有四家，《书》与《诗》三家，《礼》、《春秋》二家，号为十四博士；则章句所由兴，家法所由异；汉儒之功，为不可没矣！自是而至东京、魏、晋以逮南北朝诸儒，递相衍说，辨益以详，义益以明，而其为说亦益以多矣！及至唐人，乃为之定本定注，作为《释文》，举八代数百年之纷纭，一朝而大定焉，然其于周公孔子之用，犹未有以明之也！及至宋代，程朱诸子出，始因其文字以求圣人之心，而有以得其精微之际，语之无疵，行之无弊；然后周公孔子之真体大用，如拨云雾而睹日月。由今而论：汉儒宋儒之功，并为先圣所攸赖，有精粗而无轩轾，盖时代使然也！道隐于小成，辩生于末学，惑中于狂疾，诞起于妄庸！南宋庆元以来，朱子既没，微言未绝；而有钜子数辈，蜂起于世，奋其私智，尚其边见，逞其驳杂，新慧小辩，各私意见，务反朱子；其所谓道非道，而所言之韪，不免于非；其于道概乎未尝有闻者也。逮于近世，为汉学者，非蔽益甚，其识益陋；其所挟惟取汉儒破碎穿凿谬说，扬其波而汩其流，抵掌攘袂，明目张胆，惟以诋宋儒攻朱子为急务；要之不知学之有统，道之有归，聊相与逞志快意以骛名而已。吾尝譬之：经者，良苗也。汉儒者，农夫之勤菑畬者也，耕而耘之以殖其禾稼，宋儒者，获而舂之，蒸而食之，以资其性命，养其躯体，益其精神也。非汉儒耕之，则宋儒不得食。宋儒不舂而食之，则禾稼蔽亩，弃于无用，而群生无以资其性命。今之为汉学者，则取其遗秉滞穗而复殖之，因以笑舂食者之非，日夜不息，曰吾将以助农夫之耕耘也。卒其所殖，不能用以置五升之饭，先生不得饱，弟子长饥，以此教人，导之为愚；以此自力，固不获益；毕世治经，无一言几于道，无一言及于用，以为经之事尽于此耳矣！其生也勤，其死也虚；其求在外，使人狂，使人昏荡！"见《汉学商兑重序》。而"以言心言性言理为厉禁，著书以辟宋儒，攻朱子，海内名卿巨公，高才硕学数十家，递相祖述，膏唇拭舌。究其所以为之罪者，不过三端：一则以其讲学标榜，门户分争，为害于家国。一则以其言心言性言理，堕于空虚；心学禅宗，为歧于圣道。一则以其高谈性命，束书不观，空疏不学，为荒于经术。而其人所以为言之指，亦有数等：若黄东发、万季野、顾亭林辈，自是目击时弊，意有所激，创为捄病之论，而析义未精，言之失当。杨用修、焦弱侯、毛大可辈，则出于浅肆矜名，深妒《宋史》创立《道学传》，若加乎《儒林》之上；缘隙奋笔，忿设诐辞。若夫好学而愚，如东吴惠氏，武进臧氏，则为暗于是非。自是以来，汉学大盛，新编林立，声气扇和，专与宋儒为水火，而其人类皆以鸿名博学，为士林所重，驰骋笔舌，贯穿百家；遂使数十年间承学之士，耳目心思，为之大障！历观诸家之书，所以标宗旨，峻门户，上援通贤，下訾流俗，众口一舌，不出于训诂小学名物制度；弃本贵末，违戾诋诬，于圣人躬行求仁修齐治平之教，一切抹杀，名为治经，实足乱经；名为卫道，实则畔道。昔孟子不得已而好辩，欲以息邪说，正人心。窃以孔子没后千五百余岁，经义学脉，至宋儒讲辩，始得圣人之真。今诸人边见颠倒，利本之颠，必欲寻汉人纷歧异说，复汩乱而晦蚀之，致使人失其是非之心；其有害于世教学术，百倍于禅与心学！又若李塨等以讲学不同，乃至说经必故与宋人相反，虽行谊可尚，而妒惑任情，亦所不解！"见《汉学商兑序》。"至于考证之学，盖自汉代以还，通儒宿学，读书审慎，是正脱误，辨审异同，诂解音声，钩釽章句，其大者毛音郑笺，与道相扶；其次者名物典章，于政为辅；历世既远，著述转纷，通才硕彦，接踵而出；使来学者变学究，破伧陋，以炳于经籍之府；其用亦可谓宏矣！国朝考据之学，超越前古，其著书专门名家者，自诸经外，历算、天文、音韵、小学、舆地、考史，抉摘精微，折衷明当，如昆山、四明、太原、宣城、秀水、德清，根柢学问，醇正典雅，言论风采，深厚和平，夐矣尚矣！虽汉唐名儒，不过于斯矣！及乎惠氏戴氏之学出，以汉儒为门户，诋宋学为空疏；一时在上位者，若朱笥河先生及文正公昆弟，纪尚书、邵学士、钱宫詹、王光禄及兰泉侍郎、卢抱经学士十数辈，承之而起；于是风气又一变矣！此诸公者，类皆天姿茂异，卓越等伦，强识博辩，万卷在口，能使有学者骛厥耳，无闻者荡厥心，驰骋笔舌，论议涛涌。然而末流易杂，变本加厉，弊亦生焉！海内英俊，倾其风，艳其舌，怀其利，相与掇拾破碎，搜觅群书，苟获一字新义，即诧为贾人得宝，违背理本，弃心任目，不顾文义之安，但出于汉者主之，出于宋者非之，诧为辅经，实足乱经，始不过主张门户，既肆焉无忌，则专以攻宋儒为功，主名诋骂，视同仇敌，几于恶闻其声而比之于罪人；此其风实自惠氏戴氏开之，而扬州为尤甚！及其又次者，行义不必检，文理不必通，身心性命未之闻，经济文章不必讲，流宕风气，人主出奴，但手一部《说文》，即侈然自命绝业。朱子有言：'书愈多而理愈昧，读书愈勤而心愈肆。浮名愈盛，而行义德业愈无以逮乎古人。'不知孔子所以教人为学者，果若是已乎！昔孔子辞多能博学，而诏及门'文莫吾犹人'。孟子曰：'博学而详说之，将以反说约也。学不反约，而以有涯之知，逐于无涯之场，其间岂不有才，所患在于无本！"见《复罗月川太守书》。"有正言繁称，而人不悟，且厌之者。有旁见侧出，无意立言，自然流出，见者如获异闻，深解意趣而因以明道者；古之善言者，盖尝有若是！之人也，之言也，非蕲取于人而以求售其言也。孟子曰：'观水有术，必观其澜。日月有明，容光必照焉。'有本焉如是耳！见世之著书，剽窃苟且，速以岁月而邀名者皆是；渊潜静深于大本，积而厚发者不数遘；卒其速成邀名者终速朽，而无名而不数遘者，人转以其希有而贵之，如法物焉！于是浩帙重编，有不若微文细意者矣！竟陵胡承诺著《绎志》六十一篇，辑粹儒门精言；而伛侗纷沓，心尚粗粗，如库藏簿，大官庖，以夸窭人饿夫；又如以饴蜜粔籹喂婴儿；未饱者不得饱，既饱者虑或损肠胃；嗟乎！《绎志》其一耳！"见《马二齐先生遗书跋》。"近世言考证之宗，首推深宁王氏、亭林顾氏、太原阎氏。吾观王顾二家之书，体用不同，而皆足资于学者而莫能废；非独其言核实而无诬罔之失；亦其著书旨趣，犹有本领根源故也，阎氏则不逮矣！然亦颇博物条畅，多所发明；读其言如循近涧，观清泉，白石游鳞，一一目可数，指可掬，其用功涂辙，居然可寻见；异于池竭而自中不出者也！特其体例不免伧陋，气象矜忿迫隘，悻悻然类小丈夫之所发；故不逮王顾两家渊懿渟蓄，托意深厚，类例有伦；此固存乎其人之识与养焉已！"见《潜邱札记书后》。

其论汉学之敝，必归陆王曰："以孔子为归，以六经为宗，以德为本，以理为主，以道为门，旁开圣则，蠢迪检押，广而不肆，周而不泰；学问之道，有在于是者，程朱以之！以孔子为归，以六经为宗，以德为本，以理为主，以道为门，以精为心，以约为纪，广而肆，周而泰；学问之道，有在于是者！陆王以之！以六经为宗，以章句为本，以训诂为主，以博辨为门，以同异为攻，不概于道，不协于理，不顾其所安，骛名干泽，若飘风之还而不倦，亦辟乎佛，亦攻乎陆王，而尤异端寇仇乎程朱；今时之敝，盖有在于是者，名曰考证汉学，其为说以文害辞，以辞害意，弃心而任目，刓敝精神而无益于世用；其言盈天下，其离经畔道，过于杨、墨、佛、老，而吾置不辨者，非为其不足以陷溺乎人心也；以为其说粗，其失易晓而不足辨也。使其人稍有所悟而反乎己，则必翻然厌之矣！翻然厌之，则必于陆王是归矣！何则？人心之荡而无止，好为异以矜已，迪知于道者寡；则苟以自多而已！方其为汉学考证也，固以天下之方术，为无以加此矣！及其反己而知厌之也，必务锐入于内。陆王者，其说高而可悦；其言造之之方，捷而易获；人情好高而就易；又其道托于圣人，其为理精妙而可喜；托于圣人，则以为无诡于正；精妙可喜，则师心而入之也无穷；如此，则见以为天下之方术，真无以易此矣！故曰：人心溺于势利者可回；而溺于意见者不可回也！吾为辨乎陆王之异以伺其归，如弋者之张罗于路歧也，会鸟之倦而还者，必入之矣！陆、王、程、朱，同学乎圣，同明乎道，同欲有以立极于天下；然而不同者，则以所从入有顿与渐之分也。程朱者取于渐,陆王者取于顿。传曰:'自诚明谓之性,自明诚谓之教。'以其学而言,曰性曰教;以其候而言,曰顿曰渐。回其顿乎?参其渐乎?然而孔子立教,顿非所以也,必以渐焉。《论语》曰:'吾十有五而志于学。三十而立。四十而不惑。五十而知天命。六十而耳顺。七十而从心所欲,不逾矩。'《中庸》曰:'君子之道,譬如行远,必自迩;譬如登高,必自卑。'其列诚之目五曰:'博学之。审问之。慎思之。明辨之。笃行之。'颜子之照,邻于生知矣,而夫子教之,必曰'博文',曰'约礼'。及颜子既见卓尔,而追思得之之功,叹以为循循然善诱人。则夫子立教,不惟顿之以,而惟渐之以,亦明矣!并曾子而闻一贯者,惟子贡;而子贡之言夫子曰:'性与天道不可得闻。'故以实,则颜渊子贡贤于陆王;以迹,则陆王贤于颜渊子贡。且夫由颜渊子贡而至陆子,是千年而后生也;由陆氏而至王氏,是数百年而后见也!古今学者不绝于中,则渐之所磨以就者多也!渐者,上不至颜渊子贡,而不至欲从末由;下不至下愚,亦可攀援而几及;是故程朱之道,为接于孔门之统者,惟其渐之足循而万世无弊也!夫顿之所得者,心悟也;悟心之妙,上智之所难明,今为众人法,而以上智之所难明,则中人不得与焉矣!为其德之弗明也,而教之以明德;今以德之不明,而绝于明之望也,则其于教亦反矣!故圣人之教如天,陆王之教亦如天。圣人之教如天云者,苍苍然,东面西面,南面北面,立于地而无不见也。陆王之教如天云者,天不可阶而升,则将永为凡民以没世焉耳矣!虽然,成陆王者之过者,孟子也!子贡之称夫子曰:'夫子之不可及者,犹天之不可阶而升也。'公孙丑之称孟子曰:'道则高矣美矣,宜若登天然!何不使彼为可几及而日孳孳也!'"公孙丑之言,则适得孔子之意；而孟子引而不发，故曰：'成陆王之过者，孟子也。'孟子曰：'人皆可以为尧舜。''人皆可以为尧舜'云者，是瓦石亦有佛性之说也。以实言之，孔孟及佛及陆王，其等不同，其皆得乎性之上者也。惟圣、人知人性之不能皆上，亦不皆下；故不敢为高论，而恒举其中焉者以为教；此所以为中庸也！孟子、陆王则不然！以己之资，谓人亦必尔；虽曰诱之以使其至，而不顾导之以成其狂。故观于孟子之门，检押斧械，蔑如也！攀龙附凤，巽以扬之，益寡矣！陆氏方河决而天踔，其御心犹役奴隶也；然扇讼发明，止于心之精神一语，可谓率矣！及至王氏，一传而离，再传而放，不亦宜乎！故自孟子、陆、王至今，远或千年，近者数百年，而不闻复有孟子及陆王者，则孟子及陆王，固自由天授焉！夫以千年数百年而止有一孟子、陆、王，则是孟子及陆王，固不能人人皆尔；而孟子及陆王，必谓人皆可以为己者，其意甚仁，而其实固莫得也！则皆过高而失中焉之过也！孟子学乎孔子而正其统。陆王学乎孟子而流于佛。夫孟子于孔子，不可谓有二道也，而其流已如此；则百家所从分之异路，往而不返，何怪其然也！'耳目之官，不思而蔽于物；物交物，则引之而已矣！心之官则思，思则得之，不思则不得也，此天之所与我者。先立乎其大者,则其小者不能夺也。'此孟子之言也，而陆氏之学执之以为之术。'人之所不学而能者，其良能也。所不虑而知者，其良知也。孩提之童，无不知爱其亲也；及其长也，无不知敬其兄也。亲亲，仁也；敬长，义也；无他，达之天下也。'亦孟子之言也，而王氏之学执之以为之术。陆氏王氏，其取于孟子也同，其流而入于佛也亦同，而王氏之失弥甚！惟其人心道心之辨，执之者坚也！夫谓心惟一心，非有二心，佛氏之指，不可谓非妙契也。惟所谓一心者，与生俱生，人皆有之，然固失之六合之里，四方之内；往古来今，放而不知求者，几千年矣！孟子言本心云者，指道心而言之也；其言放而不知求，则以有人心之故也。人心乍出乍入，实止一心也。孔子曰：'操则存，舍则亡，出入无时，莫知其乡，惟心之谓欤！'程子之意，则谓出入也者，以操舍而言之也；心固无出入也。而佛氏直指道心，因诬谓无人心，遂诬谓无出入，甚而并心亦诬之谓无，而相与苦守一空，而尊谓之曰真如。呜呼！此亦求圣人从容中道而不得，因歧而迷惑之如此，可怜哉！其莫有觉而已其迷者也！尧、舜、孔子以道心人心出入言之，其为解至确，而其为方甚密。惟不敢忽乎人心也，所以有克治；有克治而后有问学；有问学而后有德，勤而后获；及其获之也，乃其所固有也，贞固不摇，历试而不可渝。若夫所谓一心者，转乎迷悟而为之名也；转乎迷悟而为之名，转者一，其不转者又一也。顿悟者，迪乎悟而为之名也；迪乎悟而为之名，悟者顿，其不悟者，顿不顿终莫可必也！然则所谓顿者未尝顿，所谓一者未尝一也！虽然，此其大介也。若夫彼学行业名实之所立，又非小儒粗学所能历其藩，了其义者也！吾尝学其道而略能语其故矣！盖彼所谓顿悟云者，其辞若易，而其践之甚难；其理若平无奇，其造之之端，崎岖窈窕，危险万方而卒莫易证；其象若近，其即之甚远；其于儒也，用异而体微同，事异而致功同，端末异而矼乎无妄同。世之学者弗能究也，惊其高而莫知其所为高，悦其易而卒莫能证其易，徒相与造为揣度近似之词；而影响之谈，或毗之，谓吾能知之；或呵之，谓吾能辟之；以是欲附于圣人之徒，而以羽翼夫大道也，而其说愈歧矣！夫惟不能无人心，故曰危。惟不能常道心，故曰执。今曰：'道心之外，不可增一人心'也。又曰：'天理在吾心，本完全而无待于存'也。呜呼！谭何容易耶！未尝反躬，故其言诬！未尝用力，故其言僭而不可信！颜渊问仁，子曰'克己复礼'；及请其目，则告之以非礼勿视听言动。今曰'学者但明理，理纯则自无欲'。呜呼！为此言者，是求胜于尧、舜、孔子也。"见《辨道论》。

其论文以知其所以为为难曰："古人文章，皆由自道所见；平日读书考道，胸中蓄理至多；及临事临文，举而书之，若泉之达，火之然，江河之决，沛然无所不注；所以义愈明，思愈密，而其文层见叠出而不可穷。使待题之至而后索之，乌有此妙哉！虽然，文章之道，得之非难，而为之难；为之非难，而知其所以为为难！"见《复罗月川太守书》。"若夫所以为之之方，可一朝讲而毕也。然而群喙鸣动，蓄心各异，是其所非，非其所是，颠倒妒惑，昧没不返。后学之士，欲求闻古人之真，举一世空无人焉。夫古之人，以其本而发之为文，轨迹不侔，家自为则；其人已亡，不能复起自言。俗士浅学，各蔽其愚，人各云云，吾亦云云；则乌知吾言之独是耶？人言之且非耶？就令吾言是矣，而古人已死，其孰从而定之！且人之言曰：'为文宜何若，何去何取'；吾弗过而问焉。吾之言曰：'为文宜何若，何去何取'；人亦弗过而问焉。退之有言：'究不知直似古人，又何得于今人也！'而要有不易之论，不可已之情者，吾取不诡古人，不迷来学，自是吾心而已。故凡吾所论文，每与时人相反，以为：文章之道，必师古人，而不可袭乎古人；必识古人之所以难，然后可以成吾之是；善因善创，知正知奇，博学之以别其异，研说之以会其同。方其专思壹虑也，崇之无与为对，信之无与为惑，务之无与为先，扫群议，遗毁誉，强植不可回也，贪欲不可已也。及乎议论既工，比兴既得，格律音响既肖，而犹若吾文未足追配古作者而无愧也；于是委蛇放舍，绵绵不勤，舒迟黯会，时忽冥遇，久之乃益得乎古人之精神而有以周知其变态。是故文章之难，非得之难，为之实难！道德以为体，圣贤以为宗，经史以为质，兵刑政理以为用，人事之阴阳善恶，穷通常变，悲愉歌泣，凌杂深赜以为之施，天地风云，日星河岳，草木禽兽，鱼虫花石之高旷夷险，清明黲露，奇丽诡谲，一切可喜可骇之状以为之情；及其营之于口而书之于纸也；创意造言，导气扶理，雄深骏远，瑰奇宏桀，蟠空直达，无一字不自己出；而后吾之心胸面目，声音笑貌，若与古人偕出没隐见于前；而又惧其相似也而力避之，恶其露也而力覆之，嫌其费也而力损之；质而不俚，疏而不放，密而不僿，阴阳蔽亏，天机阖开，端倪万变，不可放物。盖自孟、韩、左、马、庄、骚、贾谊、扬雄、韩、欧以来，别有能事；而非艰深险怪，秃削浅俗，与夫饾饤剿袭，所可袭而取之者也！夫文，亦第期各适一世之用而已，而必刿心刳肺，斷斷焉以师乎古人，若此者何也？以为不如是，则不足以为文也；此固无二道也！尝观于江河之水矣！谓今之水，非昔之水耶？则今之水所以异于昔者安在？谓今之水，犹昔之水耶？则昔之水已前逝，今之水方续流也；古之人，不探饮乎今之水；今之人，不扢酌乎古之水；古水今水，是二非一，人皆知之；古水今水，是一非二，则慧者难辨矣。蚩蚩者日饮乎今之水，有人曰吾必饮乎古之水，而不饮今之水；则人必笑之矣。蚩蚩者日饮乎今之水，有人曰若所饮今之水，实仍即古之水；则人猝然未有不罔于心而中夫惑疾者也。夫有孟、韩、庄、骚而复有迁、固、向、雄，有迁、固、向、雄而复有韩、柳，有韩、柳而复有欧、苏、曾、王；此古今之水相续流者也；顺而同之也。而由欧、苏、曾、王，逆推之以至孟、韩，道术不同，出处不同，论议本末不同，所纪职官名物时事情状不同；乃至取用辞字句格文质不同；而卒其所以为文之方，无弗同焉者，此今水仍古水之说也；逆而同之也。古今之水不同，同者湿性；古今之文不同，同者气脉也。虽然，使为文者，古人已云云矣；吾今复取古人所云而亦云之，则古人为一文，已足万世之用；而复何待于吾言乎！夫文犹己也；生民以来，四海之众，而中以有己；立己于此，将使天下确信知有是人也，则必不俟假他人之衣冠笑貌以为之，亦明矣！奈何世之为文者，徒剽袭乎陈言，渔猎乎他人而以之为己也；是故为文之难，非合之难，而离之实难！虽然，合可言也，离不可言也；故凡论文者，苟可以言其致力之处，惟在先求其合。苟真知所以为合，则以语于离，不难知矣！若于古人艰穷怪变之境，不知其艰，而以为与己不甚相远也；则其人又不足以语于合之说者也！真力不至，则精识不生！史言大秦国有骇鸡犀，置犀于地，鸡见之却走；而人之过之者，蹴踏践履，童孺丈夫，千百而无稍异也；岂人之智不若鸡欤？彼其性不相习，则其天弗能通也！世之俗士，名为读书；彼其于古作者之制，实未尝相习；故其天弗能通，亦若是也已！粤无雪，士人见微霜，目之为雪；此不可以口舌喻也！是故文章之难，非真信之难，真知之实难！"见《答叶溥求论古文书》。"退之论文，屡称扬子，而不及董子；盖文以奇为贵，而董子病于儒；余闻之刘先生说如此。然窃以退之所好扬子文，亦谓其赋及他杂文耳；若《法言》、《太玄》，理浅而词艰，节短而气促，非文之工者也！退之所好不在此！夫立言者，皆欲其不弃矣；而不能为不可弃者，理不当而辞不文也！文其辞而无当于理者，有之矣；未有当于理而其辞不文者也。扬子徒知为不可弃，而不务培其本；毕生用力造字句已耳！或曰：扬子成《太玄》，桓谭以为后世复有子云者，必能好之；及宋司马温公果笃嗜其书，意有其奥而世鲜知耶？余曰：不然！夫孟、荀、扬、韩虽并称；然孟氏之道，班于圣人；今读其书，充然沛然，高下曲折，涵天地而无极，指事而无不尽焉；曷尝待于入黄泉，出青天，若扬子之所耶！夫以扬氏书与孟氏相比，差等殊绝，若河潦之不可同观如彼；而司马氏犹非孟子而尊扬子，是尚得为知言乎哉！"见《书法言后》。

其论学古人之文，宜精读而出之勿易曰："自明临海朱右伯贤定选唐宋韩、柳、欧、曾、苏、王六家文；其后茅氏坤析苏氏而三之，号曰八家。五百年来，海内学者，奉为准绳，无敢异论，往往以奇才异资，穷毕生之力，极精敏勤苦，踊跃万方，冀得继于其后，而卒莫能与之并；盖其难也！夫唐以前，无专为古文之学者；宋以前，无专揭古文为号者。盖文无古今，随事以适当时之用而已；然其至者，乃并载道与德以出之，三代、秦、汉之书可见也。顾其始也，判精粗于事与道；其末也，乃区美恶于体与辞；又其降也，乃辨是非于义与法。噫！论文而及于体与辞，义与法，抑末矣！而后世至且执为绝业专家，旷百年而不一遘其人焉！岂非以其义法之是非，辞体之美恶，即为事与道显晦之所寄，而不可昧而杂，冒而托也！文章者，道之器；体与辞者，文章之质；范其质，使肥瘠修短合度，欲有妍而无媸也，则存乎义与法。近世论者谓八家后，于明推归太仆震川；于国朝推方侍郎望溪、刘学博海峰以及姚惜抱先生而三焉！余读侍郎文，叹其说理之精，持论之笃，沉然黯然，纸上如有不可夺之状；而特怪其文重滞不起，观之无飞动票姚趺宕之势，诵之无铿锵鼓舞抗坠之声，即而求之，无玄黄采色；不能创造奇辞奥句，又好承用旧语；而于退之论文之说，未全当焉！而笃于论文者，谓自明归太仆后，惟侍郎为能得唐宋大家之传。惟余亦心谓然也！盖退之因文见道，其所谓道，由于自得；道不必粹精，而文之雄奇疏古，浑直恣肆，反得自见其精神。侍郎则袭于程朱道学已明之后，力求充其知，而务周防焉，不敢肆；故议论愈密，而措语矜慎，文气转拘束，不能宏放也。先后诸公，学既不能如侍郎之深，而又憎于所谓义法者；故文不能如侍郎之洁，而知所镕裁以合化于古；而侍郎遂翛然于二百年文家之上，而莫敢与抗矣！侍郎之文，静重博厚，极天下之物赜而无不持载，泰山岩岩，鲁邦所瞻；拟诸形容，象地之德焉；是深于学者也。学博之文，日丽春敷，风云变态，言尽矣，而观者犹若浩浩然不可穷；拟诸形容，象太空之无际焉；是优于才者也。姚氏之文，纡余卓荦，樽节櫽括，托于笔墨者净洁而精微，譬如道人德士，接对之久，使人自深，是皆能各以其面目自见于天下后世，于以追配乎古作者而无忝也！学博论文主品藻，侍郎论文主义法。要之不知品藻，则其讲于义法也惷。不解义法，则其貌夫品藻也滑耀而浮。姚氏后出，尤以识胜；知有以取其长，济其偏，止其敝，此所以配为三家，如鼎足之不可废一！凡今东南学者，多好言古文，而盛推桐城三家；于三家之中，又喜称姚氏，有非姚氏之说，莫之从。呜呼！可谓盛矣！而吾独以为人知姚氏之文之美，犹未有能得其微妙深苦之心也；不得其心，则其于知也终未尽！夫学者欲学古人之文，必先在精诵，沉潜反覆，讽玩之深且久，暗通其气于运思置词迎距措置之会；然后其自为之以成其辞也，自然严而法，达而臧；否则心与古不相习，则往往高下短长，龃龉而不合；此虽致功浅末之务，非为文之本；然古人所以名当世而垂为后世法，其毕生得力，深苦微妙而不能以语人者，实在于此！"见《书惜抱先生墓志后》。"世之为文者，不乏高才博学，率未能反覆精诵以求喻夫古人之甘苦曲折；甘苦曲折之未喻，无惑乎其以轻心掉之而出之恒易也！若夫有知文之失在易，而出力以矫之，又往往辞艰而意短。辞艰意短者，气必弱，骨必轻，精神气脉音响必不王；是则其辞虽不易，而其出言之本领未深，犹之失于易而已！古之能精读者不若是！是故扬子云教桓谭作赋，必先读千赋。明归太仆尝于公车上取曾子固《书魏郑公传后》文，读之五十余遍，左右厌倦，而公犹津津余味未已！嗟乎！此所以继韩欧阳而独立，三百年无人与埒，岂偶然哉！"见《答人论文书》。"今为文者多，而精诵者少，以轻心掉之，以外铄速化期之，无惑乎其不逮古人也！"见《书惜抱先生墓志后》。要删其指，以备考论。

梅崖居士文集三十卷　外集八卷

建宁朱仕琇字斐瞻撰。仕琇，乾隆戊辰进士，散馆出为山东夏津县知县，以足疾改福宁府教授。其生平以古文词自力，其始欲抗周、秦、两汉，与荀卿、屈平、司马迁、扬雄诸子搏，必伏而盬其脑，然后导而汇之韩、柳、欧阳、王、曾、姚、虞以下，若首受而委逆也。及其晚而反复于遵岩震川诸家，心愈降而客气尽；于是奇辞奥旨，不合于道者鲜矣！所以自命者如此。而要其刻意学韩，力矫熟俗；虽造语未能如韩之雄奇瑰丽，而运笔实能得韩之盘折拗怒，曲而劲，峭以肆，笔情瘦硬，盖得孙樵王安石学韩之一体。晚乃心折归有光，蕲于辞简体峻，而出以优游，取其自然，则与桐城姚氏之学，殊涂同归；特其为文简峻有余，优游不足，自是能品；故与姚鼐之逸品有间耳！

盖仕琇学韩而媲于荆公之峻；鼐则由归以上窥永叔之逸也。其文始刻于乾隆二十四年乙卯，雷铉、林明伦、朱雍及其兄仕玠为序之。仕玠与仕琇兄弟齐名；仕玠以诗；仕琇以古文。此本乃乾隆四十七年壬寅所刻。其弟子新城鲁仕骥于仕琇卒之明年，汇其已刻未刻遗文，属大兴朱珪校而刻之，为《文集》三十卷，《外集》八卷。而《外集》第八卷后附《梅崖山人诗偶存》，四言三首，五言三十六首；其诗骨力峻苍，质而为绮，不尚矜饰，笃意真古，乃学陶渊明者也。三十卷之前，冠以朱珪序；而《外集》则殿以朱筠墓志铭及仕骥所为行状焉。采录可诵，篇目如左。

诗类　辛巳孟冬过松谷拟留肄业简枥园子用韦苏州司空主簿琴席与韩库部会王祠曹韵二首　水口精舍访族兄耘庐二首　松谷夏夜暮春宁立乎招饮一枝山房同人即席赋诗以鸣鸠乳燕青春深为韵分得鸠字　杂诗衰周起游说，神仙传不死，水牛狞行状，叔孙在患难，雾豹无隐姿，采药采参苓六首

论说类　原法　尧论上下

序跋类　迎銮曲序代　乐闲图序　崇本山房文集序　吴士林诗序　屏风集序　溪音序　鲁远怀诗集序　留踪集序　朱南冈诗集序　澄碧斋诗集序　黄石山人诗集序　莆风清籁集序代　莲麓画册诗序　半江书屋课艺序　徐邺侯制义序　金芑汀制义序　李早川制义序　余羽皋制义序　温陵先正文藏序　石臼陈氏族谱序　建宁大南何氏族谱序

书牍类　复沈侍郎书　上沈尚书书　答雷宪副书　与林穆庵书前作一字起句　与林穆庵书前作二札起句　重与林穆庵书　与林穆庵书东闽同事起句　又与陈绳庵书　复陈绳庵书　答陈来章书　三与李郁斋书　复李郁斋书　复家石君书　答鲁絜非书足下书辞起句　复答李絜非书　复黄临皋

书　答金生苣汀书　答李磻玉书　又答李磻玉书　与筠园书　复涂荣诏书　与潘立人书　复上杨副使书　答王光禄西庄书窃仕琇闻西之鄙人起句　与余羽皋书去岁闻欲起句　与族兄可南书　示子文佑书

赠序类　送傅少尹序　送同年荆荫南序　送叶蔚文南归序　送筠园之京师序　赠族兄羽健序　赠黄君序　巡抚余公七十寿序　邑侯余公寿序　李枥园六十寿序　鲁致堂七十寿序　屏峰山人六十寿序　伯兄七十寿序　侄孟豪五十序　林母郑太夫人六十寿序　朱母鄢太夫人八十寿序

传状类　方天游传　李世升传　陈太学传　叶绍期传　晚含山人传　诰封宁化李太夫人传　岵庵先生行状　岵庵先生六十述

碑志类　通奉大夫都察院左副都御史雷公墓志铭　封朝议大夫提督四川学政吏部考功司郎中兼翰林院编修赓亭孟公墓志铭　赐进士出身资政大夫吏部左侍郎念修何公墓志铭　诰授奉直大夫云南镇南州知州龚君墓志铭　连城司训杨君墓志铭　太学生姜公墓志铭　明经席先生未亭墓志铭　郡文学宁君墓志铭　孝廉李君墓志铭　李君墓志铭　县文学鄢君墓志铭　从兄太学君理山墓志铭　乡饮宾明经朱公墓志铭　庠生朱公墓志铭　太学生朱君墓志铭　文仪墓志铭　文仁墓志铭　伯兄太学生默轩先生墓志铭　仲兄县文学恒庵墓志铭　筠园先生墓志铭　皇清诰封宜人晋封夫人黄太夫人墓志铭代　皇清敕赠太安人黄夫人墓志铭李母余夫人墓志铭　皇清旌表节妇谢夫人二子从葬墓志铭　淑英墓志铭　先母李氏墓志铭　诰封奉直大夫例授州同知立轩陈公暨元配诰封太宜人鲁氏合葬墓表　庠生朱公墓表　拟

提督学院新建周公去思碑　松溪令潘公去思碑

杂记类　兰陔爱日图记　游鼓山记　重游灵隐峰记　山池荷花记　髻亭记　题泰宁宝盖岩

颂赞类　皇帝南巡颂　杜可权像赞　朱太翁引泉筑室图赞

哀祭类　雷时若哀辞　祭雷宪副文　祭妹丈黄君及亡妹文

右诗十二首，古文一百十七篇。其为文章自始学韩愈；其后更博采秦汉以来诸家之长，而独成其体于韩子之后。其教学者为文，即举韩子之所以教人者；而综其要，以立诚为本，以文从字顺各识职为旨归，以中有自得而能自为为究竟。而论学则不慊于时贤之为汉学者。论文则不慊于近世文人为程朱之学者。

其论治经曰："古人治经，非专门名家教授者；皆取大义通，不为章句；若孟子、荀卿、李斯、贾生、司马迁、刘向、扬雄、班固是也；故迁称李斯知六艺之归，固谓向父子扬雄为湛深经术，谓优于其义也。至于物名器械之详，则季汉通儒徐伟长之流，亦知鄙之矣！近时人不悦学，士多疏陋；故豪杰之士，率以博览自喜，夫经言精奥，史籍纷繁，加人自为之书，与世而增，虽有上智，岂能遍理；至传闻回互，文义点窜，先后相积，疑窦半毛，但当存而不论；岂能穷其自出。古人于事讹误未有折衷者，但云当考，或云慎取，如是而已；其言诚有味也！夫子曰：'我知之矣，如尔所不知何！'此圣人所以为万世法也。近世士多奋其私智以诬古籍，凿空立说，日出新奇，征引繁富，足佐其谬，其弊始宋之一二名人自喜之过；后遂益甚！扬子云曰：'多闻则守之以约，多见则守之以卓。寡闻，则无约也。寡见，则无卓也。'孤陋固不足以尽道。然荀况载孔子论士之言曰：'不务多知，务审其所知'；则所以主乎闻见者，必有道矣！"见《答王光禄西庄书》。

其论古人文利病曰:"凡为文不宜太切;其陈义类迂诞而咀之有余味,使人心宽厚愉悦,风清而神远,穆然而近古,最为文家高致;若《公》、《穀》、《戴记》、《诗小序》、《春秋繁露》、《说苑》、《新序》、《列女传》是也。"见《梅崖杂录》。"仕琇治古文,自晚周下迄元明百余家,虽不能尽识,亦尝行其崖畔,知其升降所由。六经之作,圣人本诸身,垂教天地万物,理毕备。孟轲七篇,明仁义。荀况辅之。斯、非背师以售术。聃、周假道德放言。管、商新法。不韦吕览。下有脱文。穰苴、孙、吴申军制。丘明传《春秋》,灾异于董刘。《诗》变于原。史变于迁。《易》绍于雄。相如好靡,韩愈救其弊。此周、秦、汉至唐为辞之大较也。"见《与胡稚威书》。"孟、荀、屈原之后,能为六经之辞,惟扬雄、韩愈氏耳!李翱之文,温靖隐厚,犹有《诗》、《书》遗风。他若百家杂术,出于周秦之间;汉氏作者益众,所著皆伟丽可喜,而害人心者亦已多矣!左氏、司马迁、董生、刘向、班固、欧阳、曾巩、王安石,其特淳者。若柳宗元、苏洵,亦其杰然者也。至子瞻、子由氏,挟其才智以倾一世;其徒晁、张、秦、黄从之,而法度一变矣!宋之南渡,作者率依附古籍而不能自为辞。陈亮、叶适、陆游、文天祥,稍治气格,有二苏遗风;盖晁张之亚也。元姚燧始法韩氏,而于仁义蔼如之旨远矣。虞集益求北宋大家之遗,而气格少陋。顾终元之世,论文未有先二家者也。明时作者,推王顾为最,归尤俊伟,骎骎乎轶元代,而追欧阳诸人以为徒者。盖自周以降,二千余年间,文章每降益衰,然其中辄有振起之者。故文衰于六朝,韩愈振之,降而五代,欧阳振之。及其又衰,姚燧振之。明文何、李、王、李之伪,王慎中、归有光振之。若今之为遵岩震川者,盖不知何人也。昔邵子湘、方望溪尝轻震川，至今日论定之下，二人视震川，果何如耶？人苦不自知，正坐此耳！"见《与石君书》。

"大约唐长庆后，其气伤；宋熙宁后，其理溃；二者交讥。古文道缺不全以迄于今，虽其间数十豪杰，力自振颓废中；然以二者追随终始，卒不能脱也！"见《与胡稚威书》。"近世文人为程朱之学者，如前明宋景濂、方希直之类，按其所著，大抵情僻而辞矜，辞陈而指浅，求其诗人优柔之风，书人灏噩之遗，邈不可见，以此自诩治经，岂非荀卿所称口耳之间，不足以美七尺之躯者耶！"见《答雷宪副书》。"又其淫则公俷规矩，裂六经以逞强，欲不囿于世而纳于作伪之类，若前代济南新安之类，皆厮养仆隶僭主人，曾不得比庶孽；沐猴而冠，妄自侈大，亦可哀也！"见《与胡稚威书》。"仕琇少孤，学无师传；其古今文，辄以意取通于古人，得其相属条理之一二；然治经卤莽，昧于史事，故措注处不能穷极原委以尽文之变化，使考古者望而意满；要其精神所著，则亦有不可诬者耳。古人之文，直书情事，而本末具见；后人繁征博引，弥形疏陋。尽古人根源盛大，所著皆自得之余。后人弱材薄植而速华，浅流自盈而务竭；故其文之工拙，行之远近，各称其精神为限；非口耳渔猎所得与也！"见《复涂荣诏书》。"《庄子》书谓宜熟读，其说理精处，吾儒不能过也；又条畅通贯于俗情人事，以之处世最宜；但文太疏快，久服伤人元气；又当以六经、荀、扬、《左》、《国》重厚淳朴之意，镇压之耳！"见《复李郁斋书》。"学六朝，去其排偶最善。若又能从此上穷屈、宋、扬、马，即与唐宋大家，岂殊源哉！至起伏照应，三国六朝，原不以此为工；盖其气韵轻清，苦神短耳！如流泉入花，虽有小溁洄激射映带，以幽迥取胜；然浩渺掩漾，万怪惶惑，终让江河也！然人才视志所趣，亦当量远近以自定；果能魏晋，亦岂易得！"见《与桰庭书》。"文章气大则力浑；凡以力见者，皆有畔岸，则害广博易良之体，而隘于气；此峭紧之文所以未达一间也！欲知韩、柳、欧、王文高下，于此观之。"见《乡饮朱公墓志铭后自题》。"硬排比对，相角而下，中无转捩虚机躲闪处，最窘笔力；此法昌黎独擅。柳州《咸宜》等篇，亦复雅健可喜。"见《规友后自题》。"退之《张彻》《王适》等铭，乃从《大雅》诸篇，兼采《瓠子》、《天马》等乐歌，奥崛深洞，奇气横溢，直与《九章》、《天问》相为彪炳；后之铭者皆法之；惟欧公《孙明复》、《苏舜钦》、《尹源》诸铭得其神髓。王介甫极力追摹，终于肤壳未化！"见《李君墓志铭后自题》。"退之摹《骚》，视柳为深；盖河东凄情哀怨处，得《九歌》神韵；然体过峻厉，与骚人之浑然无涯，尚属一间未达。退之邃于雅诰，故温柔敦厚，与《骚》不谋而合，未尝抒号哀怨而浏焉忽至；此惟深于文者知之耳！"见《祭李母姜夫人文后自题》。"四言祭文。《昌黎集》不用韵者甚多"见《祭族叔乔瞻后文自题》。"柳子厚文树骨左马，采神《骚》、《榖》，涵掩韩非、贾谊、子云、相如诸家，取源甚富；即西京亦少其敌，不论异代也！特其崖岸太峻，稍乖平康正直之体；以之载道，颇似未宜；要其文自卓绝也！近世有人疑指方苞以宋末诂训之遗，为腐木湿鼓之音，不解柳文，妄肆诋欺，其言尤怪诞痴僭可笑！盖垩鬃泥埴，而訾虎豹之炳蔚，不知者嗤其妄，知者乃深哀其愚也！悲夫！积一生之力，精治古文，不知好学深思以增益其所未足者，而长伪饰骄，将以愚人，其究自愚而已！"见《福州郑鱼门文后自题》。"欧、苏、曾、王，各自成家；驯至姚牧庵、虞伯生渐合源流；至震川而益备，向时志意高，颇轻视之；今阅历久而心降，乃知前辈之未易及也！"见《答黄临皋书》。"震川《王邦宪墓志》、

《戴锦衣家传》，高卓郁动，得史迁之神；然《王志》气尚微滞，不逮《戴传》之豪俊，挥霍如意也！"见《孝廉李君墓志铭后自题》。"顾读曾子固《王容季集序》，以《书》善序事，简而无不足；继《诗》、《书》孔子而作者，孟轲扬雄为最；而卜商、左丘明、司马迁、韩愈其次也。震川之业，视诸君子为稍繁；而世乃以太简少之，可笑也！"见《答族弟和鸣书》。"但当时寻绎欧阳、曾、王之文，使之日就简古坚朴为佳，震川文根本盛大而约省出之，固已脱落修洁；然终不若三君子之淳实切至也！"见《答鲁絜非书》。"仕琇自视所学，不敌震川十一；向时不自量，欲以简自名；出吏后，浸颓散不能制，日所书者，皆俗言也！我朝学者浸少。侯、魏、汪、姜诸家皆杰出者；然视元明皆不及。邵青门、储画溪、方望溪益求真素，而颇病肤浅。仕琇之文，亦诸人辈耳！"见《答族弟和鸣书》。"仕琇少年虚㤭负气，更世事深，颇悔悟其妄；近稍敛就平实，检阅明朝归熙甫、王遵岩、方希直、高子业、徐昌谷诸人诗文，觉已有所未及。熙甫、子业尤高；其寄托真率，迈远自然，视后来摹拟牵附者，文采非不斐然可观，而终自言无与于中，令人寥绝不能明其志；若是著述虽多，只益伪耳！"见《答李千人书》。

其论学古文曰："学古文，宜且先看曾子固、王介甫作者，得其澹朴淳洁之趣；储氏选本，于二家太略；当求得《鹿门文钞》读之。即欧阳文亦然；必合《五代史》读之，佳处始见也。至近世《三家文钞》《青门簏稿》《草堂文集》，亦宜博观识其利病。不如此，文章之变不尽。故经浚其源，史核其情，诸子通其指，《文选》辞赋博其趣，左氏太史劲其体，孟、荀、扬、韩正其义，柳、欧以下诸子参其同异，泛滥元明近世以极其变。归诸心得以保其真，要诸久远以俟其化。"见《答黄临皋书》。"固知积渐之功，不可诬也！杯勺不已，可生蛟龙。沟浍皆盈，顿生枯鲋。惟真故微，微故渐，渐可积而大也。惟伪故张，张故骤，骤者不终日而败也。所愿虚衷下气，深中厚蓄，以大其造就。大由于积，积由于微而渐，微者人忽之，渐者人迟之；不存人之见于胸中，则自不见为微与渐，见其为真而已！"见《与余羽皋书》。"所著文力求峻洁而养气未裕，则于立言之义不得其安，而声之高下长短，时有拂戾，此盖望速成之蔽也！韩子曰：'无望其速成'；又曰：'优游者有余。'欧阳子曰：'孟韩文虽高，不必似之也，但取其自然耳。'此言甚精，久体之，当自悟也。大抵知言养气，二者为立言之要。知言在积；读书而慎取之，得其正且至者。所以载言者气也；气宜清明和平，不可过求紧健，既作之，又宜息之，顺乎其理，不以己与其间，斯得之矣！左氏、司马迁二史，荀、扬、庄、屈四子宜熟复；大指归于《诗》、《书》，如此学韩乃为得其要领；仍取李习之、欧阳永叔、老苏、曾、王二公文观之，察其取于韩之异者；又时观柳柳州以见同时异趣，而本末之相去，有不可撝者；此尤为学之要也。"见《复黄临皋书》。

其论作文曰："至著文之道，第本其所得于古人者，调剂心气，诚一以出之，齐庄以持之，优游以深之，曲折以畅之，援引古昔以矜重之，使其言粲然各识其职而不乱，澹然各止其所而不过，则虽寻常问讯起居之辞，而人宝之如金玉，袭之如兰芷，听之如笙瑟，味之如牢醴，有不忍去者矣！何也？则以其心气之清和恻怛。感人于微，而人乐之，亦自得其志也；故自贵者，人贵之；自爱者，人爱之。《传》曰：'芷兰生于空林，不以无人而不芳'。斯为自著者也！后之作者，夸严自喜，动曰言思可法，或曰言必有用，故所为皆依仿缘饰以动于世；二者岂非教之所崇！第以古人出之，皆流于内足之余，其言信也。后之人未必然也，而驰骛心气以逐于外，色取声附以事观听，中枵源醨，美先尽矣；又何以永学者之思慕乎！"见《答王光禄西庄书》。"文章之贵，在于天人相兼，思学融会；忌用成句；语有出处，固为无病。然必其取喻亲切，方为有味；否则易涉苟便，反不如用己意点化之为得也！黄山谷云：'韩杜诗文，皆有来处；后人读书少，便谓自作语耳。'李穆堂因此遂注《原道》用语来处，此拙于知言者也。退之谓'唯古于辞必己出'。六经之文，中贯精意，何有沿袭！偶阅周亮工评文云：'文莫妙于杜撰'；不觉惊叹，以周非文家，何其精于文事如此！孙樵谓世言俚言奇健，可为史笔精魄，因牵韩吏部云如此；孙樵当时谓为不然，易以典要二字，要岂得谓世言之无因哉！往时与先兄筠园论诗，谓自宋后无能自造语者，正谓杜撰之难也。"见《答蔡苍屿明府书》。"铭辞奇伟，要于义正句凿，不落模糊；否则堕入伪境矣！"见《族祖朱公墓志铭后自题》。"有韵之文，出于《诗》、《骚》，辞意哀丽，上也。浑浩流转，次也。敷陈完饬，斯为下矣！若填缀杂乱，或遂混入后世诗句中语，风云月露，虫鸟花草，则恶道魔趣，徒供呕哕，不足与于此；而或犹尚之，可笑也！"见《古堂王公文后自题》。

其论学诗不如学古文曰："古文之名起于唐；是时作者皆沿六代之遗，以偶俪为工；韩退之出，始深探六艺，凌骤诸子，脱落时体，粹然一出于正；子厚习之辅之，而有唐之文，遂与三代西汉同风。诗自《十九首》迄刘宋陶谢，作者古音不绝。齐梁始敝。至唐陈子昂《感遇诗》气格豪迈，又复于古。太白子美，每出益奇，然诗自鲍照至子美仅百年；自子昂太白而外，中间能者无数。古文自汉建武至唐贞元，惟得退之等数人而已！

甚矣其难也！然古文之道，正大重厚，非学士大夫，立心端悫者莫能习；诗歌之靡，则儇人佻士，率往趋之；以故诗人之无行者不可胜数；而古文之传，皆正人君子也。严羽曰：'诗有别才。'夫诗之道，虽易于古文；然非可一蹴至也，必沉酣《诗》、《骚》，熟精《文选》，属思于有无之际，着笔于近远之间，发兴苍茫，开倪寥廓，无意而合，自然而成，触绪而悟，或则怒生豪出，嘘吸百川，喷字如珠，洒墨成雨，神歌鬼泣，混连元气，归于淡无；如此等境，皆诗家上乘，岂初学所能知哉！至若言取清虚，意求闲适，亦出天然，不可凑泊。古文虽难，然随人材质习之，即其所得浅深，皆可以正心术，导迎善气。且先录韩柳与人书及诸赋碑志，见其清深渊古者，日夕复之；然后乃及序记。次阅欧阳公《五代史》及《唐书》诸论赞，又次阅其碑志，乃及序记；因之乃及曾南丰、王介甫，因之又复于韩；又因韩以及李习之，及于柳，以见诸家同异；因是以上及于扬雄、刘向、董生、司马迁、相如、宋玉、屈原、荀况、左丘明、孙武、尉缭、管仲、穰苴、庄周、列御寇、《国语》《国策》，因以下及于苏老泉，如此又数往复焉，乃及于西京诸作者，及于班固、张衡，及于东京，及于唐诸杂家，及于东坡、颍滨并宋诸杂家，及元、明、本朝诸家，又如是以复于唐宋；又复于诸子六经；诚如是渐进而自得焉。古文既立，其于诗盖顺而推之耳；若韩、柳、欧、王、苏之于诗，皆高出诸家，此其明验也。"见《示子文佑书》。

其论诗曰："诗力求紧怒而乏疏奇之致，盖镕炼未造轻净，见滞闷而已；杜韩不如是也！"见《复李郁斋书》。"昔人论诗，谓七言其靡者，然唐时每以长句相矜，如杜甫之赠薛华，是也。甫后，工长句者，韩文公外，推宋苏文忠、黄文节；迄于南迁，金源氏之北渡，陆游、元好问，益讲明二公之遗。明之中世，北地李梦阳者出，始绌其前名家者，而专修杜甫氏；然后之论互有同异。赋为六诗之一，而其后《离骚》、《九歌》、《九章》、《九辨》，音节已渝。至于《招魂》、《高唐》、《上林》、《子虚》、《大人》、《七发》、《甘泉》、《长杨》、《羽猎》，则务为闳衍夸侈，竟于使人不可加矣！《大雅》'维昔之富不如时'。'今也日蹙国百里'，盖长句所昉；其后《牛角》、《垓下》、《大风》、《瓠子》、《柏梁》继作，迄后汉、魏、晋、六代益衍，至杜甫氏而极盛。甫尝自喜其诗能愈疟，因诵生平佳篇，皆长句也。盖长句与赋，皆诗之歧出者；迄宋而赋道几绝。苏黄二公长句法杜甫氏，而傅以己趣，自成阡术，票姚搜剔，畅悦精紧，卓立风气转侧之余，不袭取前人而自与合，故足贵也。北地一力摹拟，欲如优孟之肖孙叔，而忘始末简巨之不同揆，斯其蔽矣！国朝王尚书士正，始复寻陆氏元氏之遗绪，以韩、苏、黄三家长句为法；然王氏自著，亦兼采王维高适之遗，而杂出于元明诸家。"见《鲁远怀诗集序》。"王尚书惩空同、于鳞二李之弊，力矫荒伧，以清新俊逸为宗。数十年来，遂成风气；前后二宋玉叔、绵津颇以健格搘拄其间而力不胜。于时李天生独探源经术，其后铁君稍循岭南诸家之径，别立风格。"见《复家石君书》。仕琇文章为闽士所宗；其弟子新城鲁仕骥诵其师说以奉手姚鼐，用详次其说以备一家之学焉。

太乙舟文集八卷

新城陈用光字硕士撰。用光，嘉庆辛酉进士，累官礼部左侍郎。自其少小好为文章，学诗于铅山蒋士铨，学古文于舅氏同里鲁仕骥。而仕骥为建宁朱仕琇弟子，既受古文法，而其所自得，冲澹夷犹，别成其体于梅崖之外，与桐城姚鼐略同；遂通书问以相质正，又命用光从学于鼐，遂兼受两家法。今观其文，不为刻深毛鸷之状，而条达疏畅，浩浩乎随流平进，辞明而理举，意尽则言止，与世之为桐城，抑扬吞吐以事所谓情韵不匮者异趣；顾辞或芜烦，韵味亦短；而扶植理道，朴实无华，乃近方苞，而特逊其高浑凝固！其集初刻于道光十七年；用光先以十五年卒，其友人梅曾亮为编定，而冠以祁寯藻梅曾亮序，吴德旋为神道碑，梅曾亮为墓志铭，以备读者知人论世焉；至光绪乙未，重刻于长沙。诗则用光自刻，久罕传本；其裔孙陈赣一为《青鹤杂志》，选登第四、五卷。跌宕昭彰，仿佛蒋士铨；而无士铨之顾视清高，笔情雄骞；尝以诗质正大兴翁方纲。方纲评之曰："作不入，所以作不出"；亦天资所限也！采录可诵，篇目如左。

序跋类　翠微山纪游诗序　银藤花馆词序　红叶山房文集序　南石先生制义序　振绮堂书目序　观斋集序　王述庵与蓉裳尺牍书后　袁简斋尺牍跋　山木先生书册跋

奏议类　论攻滑县贼折子　应诏言事折子

书牍类　与伯芝书项检取姬传起句　再与国史馆总裁书　上王侍御书

赠序类　送登之以通判分发江苏序　送刘孟涂南归序　送童观察序　送胡墨庄给谏擢延建邵道序　送刘松岚为河东道序　送何兰士为宁夏守序　送服斋给谏外擢之官山左序　送邓鹿耕擢鹿港同知序　赠谭琴岩序　送黄初甫前辈乞养南归序　送程梓庭提刑之任江西序　送邓嶰筠同年廉

访湖北序　送贺藕耕赞善出守南昌序　送梁芷邻仪曹擢守荆州序　果堂五叔父六十寿序　仲兄朗亭四十序　赠集正五十序　鲁南畹七十寿序　绎堂制府六十寿序　十五弟彪字说　四子字说

传状类　先母事述　姚先生行状　齐召南传　武虚谷家传　忻州知州鲁公家传　蒋省斋家传　费给谏家传

碑志类　从兄仁山侍郎墓志铭　从兄子玉方墓志铭　从兄子钟溪侍郎墓志铭　兄子兰祥墓志铭　贵州巡抚鹤樵程公墓志铭　光禄大夫经筵讲官户部左侍郎致仕歠斋顾公墓志铭　工部左侍郎浙江学政李公墓志铭　刘芝崖墓志铭　姚子方墓志铭　王叔和墓志铭　盐源县知县襄城常君墓志铭　吏部左侍郎谭公墓志铭　宝庆府知府谭子受墓志铭　鲁宾之墓志铭　寿晖厝志　韩理堂先生墓表　邓簣山墓表

杂记类　记先赠大夫画像始末　菊隐图记　蜀冈纪游图记　游石门洞记

哀祭类　鲁习之哀辞

　　右文六十五篇。论学，则宗义理而兼尚考据；论文则主疏澹而不废声色；一推本其师姚鼐之说。

　　其论经学曰："用光比为《论语义疏》，泛滥于诸经传说；益知朱子之学，诚为己耳，非有为乎人也；今之为汉学者，诚为人耳，非有为乎己也。胡氏之传《春秋》，前乎朱子者也。蔡氏之注《尚书》，后乎朱子者也。二子者，论议之迂，名物之略，诚有过焉；而攻朱子者丛击之不遗余力，曰吾汉学也。《春秋》每月书王，以为孔子之笔，此服虔说也；而胡氏因之。其不书王以治桓，贾逵说也；而胡氏取之。曰服贾而党之，曰胡蔡而伐之，党乎其所异，而不知固伐乎其所同，曾是以为愈乎！人心之相胜，至无已时也；不顾义理之安，而攻乎名之所难犯以为己名；夫胡蔡其嚆矢也。生心作事之害，非独儒生之论而已！"见《与姚先生书》。"阅近儒陈启源《毛诗稽古编》，其说专与朱子为难，独其考订名物，颇有是者；惟颇不喜惠定宇《明堂大道录》。比见翁覃溪先生《与胡雒君书》，亦以此为畔道之作，所当辞而辟之。覃溪先生又言：'与其过信汉儒，无宁过信宋儒。'此非近日诸儒所能为之言也！"见《寄姚先生书》。"覃溪先生穷经，以博综汉学而归于勿背程朱为主，其识自非近人所及。然其论吾师姚鼐经说，谓'不当自立议论；说经文字，不可以作古文。'则用光不敢谓然！欧阳子曰：'经非一世之书也。'前人成说，有可以为左证者，有不可以为左证者。儒者学古，以其自得义理，兼所目验事实，参互考订，归于一是；必欲于前人成说，一字不敢移易，是今人所嗤为应声虫者也。虽依附郑孔，安能免门户之见哉！朱子之学，所以上接洙泗者，固其躬行心得，非诸儒所能几及；而其穷经之余，又精通文律，故其诂经文义，十得七八。用光尝谓东汉人拙于文辞，虽郑卿康成亦然；凡其说之难通者，皆其拙于文辞所致也。文辞之在人，乃天地精华所发；周秦人无不能文者。诸经虽不可以文论，然固文也；不知文不能文者，则不可以通经。今人读孔贾疏，未终卷，辄思卧；其为说缪辖缭绕，不能启发学者志意；非疏于文事之过耶！然则说经而以古文行之，其有益于后人，岂独文字之间而已哉！韩昌黎所注《论语》，惜后世无传本；使其传于世，朱子必亟称之矣。"见《寄姚先生书》。

其论史传曰："善为政者，无变今之法，而能行古之道，善为文者，无变今之体，而能用古之法。繁简张弛，与时消息；

虽在为文，何独不然！史传贵在传其人，俾可见于后世而已。马班诸史，无所谓附传也。刘向歆宜专传，而见于《楚元王传》中，不云附；犹曰其子孙也。《孟子荀卿列传》列慎到、田骈、三邹子之属，而标题但曰'孟荀'，不注旁以附。其《严朱徐贾诸传》，俱平标诸人，不云徐贾以附严朱也。惟范氏《蔡茂传》附'郭贺'，则以贺释梦，而茂辟以为掾也；然贺居官有殊政，尝为显宗所褒异。盖以类附从，各有命意。今之为传，虽不能全用其体，而未尝不当略存其意。又昔之为《文苑传》者，边让赵壹之流，其人皆偏宕之士。今既严绝偏宕之士，则入传者必皆有守有为，不独其文学可称，而政事亦当纪；虽不能尽然，而可纪者，必当详纪之，以待后人之采择。用光撰国史，于《汪尧峰传》，舍芸台先生录《四库提要》议论之虚语，而录陈午亭相国纪载之实事。其《朱竹垞传》，用光所附者尚有数人，以馆中诸君谓附传不宜多列人数，姑徇其意；而独存谭吉璁者，以其为朱之中表，又同举鸿博，而尝有守城之功也。抑用光观古人列传之意，更有一说：林苑云者，群材总集之区也；若其人有杰出之材，则以专传为贵；董江都郑康成不入儒林，司马长卿不入文苑是也。今之列儒林文苑者，异日苟有马班之才出焉，岂无特取而为专传者乎？其余儒林文苑中人，不啻皆异日之附传者也。"见《再与国史馆总裁书》。

其论古文曰："古文辞传之于世，必材与学兼备而后能有成；才不可能，而学则可勉致。然学有二：其存乎修辞者，异乎南北朝人之所学，为古文而得其途者知之矣！其存乎学而铢积寸累以求其义理；为古文而得其途者，其所得又有浅深之分焉；得于此者深，虽修辞之功不至，而固可自立；得于此者浅；虽修辞之功至，而未必其能自立也！苏氏曾氏之于欧阳，才与学兼备者也;继欧阳而庶几及之。李习之、皇甫持正、孙可之,学不足,而修辞之功至焉者也;继韩而瞠乎其后焉!然习之、持正、可之尚足以自立;生宋人之后而学不足,微特不能挈习之、持正、可之诸君子;且不能如为南北朝人之所学者之有成矣。"见《与管异之书》。"柳子厚云:'铿锵陶冶,时时见古人情状。'此言格律声色也;无格律声色,不足以言古文辞。夫天下之道,有本有末,有浅有深。局于浅且末,固不足道矣;求其本与深焉者,而遗其末与浅焉者,此高语性命之学而不求诸事物之失也。为古文辞,乃亦类乎是。格律声色,古文辞之末且浅焉者也;然不得乎是,则古文辞终不成。自韩欧而外,惟归震川得此意;故虞文靖、唐荆川皆莫逮焉。"见《答翁之书》。"比读王遵岩文,觉其辞繁而不能成音。震川则虽常语而亦可成诵;以此知震川之不可及也!"见《寄姚先生书》。"曩时阅《梅崖集》,以为不可及;比乃觉其气少懈而骨格未坚;譬之乐,鲜纯绎之音;譬之木,鲜密栗之致;二者望溪似犹未至焉;梅崖于望溪,乃弥不能及已!近时王铁甫为文不可一世;用光得见其十二三,诚有过于梅崖者;然其于冲淡自然之诣,则似未之有得!"见《寄姚先生书》。"铁甫尝自言:'生平所较胜于人者,东京六朝之功颇深也。'为用光言:'宜留意兼采左、史、班固之茂密。'夫以东京六朝入西汉,是缀狐白以羔裘也;其兼采左班之茂密,譬列鸡彝龙勺而不废敦卣,意其言固犹有可采者乎?"见《寄姚先生书》。"夫昌黎变排比之习,而以疏胜;昌黎不独以疏胜也。欧阳、曾、王氏取其疏而得其所以为疏者,故能各独成其体。后之人无其学,而徒为冗散汗漫,使不可合于尺度;固宜其见诟病于世。然司马子长所以胜孟坚者,曷尝必以缜密为贵乎!吾师谓'欧公能取异己者之长而时济之',非独济之以密也。吾师谓'曾公能避所短而不犯',其所长在于疏;固非冗散汗漫而不合于尺度也。"见《寄姚先生书》。"孙过庭言作字云:'先求平正,后追险绝。'作文正复如此。未能平正而遽求险绝,譬之孩提之童而遽欲举乌获之鼎,效魏犨为距跃曲踊也;其不至于绝膑折足者无几!然某君所见似尚未及此;其所见未忘乎六朝之绮丽,而震慴简斋之炫耀耳。用光比年乃知简斋之才虽横绝,而用之于古文,则全无是处!"见《与梅伯言书》。"用光之师先舅氏山木先生受古文法于朱梅崖,其在吾江西,卓然成一家言者也。姬传先生之门人,有管异之同、梅葛君曾亮,皆深造有得,胜于用光。"见《再与吕礼北书》。"吾今作诗文颇多,而总无惬心处;看来吾于虚处,总不能步趋吾师;惟当努力于实处,以冀步趋十分之一二耳。"见《与伯芝书》。"夫文有虚有实。虚者,骨脉神气也;实者,名物度数之见于文字间者,非考证之博,则每患其疏;故姬传先生尝以考证诲学者也。仆侍姬传先生久,又尝旁采莘楣罨溪诸君说,于考证知其途辙焉;而笔不足以副之,尝以气弱为恧!"见《致鲁宾之书》。"今之为汉学者,破碎穿凿,令人不乐观,虽仆亦以为然。顾舍是而使人得以空疏诋我,徒以机轴气体为古文辞,虽明之茅鹿门,今之朱梅崖,皆深有所得于古文者,而不免病是也!"见《答宾之书》。"吾师独举义理考据词章三者并重之说,以诲示人;而所自著,复既博且精,掩有三者之长,独辟一家之境;论文章于今日,先生功迈于震川矣!铁甫见未及此,固宜其以考据为病也!"见《寄姚先生书》。"且如阎百诗以汉学訾宋学,其词气之偏驳,非学者所当法也;其考证之精核者,则固古人实事求是之学,不可不法矣!朱竹垞为人不足论,其学亦不逮百诗;然博闻强识,则今人固未易几也!其文字虽无当于古文之业;然以其该洽,凡言学者往往不能废之！往日吾乡亦有闻山木之风而为古文者矣；然卒之无成者，以其无学也；无学，则无以辅其气，定其识。世人以古文学者多空疏，职是故也。且能以考证人文，其文乃益古。吾师尝语用光曰：'太史公《周本纪赞》所谓周公葬我毕，毕在镐东南杜中；此史公之考证也；其气体何其高古，何尝如今人繁称博引，刺刺不休，令人望而生厌乎！'史公此等境诣，吾师文中时时有之，此固非百诗竹垞之所能知也。然则以考证佐义理，义理乃益可据；以考证人词章，词章乃益茂美矣！"见《复宾之书》。

其论骈文曰："余未尝为骈俪之学，顾于其源流派别，考核之尝熟。往者喜杨蓉裳农部芳灿之文也。蓉裳之言曰：'吾之为俪体文，色不欲其炫，音不欲其谐，以闶采而得古锦之观，以闶响而得孤弦之韵；是则吾之所取于玉溪生也。'盖本朝之为俪体文者至众，而讨论之精，则后来者往往轶出前人之上。若蓉裳之文，取格近于邵叔宝、孔巽轩，而易其朴而为华；取材富于陈其年、吴薗次，而易其熟而为涩；其次此事可云三折肱焉。"见《方彦闻俪体文序》。其他论保甲，则曰："今之行保甲者，失《周官》比闾族党佐行教化之意，而反邻于商君相连坐之法，非徒其法之未究，抑亦其用意之相左矣！"见《与刘仲矩书》。"昔惠先生士奇之说地官，吾有取焉；其言曰：'管子法周官，事类相近，凡孝弟忠信，贤良隽才，由其下以次复于上；有过恶，由其下以次及于上；犹是周官比闾族党州乡，劝善纠恶，庆赏相共，刑罚相及之意；非若商君什伍连坐之法，益之以暴也。'盖市者政详于下，故其上之政简。夫相受相保，相賙相救，民之所自致其恩谊也。"见《屈氏义庄书田序》。信可为世之言保甲法者当头下棒喝焉！

大云山房文稿初集四卷　二集四卷　言事二卷　文稿补编一卷

阳湖恽敬字子居撰。敬，乾隆癸卯举人，历官浙江江山、山东平阴、江西新喻瑞金知县；其《文稿初集二集》，皆敬手定，各有《序目》。《初集序目》自道早年学古文之攻苦以厎有成，略脱胎韩愈《答李翊书》。《二集序目》则以诸子流别之法，论定文章，而谓文集之衰，当救之以百家；同于章学诚《文史通义》之所论。又为《文稿通例》二十五条刊卷末，以见文章之义法。《初集》以嘉庆二十年刻于南昌；而《二集》则以是年刻于广州；至咸丰庚申，太平军略地常州，而板以毁；其孙念孙以同治八年，重刻于四川，而附《言事》二卷，《补编》一卷。阳湖古文以恽敬张惠言为开山，而出于桐城，阳湖陆继辂与恽张同时交好，而按其所著《崇百药斋文集》，有《七家文钞序》曰："我朝自望溪方氏别裁诸伪体，一传为刘海峰，再传为姚惜抱；桐城一大县耳，而有三君子接踵辉映其间，可谓盛矣！然世之沉溺于伪体者，固未尝一日而息。乾隆间，钱伯坰鲁思亲受业于海峰之门，时时诵其师说于其友恽子居张皋文。二子者，始尽弃其考据骈俪之学，专志以治古文。盖皋文研精经传，其学从源而及流；子居泛滥百家之言，其学由博而反约。二子之致力不同，而其文之澄然而清，秩而有序，则由望溪而上求之震川，又上而求之庐陵，如一辙也。"然敬则不安于桐城之所为，自言："古文法尽出子长，其孟坚以下，时参笔势而已。"见《与黄石书》。又谓："变化取子长，严整取孟坚。"见《上举主陈笠帆先生书》。今观其文，言厉气雄，若肆意出之，而下笔特矜慎。姚鼐如敛而促，意余于词而不欲尽，敬则特悍以矜，气溢于篇，而不敢尽。曾国藩用扬马司马相如、扬雄以捄桐城之希淡，而瑰丽间出；其蔽也杂！敬则学马班司马迁、班固以药桐城之芜近，而遒变时臻；其蔽也矜！其辞净而无滓：斯敬之所以同于桐城，而与曾国藩为异。其气厉而为雄，斯敬之所以异于桐城，而与曾国藩为同。采录可诵，写目如左。

论说类　三代因革论八首　西楚都彭城论

序跋类　子居决事序　秋潭外集序

书牍类　上曹俪笙侍郎书　答蒋松如书　上举主笠帆先生书　答张翰风书

传状类　前翰林院编修洪君遗事述　前济南府知府候补郎中徐君遗事述　杨中立战功略

碑志类　前太子少保云贵总督刘公祠版文　前四川提督董公神道碑铭　太子少师体仁阁大学士戴公神道碑铭　张皋文墓志铭　舅氏清如先生墓志铭　前临川县知县彭君墓志铭　兵部额外主事王君墓志铭　宁都州学正闻君墓志铭　彭泽县教谕宋君墓志铭　宁都营参将博罗里公墓志铭　刑部主事曹君墓志铭　甘宜人祔葬墓志铭　姜太孺人墓志铭　亡妻陈孺人权厝志　光孝寺碑铭　赠光禄大夫陈公神道碑铭　刑部尚书金公墓志铭　国子监生钱君墓志铭　孙九成墓志铭　万孺人祔葬墓志铭　浙江提督李公墓阙铭　翰林院庶吉士金君华表铭

杂记类　新喻东门漕仓记　重修万公祠记　东路记　游翠微峰记两首　纪言　书山东知县事　书获刘之协事　游庐山记　游庐山后记　舟经丹霞山记　游罗浮山记　分霞岭记　茶山记　酥醪观记　游通天岩记

右文五十七篇。大抵论学兼通儒释，不以为混；论文推本经子，必裁以义。其论古文之源流及其治法曰："昔者班孟坚因刘子政父子《七略》为《艺文志》，序《六艺》为九种，圣人之经，永世尊尚焉；其诸子则别为十家，论可观者九家，以为虽有蔽短，合其要归，亦六经之支与流裔。敬尝通会其说：儒家体备《礼》及《论语》、《孝经》，墨家变而离其宗。道家、阴阳家支骈于《易》。法家、名家疏源于《春秋》。纵横家、杂家、小说家适用于《诗》《书》；孟坚所谓'《诗》以正言，《书》以广听'也；惟《诗》之流，复别为诗赋家，而乐寓焉。农家、兵家、术数家、方技家，圣人未尝专语之；然其体亦六艺之所孕也。是故六艺要其中，百家明其际会；六艺举其大。百家尽其条流，其失者，孟坚已次第言之；而其得者，穷高极深，析事剖理，各有所属；故曰：'修《六艺》之文，观九家之言，可以通万方之略。'后世百家微而文集行，文集弊而经义起；经义散而文集益漓。学者少壮至老，贫贱至贵，渐渍于圣贤之精微，阐明于儒先之疏证，而文集反日替者，何哉？盖附会《六艺》，屏绝百家，耳目之用不发，事物之赜不统，故性情之德不能用也。敬观之前世：贾生自名家纵横家入，故其言浩汗而断制。鼌错自法家兵家入，故其言峭实。董仲舒、刘子政自儒家道家阴阳家入，故其言和而多端。韩退之自儒家法家名家入，故其言峻而能达。曾子固、苏子由自儒家杂家入，故其言温而定。柳子厚、欧阳永叔自儒家杂家词赋家入，故其言详雅有度。杜牧之、苏明允自兵家纵横家入，故其言纵厉。苏子瞻自纵横家道家小说家入，故其言逍遥而震动。至若黄初甘露之间，子桓、子建，气体高朗；叔夜、嗣宗，情识精微；始以轻隽为适意，时俗为自然，风格相仍，渐成轨范；于是文集与百家判为二途。熙宁宝庆之会，时师破坏经说，其失也凿；陋儒襞积经文，其失也肤。后进之士，窃圣人遗说，规而画之，睇而斫之，于是文集与经义并为一物。太白、乐天、梦得诸人，自曹魏发情。静修、幼清、正学诸人，自赵宋得理。递趋递下，卑冗日积；是故百家之敝，当折之以《六艺》，文集之衰，当起之以百家。"见《二集序目》。"是何也？孔子曰：'辞达而已矣。'孟子曰：'诐辞知其所蔽。淫辞知其所陷。邪辞知其所离。遁辞知其所穷。'古之辞具在也，其无所蔽、所陷、所离、所穷四者，皆达者也。有所蔽、所陷、所离、所穷四者，皆不达者也。然而是四者有有之而于达无害者焉，列御寇、庄周之言是也，非圣人之所谓达也！有时有之，时无之，而于达亦无害者焉；管仲、荀卿之书是也；亦非圣人之所谓达也！圣人之所谓达者何哉？其心严而慎者，其辞端。其神暇而愉者，其辞和。其气灏然而行者，其辞大。其知通于微者，其辞无不至。言理之辞，如火之明，上下无不灼然，而迹不可求也。言情之辞，如水之曲行旁至，灌渠入穴，远来而不知所往也。言事之辞，如土之坟壤咸泻而无不可用，此其本也。盖犹有末焉。其机如弓弩之张在乎手，而志则的也。其行如挈壶之递下而微至也。其体如宗庙圭琮之不可杂置也，如毛发肌肤骨肉之皆备而运于脉也，如观于崇冈深岩，进退俯仰，而横侧乔堕无定也，如是其可以为能于文者乎！若其从入之途，则有要焉。曰：其气澄而无滓也，积之，则无滓而能厚也。其质整而无裂也，驯之则无裂而能变也。"见《与纫之论文书》。"然必有性灵有气魄之人，方能语小则直凑单微，语大则推倒豪杰。本源秽者，文不能净；本源粗者，文不能细；本源小者，文不能大也。"见《与来卿》。"治之之法，须平日穷理极精，临文夷然而行，不责理而理附之；平日养气极壮，临文沛然而下，下袭气而气注之；

则细入无伦；大含无际，波澜气格，无一处是古人而皆古人至处矣！看文可助穷理之功，读文可发养气之功。看文，看其意，看其辞，看其法，看其势，一一推测备细，不可孤负古人。读文则湛浸其中，日日读之，久久则与为一；然非无脱化也。欧公每作文，读《日者传》一遍；欧文与《日者传》，何啻千里；此得读文三昧矣！今举看文之法：譬如《史记·李将军列传》：'匈奴惊上山陈。'一山字，便是极妙法门。何也？匈奴疑汉兵有伏，以冈谷隐蔽耳；若一望平原，则放骑追射矣；李将军岂能百射直前，且下马解鞍哉！使班孟坚为之，必先提清汉与匈奴相遇山下，亦文中能手；史公则于匈奴惊下销纳之，剑侠空空儿也。此小处看文法也。《史记·货殖列传》，千头万绪，忽叙忽议，读者几于入武帝建章宫，炀帝迷楼，然纲领不过'昔者'及'汉兴'四字耳；是史公胸次，真如龙伯国人，可块视三山，杯看五湖矣！此大处看文法也。其读文之妙无可言，当自得之而已！"见《答来卿》。"至于作文之事，曰典。典者，所以尊古也；若单文无故实，则比于小学诸书；当时语，据制诏及功令，是也。曰自己出。毋勦意，毋勒辞，是也。曰审势。能审势，故文无定形；古之作者，言无同声，章无同格，是也。曰不过乎物。不过乎物者，必称其物也；言事言理言情皆以之。"见《初集序目》。"作文之法，不过理实气充。理实先须致知之功，气充先须寡欲之功。故知非枝枝节节为之，不过其心渊然于万物之差别，一一不放过；故古人之文，无一意一字苟且也。寡欲非扫净斩绝为之，不过其心超然于万事之攻取，一一不黏着；故古人之文，无一句一字尘俗也。其尺度，则《文心雕龙》、《史通》、《文章宗旨》等书先涉猎数过，可以得典型焉。若其变化之妙，存乎一心而已！"见《答来卿》。

其论古今文家利钝，如论太史公曰："敬十五六时，读《史记》，以孟子、荀卿与诸子同传，不得其说，问之舅氏清如先生。先生曰：'此法史家亡之久矣。太史公传孟子，曰受业子思之门人，曰道既通；盖太史公于孔子之后，推孟子一人而已；而世主卒不用；所用者，孙子、田忌，战攻之徒耳！次则三驺子、淳于髡诸人，其术皆足以动世主，传中所谓牛鼎之意也；而孟子独陈先王之道，岂有幸耶！荀卿者，非孟子匹也；然以谈儒墨道德废；况孟子耶！盖罪世主之辞也。其行文如大海泛荡，不出于厓；如龙登玄云；远视有悠然之迹而已；孟坚、蔚宗不能至也！然世主所以不用孟子者，何也？陷于利也；而不知即所以亡：故以梁惠王言利发端，又引孔子罕言利，以明孟子之所祖。是以荀卿形孟子，以诸子形孟子、荀卿，故题曰《孟子荀卿列传》。若孟坚、蔚宗，当题孟、二驺、淳于列传矣。此《史记》所以可贵也。'后见敬读《文选》，曰：'汝知纵横之道乎？言相并必有左右，意相附必有阴阳，错综用之，即纵横也。'敬思之竟日，仍于先生之言《史记》得之。于是读天下之书皆释然矣。"见《孟子荀卿列传书后》。又曰："作史之法有二，太史公皆自发之。其一《留侯世家》曰'所与上从容言天下事甚众，非天下所以存亡故不书'；此作本纪世家列传法也；而表书亦用之。其一《报任少卿书》曰：'究天人之际，通古今之变。'此作表书法也；而本纪世家列传亦用之。《史记》七十列传，各发一义，皆有明于天人古今之数；而十类传为最著。盖三代之后，仕者惟循吏、酷吏、佞幸三途；其余心力异于人者，不归儒林，则归游侠，归货殖，天下尽于此矣！其旁出者为刺客，为滑稽，为日者，为龟策，皆畸零之人。"见《读货殖列传》。

读《论衡》曰："吾友张皋文尝薄《论衡》，诋为鄙冗，其《问孔》诸篇，益无理致。然亦有不可没者：其气平，其思通，其义时归于反身。盖子任禀质卑薄，卑薄故迂退，迂退故言烦而意近；其为文以荀卿为途轨而无其才与学，所得遂止此；然视为商韩之说者，有径庭焉。卑薄则易近于道；高强则易入于术；斯亦兼人者之所宜知也！"

论汉人文曰："近有言汉人文多如经注，唐宋文，乃汉之变体者，吾谁欺，欺天乎！汉人文如经注者，止经师自序之文。其他奏疏、上书、记事、言情之文具在，皆与唐宋之文出入者也。推而上之，圣人之六经，文之最初者矣；唐宋诸大家悉与之相肖。《仪礼》之细谨，《考工记》之峭岩，其相肖者，如《画记》、《说车》是也。若汉之经师，肖六经何体耶！且文固不论相肖也。"见《与赵石农》。

论韩愈曰："《平淮西碑》，是摹《书》、《诗》二经，已为人读烂，不可学；《南海庙碑》，是摹汉人文，亦不可学；如书字摹古之帖，若复摹之，乃奴婢中重僕也。《送李愿序》，浅而近俗。《与于襄阳书》，俳而近滞。《释言》窠臼太甚。《上宰相书》亦有窠臼；其后两篇，夭矫如龙矣！学韩文，先须分别其不可学者，乃最要也；此外可学者，大都识高则笔力自达，力厚则调采自腴；而其用意用法之巧，有不可胜求者，略举数篇以为体例：如《汴州水门记》，节度使是何官衔，陇西公是何人物，水门之事则甚小，若一铺叙，不成话矣！故记止三行，诗中详其事业，于水门止一两语点过；此是小题不可大作也。有大题亦不可大作者，李习之《拜禹言》是也。禹之功德，从何处赞扬，故止以数言唱叹之；知此虽著述汗牛充栋，岂有浮笔浪墨耶！如《殿中少监墓志》，竟用点染法，韩公何以有此种笔墨？盖因少监无事可书，北平王事业涵盖天地，若不叙北平王，于理不可；然轻叙则不称北平王，重叙则少监一边寥落，喧宾夺主矣；是以并叙三代，均用喻言，使文体均称，翻出异样采绘，照耀耳目；且恐平叙三代，有涉形迹，是以将纳交作连络，存没作波澜，真鬼神于文者也！如《滕王阁记》有王子安一篇在前，其文较之韩公，乃瑜珈僧之于法王，寇谦之、杜光庭等之于仙伯，何足芥蒂，然工部所谓当时体也，其力亦足及远。即有此文，不可避，故韩公记从未至滕王阁用意，笔墨皆烟云矣！如《贞曜先生》、《施先生墓志》，不列一事；以贞曜诗人，施先生经师，止此二意，便可推衍成绝世之文，若列一事，体便杂也。又如《曹成王碑》、《许国公碑》，尽列众事；以二人均有大功于民生国计，其事皆不可削，须择之，部署之，铺排之，以成吾之文；若一虚摹，文与人与官皆不称也。以上意法引而伸之，可千可万，可极无量。欧公盖能得之而尽易其面貌，故差肩于韩公。若各大家，各名家，均有所得；不如欧公所得之多也；倘不如此看，则欧公之文，与凡庸恶软美之文何别哉！"见《答耒卿》。又曰："余少读韩退之《南山诗》及子厚《万石亭记》、《小邱记》，喜其比形类情，卓诡排荡，及长，始知其法自周秦以来体物者皆用之；非退之、子厚诗文之至者也！退之以重望自山阳改官京曹，方有大行之志；故其诗恢悦。子厚负衅远谪，故其文清浏而迫隘。"见《沿霸山图诗序》。

其论明清人文曰："文章之事，工部所谓大成；着力雕镂，便觌面千里；俪体尚然，何况散行；然此事如禅宗，箍桶脱落，布袋打失之后，信口接机，头头是道，无一滴水外散，乃为天成；若未到此境界，一松口，便属乱统矣；是以敬观古今之文，越天成，越有法度。如《史记》，千古以为疏阔，而柳子厚独以洁许之。今读《伯夷》、《屈原》等列传，重叠拉杂，及删其一字一句，则其意不全；可见古人所得矣。至所谓疏古，乃通身枝叶扶疏，气象浑雅；非不检之谓也。敬于此事，如禅宗，看话头，参知识，盖三十年；惜钝根所得，不过如此；然于近世文人痛病，多能言之。其最粗者，如袁中郎等，乃卑薄派，听明交游客能之。徐文长，乃琐异派，风狂才子能之。艾千子等，乃描摹派，占毕小儒能之。侯朝宗、魏叔子，进乎此矣；然枪榰气重。归熙甫、汪苕文、方灵皋，进乎此矣；然袍袖气重。能捭脱此数家，则掉臂游行，另有蹊径，亦不妨仍落此数家；不染习气者，入习气所不染；即禅宗入魔法也。"见《与舒白香》。又曰："古文，文中之一体耳；而其体至正；不可余，余则支；不可尽，尽则敝；不可为容，为容则体下。方望溪曰：'古文虽小道，失其传者七百年。'望溪之言若是；是明之遵岩王慎中震川归有光，本朝之雪苑侯朝宗勺庭魏禧尧峰汪琬诸君子，皆不得与乎望溪之所许矣！盖遵岩、震川，常有意为古文者也；有意为古文而平生之才与学，不能沛然于所为之文之外，则将依附其体而为之；依附其体而为之，则为支、为敝、为体下，不招而至矣！是故遵岩之文赡，赡则用力必过，其失也少支而多敝；震川之文谨，谨则置辞必近，其失也少敝而多支；而为容之失，二家缓急不同，同出于体下；集中之得者十有六七，失者十而三四焉；此望溪之所以不满也。李安溪先生曰：'古文韩公之后，惟介甫得其法。'是说也，视望溪有加甚焉！敬当即安溪之意推之，盖雪苑、勺庭之失，毗于遵岩，而锐过之，其疾征于二苏氏。尧峰之失，毗于震川，而弱过之，其疾征于欧阳文忠公。欧与苏二家，所蓄有余，故其疾难形；雪苑、勺庭、尧峰，所蓄不足，故其疾易见。然望溪之于古文，则又有未至者；是故旨近端而有时而歧，辞近醇而有时而窳。近日朱梅崖等于望溪有不足之辞，而梅厓所得，视望溪益庳隘。文人之见，日胜一日，其力则日逊焉！敬生于下里，同州诸前达，多习校录，成考证专家；为赋咏者，或率意自恣，而大江南北以文名天下者，几于猖狂无理，排溺一世之人，其势力至今未已！_{疑指袁枚}敬幸少乐疏旷，未尝捉笔，求若辈所谓文之工者而浸渍之，其道不亲，其事不习，故心不为所陷而渐有以知其非；后与同州张皋文、吴仲伦：桐城王悔生游，始知姚姬传之学，出于刘海峰；海峰之学，出于方望溪；及求三人之文观之，又未足以餍其心所欲云者！由是由本朝推之于明，推之于宋唐，推之于汉与秦，断断焉析其正变，区其长短，然后知望溪所以不满者，盖自厚趋薄，自坚趋瑕，自大趋小；而其体之正，不特遵岩、震川以下，未之有变；即海峰、姬传，亦非破坏典型，沉酣淫诐者；若是，则所谓为支、为敝、为体下者，皆其薄、其瑕、其小为之。如能尽其才与学以从事焉，则支者如山之立，敝者如水之去腐，体下者如负青天之高；于是积之而为厚焉，敛之而为坚焉，充之而为大焉。然所谓才与学者何哉？曾子固曰：'明必足以周万事之理，道必足以适天下之用，智必足以通难知之意，文必足以发难显之情，'如是而已！皋文最渊雅，中道而逝。仲伦才弱，悔生气败。"见《上曹丽笙侍郎书》。又曰："《海峰楼文集》细检量，论事论人未得其平，论理未得其正；大抵笔锐于本师方望溪而疏朴不及；才则有余于弟子姚姬传矣。而或者以洁目之；鄙见太史公之洁，全在用意捭落，千端万绪，至字句不妨有可议者；今海峰字句极洁，而意不免芜近，非真洁也！姬传以才短不敢放言高论；海峰则无所不敢矣，惧其破道也；又好语科名得失，酒食微逐，胸中得无滓秽太清耶！"见《与章澧南》。又曰："朱梅崖，始终学韩公者也，大抵韩公天资近圣贤豪杰，而为文从经诸子入，故用意深博，用笔奥衍精醇。梅崖止文人，而为文又从韩公入，故词甚古，意甚今，求炼则伤格，求遒则伤调。自皇甫持正、李南纪、孙可之以后，学韩者皆犯之；然其法度之正，声气之雅，较之破度败律以为新奇者，已如负青天而下视矣！"见《答伊扬州书二》。又曰："仲伦达心而懦。惕甫强有方而自是。仲伦之于道也俭，惕甫之于道也越。"见《上秦小岘按察书》。

其自叙学古文之经历以及临文之甘苦曰："敬生四年，先府君教之四声，八年，学为诗，十一，学为文；十五，学六朝文，学汉魏赋颂及宋元小词；十七，学汉、唐、宋、元、明诸大家文，先府君始告以读书之序，穷理之要，摄心专气之验，非是不足以为文；于是复反而治小学，治经史百家，凡先府君手录天官地志物理人事诸书，亦得次第观之；然未有所发也，时于一二日中得一解而油油然；数十日中得一解而油油然；至索之心，诵之口，书之手，仍芒芒乎摇摇乎而已！先府君曰：'此心与气之故也，不可以急治；当谨而俟之，减嗜欲，畅情志；嗜欲减，则不淆杂；情志畅，然后能立，能立然后能久大！'自是之后，敬不敢言文者十年！旋走京师，游中原，南极黔楚，与天下笃雅恭敬之士交，窃窥其言行著述，因复理先府君之言，欲有所论撰，而下笔迂回细谨，块然不能自举！呜呼！天地万物，皆日变者也，而不变者在焉，不变者，所以成其日变也。文者，生乎人之心。天地万物之日变，气为之，心之日变，神为之，神之变；速于气之变；而迂回之敝，循循然而缓，谨细之敝，切切然而急；于神皆有所阂焉，敢不力充之以求所以日变者哉！然而有不可变者。《典论》曰：'学无所遗，辞无所假。'《史记》曰：'择其言尤雅者著于篇。'可以观矣！"见《初集序目》。

又曰："近作《后二仆传》，见《初集》。仆人止可作小传，若将陈明光缘起叙入，亦非法，且笔下纠扰矣！细审之，其法皆自《史记》《汉书》来，无他谬巧，不过安放妥当耳！观此便可知前明及国朝诸家仆人传之非法也。张彦远《名画记》曰：'失于自然而后神。失于神而后妙。失于妙而后精。精之为病也，而成谨细。自然者上品之上，神者上品之中，妙者上品之下。精者中品之中，谨细者中品之中。'不佞之文，其精与谨细之间乎！然《名画记》不列中下品；以下者即所谓'近今之画，焕烂而求备，错乱而无旨'者是也。画如是；文可知矣。"又曰："书日之法，始于《尚书》而详于《春秋》。《春秋》书鲁大夫之卒，《榖梁》言：'日者正也；不日者恶也。'《公羊》则以不日为远。今考公子牙以后二十三人，贤与不肖，卒皆日；则不日者以远失之，《公羊》为是；故古者金石文卒皆书日也。《左传》：'众父卒，公不与小敛，故不书日。'孔疏以季孙行父等证之；是君临宜日也。《文端碑》：原题《太子少师体仁阁大学士戴公神道碑铭》，见《初集》。书'甲寅，皇上亲临丧次'，其法本此。至赐谥，赐祀贤良，赐祭，《春秋》无明文可比；然不日，则疑于与临丧同日矣，故谨书之。《春秋》于丧之归皆书日，桓公、昭公是也；故文端之丧至南昌，亦谨书之。葬之日不日，《公羊》有渴葬漫葬之说，而以不日为正；然《春秋》书鲁公之葬、夫人之葬各十，皆日；则他国之不日者，亦以远失之；非如《公羊》之说也；故文端之葬，亦谨书之。数条皆金石文通例也。若书三代封赠之法，其以一笔书者，必官封无异焉；今篔圃先生，文端之父有官阶，不可没；彭太夫人受夫封，亦不可没；是以前后详书，而中以如曾祖、如曾祖妣变文以隔之；此亦金石文通例也。其所以必三代排比书，不合书有官无官，有封无封，而一笔以封赠结之者，抑更有说。此文自嘉庆元年至如公式，以日排比书；举人，中书，以文端之年排比书；赐及第以后，以国家年号排比书；而于赐及第书文端之年，为上下转捩；盖前后数百言皆排比法，以见谨也；若书三代独不排比，则为文体不纯矣！《史记》、《汉书》有排比数千言者，其后必大震荡之。此文实在前，虚在后；所以如此者，因通篇不书文端一事，故用排比法叙次家世科名官位，然后提笔作数十百曲，皆盘空捣虚，右回左转，令其势稽天匝地，以极震荡之力焉；此法近日诸家无人敢为，亦无人能为也！东坡《司马公神道碑》，虚在前，实在后；所以如此者，由一切事业，不足以尽文正，故竭力推阐在前，后列数大事，止闲闲指示，如浮云，如小石；此文正人之大，东坡手笔之大也！文端虽贤，必不敢自侪古人；敬才弱，必不敢犯东坡，因颠倒其局，用之；至变化则窃取子长，严整则窃取孟坚也。自南宋以来，束缚修饰，有死文，无生文；有卑文，无高文；有碎文，无整文；有小文，无大文。韩子诗曰：'想当施手时，巨刃摩天扬。'南宋以后，止于水航之尺寸粗细用心，而不想施手时，故陵夷至此也！妇人称太，始于太姜、太任、太姒。战国始见太后之称。汉晋以来，有太夫人之称。其夫在不称太，乃定制于北宋，至今沿之。而夫妇皆亡，则仍不称太，与历代升祔不称太同。文端为修撰之时，筼圃先生夫妇相继而逝，故封一品时，应去太字。"见《上举主陈笠帆先生书》。又曰："春麓先生乃天下后学典型，不止仕宦上流而已；敬初至浙江，即蒙异赏。今先生身后，得操笔墨以论次功德，何乐如之！原题《浙江分巡杭嘉湖道陕西候补道李公墓表》，见《初集》。惟是墓表之法，止表数大事，视神道碑庙碑体不同；视墓志铭体亦不同；墓志铭可言情言小事，表断不可；神道碑庙碑，凡崇宏宽博之言皆可揄扬，墓表必发明实事；故墓表之善最难。今止表浙江二事，其二事自为首尾，文即以之为首尾，而中间櫽括诸事以隔之，此法《史记》、《汉书》常用之而能使人不见；韩公偶用之即见，乃才之大小浅深也。昔欧公志尹河南，不知者颇有他说，欧公至为文力辩。今敬表春麓先生，自谓举一羽而知凤，睹一毛而知麟。"见《与李爱堂》。又曰："作《同游海幢寺记》。见《二集》。此文儒为主中主，禅为主中宾，琴与诗为宾中主，画与棋与酒为宾中宾。其次序，前五节皆以禅消纳之，为后半重发无和尚张本；而儒止瞥然一见，如大海中日影，大山中雷声，此子长《河渠》、《平准书》、《伯夷》、《屈原贾生列传》法也。海幢形势佳胜，先于独游时写足；入同游后，不必烦笔墨；此子长《项羽本纪》、《李将军传》法也。敬古文尽出子长；其孟坚以下，时参笔势而已！"见《与黄香石》。又曰："光禄公人伦模楷，专立祠堂，颂述功德，敬得附名其间，可谓幸甚！惟命以作记。敬思记体谨严，唐宋诸名人，虽破体为之，不过抑扬唱叹以远神激荡而已；氏族官位，既不能详列；学问事功，又不能实载；是以改作祠堂碑铭，原题《前光禄寺卿伊公祠堂碑铭》，见《二集》。可以用大笔发扬，用重笔结束。太夫人祔庙，亦于体得书矣。古者讲学之人，祠堂记多称号称先生，今用祠堂碑例，宜称官称公。道学异同，若入碑文中，少涉笔，则不透彻；多涉笔，则辩体论体矣；不涉笔，则通篇之文如玉卮无当，玉盘缺角；故起首推明朱子之学，后列高宗之谕及文恭之论，君友共证明之，递入铭中，可以纵横往来，使铭辞浏然确然，与碑文相照耀；乃变法中正法也！"见《答伊扬州书三》。又曰："史笔不难于简，难于有余，最为高识名论。敬更有进者；王右军写《乐毅》，则情多拂郁；书《画赞》，则意涉瑰奇；《黄庭经》

则怡怪虚无;《太史箴》又纵横争折。此如太史公传《儒林》、《循吏》,皆笔笔内敛,与《游侠》、《酷吏》不同。是以敬于《邓公志》文,不敢纵宕行之,遂致神太迫,气太劲!原题《汉中府知府护汉兴道邓公墓志铭》,见《二集》。若《儒林》、《循吏》,神与气何尝不有余;此古人之不可及也!"见《答邓鹿耕书》。

其论佛经之文曰:"凡佛经之说,其辞旨无甚大异。《楞伽经》不立一义,而诸义皆立,悉与《金刚经》相比;惟艰晦过当。达摩至中国,扫除一切文字,以此经付慧可大师;盖艰则难入;晦则难出;难入则意识无所用;难出则怡然涣然者,皆得之自然;乃即文字中断文字障法也!至鸿忍大师易以《金刚经》,简直平易,人皆乐从,故道法大行,而禅复流于文字;此五宗语录之所以歧互也!经中开卷斥百八句皆非,则全经语句无著为最胜处。盖《金刚经》先说法,后说非法;此经先说非法,后说法;一而已矣!其言不离妄想,即见正智;与《楞严》无始生死,根本无始元清净体义同;与《法华经》是法非思量分别之所能解,惟有诸佛乃能知之义亦同。佛法岂在多求耶!"见《楞严经书后一》。"如此下语,人以恽子居为宋学者固非,汉唐之学者亦非;要之男儿必有自立之处,不随人作计,如蚊之同声,蝇之同嗜,以取富贵名誉也!"见《得方九江》。又曰:"《维摩诘经》,鸠摩罗什所译大乘经,史称与释道安相合,白大传曰:'证无生忍,造不二门,住不可思议解脱,莫极于《维摩经》';盖指其中精语言之,行文则龛陋平杂,不足观也。其经之全指,在注明维摩诘示疾为缘起;盖佛教人出家,而维摩诘以居士见身,故此经佛道品言烦恼泥中有众生起,佛法乃即病与药耳!然执药治病,药即病矣;故下章入不二门品,尽扫除之,所以为大乘经也!如此义谛,惟佛地位能决之,诸弟子并大菩萨,岂任问此疾耶!

盖全指皆出于佛，而笔授非过量人，虽释道安、鸠摩罗什无如之何也。"见《维摩诘经书后》。持之有故，强辩急论，要删其指以备一家之言云。

茗柯文初编一卷　二编二卷　三编一卷　四编一卷　补编二卷　外编二卷

武进张惠言字皋闻撰。惠言，嘉庆己未进士，官编修；其文初二三三编皆惠言自定；四编则其甥董士锡选录；而《补编》《外编》，则其门人仁和陈善以所藏遗稿属光泽高澍然写定。《四编》以上，其师仪征阮元于嘉庆十四年序而刊之。至同治八年，惠言之曾孙曰式曾者写录重刻；湘乡曾国藩序焉。惠言由词赋以为古文，盖吾宗伯坰及桐城王灼开其涂辙，而因以得法于刘大櫆者也。惠言与恽敬同里欢好，观其议论文章，礭切道德，以为凡余之友，未有如子居之深相知者。而敬《大云山房文稿》有《与汤编修书》，论惠言之所以为学者甚详。其辞曰："皋闻为人，其始为词章，志欲如六朝诸人之所为而止；已迁。而为昌黎、庐陵；已迁而为前后郑；已迁而为虞、许、贾、孔诸儒；最后迁而为濂、洛、关、闽之说；其所学皆未竟，而世徒震之，非知皋闻者也！皋闻寡欲多思；寡欲，故言行多行于自然，而有为者鲜；多思，故事艺皆出于必然，而无为者亦鲜。自然必然二者合之，进道之器也；然有为者鲜，则于道易近；无为者亦鲜，则于道易远；必也有为者亦归于无为，则庶几于斯道乎！"今按集中，有词赋之文，有韩欧之文，亦有汉儒虞郑之学，而无濂洛关闽之说，意为之而未及发也。而曾国藩序，则盛推惠言之不以考据之琐碎害词章，不以词赋之涂泽为古文，并行不悖，各适其可；其辞曰："文章之变多矣，高才者好异不已，往往造为瑰玮奇丽之辞，仿效汉人赋颂，繁声僻字，号为复古，曾无才力气势以驱使之，有若附赘悬瘤，施胶漆于深衣之上，但觉其不类耳！叙述朋旧，状其事迹，动称卓绝，若合古来名德至行，备于一身；譬之画师写真，众美毕具，伟则伟矣；而于其所图之人，固不肖也！吾尝执此以衡近世之文，能免于二者之讥实鲜；蹈之者多矣！皋闻先生编次《七十家赋》，评量殿最，不失铢黍；自为赋亦恢宏绝丽；至其他文，则空明澄澈，不复以博奥自高。平生师友，多超特不世之才；而下笔称述，适如其量，若帝天神鬼之监临，褒讥不敢少溢；何甚慎欤！自考据家之道既昌，说经者专宗汉儒，厌薄宋世义理心性等语，甚者诋毁洛闽，披索疵瑕，枝之搜而忘其本，流之逐而遗其源；临文则繁征博引，考一字，辨一物，累数千万言不能休，名曰汉学；前者自矜创获；后者附和偏诐而不知返，君子病之！先生求阴阳消息于《易》虞氏，求前圣制作于《礼》郑氏，辨《说文》之谐声，剖晰毫茫；固亦循汉学之轨辙；而虚衷研究，绝无陵驾先贤之意，萌于至隐；文词温润，亦无考证辩驳之风；尽取古人之长，而退然若无一长可恃，其蕴蓄者厚，遏而蔽之，能焉而不伐，敛焉而愈光，殆天下之神勇，古之所谓大雅者欤！"大抵惠言与恽敬同开阳湖，出于桐城而自为变化。姚鼐由归有光以敉欧阳修而蕲于洁适，其蔽也，谨细有余而不足于雄奇！惠言由刘大櫆以模韩愈而持以庄敬，其蔽也，矜持太过而或损其神明！恽敬取变化于史公，取严整于班书，而词笔则出王介甫；其为文也峭悍以肆。惠言取变化于庄子，取色泽于《骚》赋，而体段则学韩退之；其为文也瑰丽而矜。恽敬敩史公之遹变，而恢诡不如；惠言有韩笔之紧健，而气焰特逊。恽敬予智自雄，不免矜厉；而惠言泽古者深，又患模拟；如《黄山两赋》之模《离骚》，《七十家赋钞目录序》之模《庄子·天下篇》，《周易郑荀义序》之模太史公谈《六家要指》，《毕训咸咏史诗序》之模韩愈《原毁》，《庄达甫无名人诗序》之模《送王埙序》，《先祖妣事略》《先妣事略》之模归有光《先妣事略》，《书左仲甫事》之模韩愈《柳州罗池神庙碑》及孙樵《书何易于》，蹊径未化，其昭然者也；差幸智过其师，自出机杼，故不以模拟为嫌。采录可诵，写目如左。

赋类　游黄山赋　黄山赋　寒蝉赋　秋霖赋　望江南花赋　竹楼赋　蕉花赋　馆试灵台偃伯赋　馆试蜡宾说礼赋　馆试大恺乐赋　爱石图赋　拟庾子山七夕赋

序跋类　七十家赋钞目录序　庄先生遗文后序　周易虞氏义序　周易郑荀义序　易义别录序　词选序　毕训咸咏史诗序　庄达甫无名人诗序　杨云珊览辉阁诗序　庄达甫摄山采药图序　说江安甫所钞易说　雁黄残稿序代

书牍类　与左仲甫书　上阮中丞书

赠序类　送张文在分发甘肃序　赠毛洋溟序　送钱鲁斯序　送计伯英归吴江序

传状类　周维城传　济南知府庄君传　先府君行实　先祖妣事略　先妣事略　貤赠文林郎袁君家传　袁太孺人传　陈长生传

碑志类　庄君墓表　封文林郎恽君墓志铭　杨君茹征墓志铭　恭城知县陆君祠版文　江安甫葬铭　陆以宁墓志铭　例赠文林郎许君墓志铭　故儒林郎祝君墓志铭

杂记类　书左仲甫事　书山东河工事　关东纪程

哀祭类　祭江安甫文　告安甫文三首　祭金先生文　祭曹大司农文代　公祭汤太夫人文

右文五十六篇。大抵文章原本词赋，经学尤邃《虞易》。其论《易纬》曰："纬者，其原出于七十子之徒，相与传夫子之微言，因以识阴阳五行之序，灾异之本也。盖夫子五十学《易》而知天命。子贡曰：'夫子之言性与天道，不可得而闻！'是以其言者，六艺之文著之。其难言者，游夏之徒，或口受其传指，益增附推阐以相传授。秦汉之间，师儒第而录之，其亦有技术之士，以其所能推说于篇，参错间出，故其书杂而不能醇。刘歆之于纬，精矣！当其时，河洛之文大备。而《七略》不著录，将以符命之学，出于其中，在所禁秘耶？郑康成氏，汉之大儒，博通古文，甄录而为之注；则纬之出于圣门，而说经者之不可废也审矣！至隋，而六经之纬亡灭，惟《易》独存！《后汉书注》载其目曰：《稽览图》、《乾凿度》、《坤灵图》、《通卦验》、《是类谋》、《辨终备》；宋而更有《乾元序制记》、《乾坤凿度》。宋儒排而摈之，迄于元明，亡佚既多；其近完存者：《稽览图》、《乾凿度》、《通卦验》。《稽览图》论六日七分之候，《通卦验》言八卦晷气之应，此孟京氏阴阳之学。《乾凿度》论乾坤消息，始于一，变而七，进而九，一阴一阳相并而合于十五，统于一元，正于六位，通天意，理人伦，明王度，盖《易》之大义，条理毕贯，自诸儒莫能外之；其为夫子之绪论，田杨以来先师所传习，较然无疑！"见《易纬略义序》。"《易》之传，自商瞿子以至田生惟一家，焦氏后出；及费氏为古文，而汉之《易》有三。自是之后，田氏之《易》，杨、施、孟、梁邱、高氏而五，惟孟氏久行。焦氏之《易》，为京氏。费氏兴而孟京微焉！夫以传述之统，田生、丁将军之授受，则孟氏为《易》宗无疑；而其行不及费氏者,以传授者少;而费氏之经,与古文同,马融、郑康成为之传注故也。王弼注行而古师说微!孔颖达正义行而古《易》书亡!"见《易义别录序》。

其论汉《易》三家曰:"汉儒说《易》,大致可见者三家:郑氏、荀氏、虞氏。郑、荀,费氏《易》也。虞,孟氏《易》也。郑氏言礼。荀氏言升降。虞氏言消息。昔者伏羲作十言之教,曰乾坤震巽坎离艮兑消息;郑氏赞《易》实述之。至其说经,则以卦爻无变动,谓之象辞。夫七八者象;九六者变;经称用九用六,而辞皆七八,名与实不相应,非伏羲之旨也;爻象之区既隘,则乃求之于天,乾坤六爻,上系二十八宿,依气而应,谓之爻辰,若此,则三百八十四爻,其象十二而止,殆犹嫌焉;此又未得消息之用也。然其列贵贱之位,辨大小之序,正不易之伦,经纶创制,吉凶损益,与《诗》、《书》、《礼》、《乐》相表里,则诸儒未有及之者也。荀氏之说消息,以乾升坤降,万物始乎泰,终乎否。夫阴阳之在天地,出入上下,故理有易有简,位有进有退,道有经有权,归于正而已;而荀氏言阳常升而不降,阴常降而不升,则姤遁否之义,大于既济也。然其推乾坤之本,合于一元,云行雨施,阴阳和均,而天地成位,则章章乎可谓得《易》之大义者也!虞氏考日月之行以正乾元,原七九之气以定六位,运始终之纪以叙六十四卦,要变化之居以明吉凶悔吝,六爻发挥旁通,乾元用九,则天下治,以则四德,盖与荀同原而闳大远矣!王弼之说,多本郑氏而弃其精微,后之学者习闻之,则以为费氏之义如此而已!其盈虚消长之次,周流变动之用,不详于《系辞》、《彖》、《象》,概以为不经。若观郑荀所传卦气十二辰八方之风,六位世应,爻互卦变,莫不彰著。刘向有言:'《易象》皆祖田何,杨叔、丁将军大谊略同';岂不信哉！"见《周易郑荀义序》。

其论《虞氏易》曰："自汉成帝时刘向校书，考《易》说，以为诸家皆祖田何，杨叔、丁将军大义略同，惟京氏为异。而孟喜传《易》家阴阳，其说《易》本于气，而后以人事明之，八卦六十四象，四正七十二候，变通消息，诸儒皆祖述之，莫能具。当汉之季，扶风马融作《易传》，授郑康成。康成作《易注》。而荆州牧刘表、会稽太守王朗、颍川荀爽、南阳宋忠，皆以《易》名家，各有所述。惟翻传孟氏学，作《易注》，自称高祖父故零陵太守光少治孟氏《易》。曾祖父故平舆令成缵述其业。至祖父凤，最有旧书，世传其业；至翻五世。其言《易》以阴阳消息六爻，发挥旁通，升降上下，归于乾元用九而天下治，依物取类，贯穿比附，始若琐碎，及其沉深解剥，离根散叶，郁茂条理，遂于大道，后儒罕能通之！自魏王弼以虚空之言解《易》，唐立于学官；而汉世诸儒之说微；独资州李鼎祚作《周易集解》，颇采古《易》家言，而翻注为多！其后古书尽亡，而宋道士陈抟以意造为《龙图》，其徒刘牧以为《易》之《河图》《洛书》也。河南邵雍又著《先天后天》之图，宋之说《易》者翕然宗之，以至于今，牢不可破；而《易》阴阳之大义，盖尽晦矣。清兴百年，元和征士惠栋始考孟、京、荀、郑、虞氏古义，作《易汉学》；又自为解释，曰《周易述》；然掇拾于已废之后，左右采获，十无二三，其所述大抵宗祢虞氏，而未能尽通，则旁征他说以合之。盖从唐、五代、宋、元、明，朽坏散乱千有余年，区区修补撷拾，欲一旦而其道复明，斯固难也！翻既承世学，又具见马、郑、荀书，考其是非，故其义为精。又古书亡，而汉魏师说可见者十余家，惟郑、荀、虞三家，略有梗概可指说；而虞又较备，然则求七十子之微言，田何、杨叔、丁将军之所传者，舍虞氏之注，何所自焉！"见《周易虞氏义序》。

其论赋之原流曰："赋乌乎统？曰统乎志。志乌乎归？曰归乎正。夫民有感于心，有概于事，有达于性，有郁于情，故有不得已者而假于言。言，象也，象必有所寓；其在物之变化，天之瀌瀌，地之嚻嚻，日出月入，一幽一明，山川之崔蜀杳伏，畏佳林木，振硋溪谷，风云霜雾，霆震寒暑，雨则为雪，霜则为露，生杀之代新而嬗故，鸟兽与鱼，草木之华，虫走螳趋，陵变谷易，震动薄蚀，人事老少，生死倾植，礼乐战斗，号令之纪，悲愁劳苦，忠臣孝子，羁士寡妇，愉佚愕骇，有动于中，久而不去，然后形而为言；于是错综其词，回牾其理，铿锵其音以求理其志，其在六经则为《诗》。《诗》之义六：曰风，曰赋，曰比，曰兴，曰雅，曰颂。六者之体，主于一而用其五，故风有雅颂焉，《七月》是也；雅有颂焉，有风焉，《烝民》《崧高》是也。周泽衰，礼乐缺，《诗》终三百，文学之统息。古圣人之美言，规矩之奥趣，郁而不发，则有赵人荀卿，楚人屈原，引词表悁，譬物连类，述三王之道以讥切当世，振尘滓之泽，发芳香之氲，不谋同称，并名为赋；故知赋者，诗之体也。其后藻丽之士，祖述宪章，厥制益繁；然其能者之为之，愉畅输写，尽其物，和其志，变而不失其宗；其淫宕佚放者为之，则流遁忘返，坏乱而不可纪！谲而不觚，尽而不瀫，肆而不衍，比物而不丑，其志洁，其物芳，其道查冥而有常，此屈平之为也，与风雅为节，涣乎若翔风之运轻榝，洒乎若玄泉之出乎蓬莱而注渤澥！及其徒宋玉、景差为之，其质也华然，其文也纵而后反，虽然，其与物椎拍宛转，冷汰其义，轂辗于物，苏苏乎古之徒也！刚志决理，锐断以为纪，内而不污，表而不著，则荀卿之为也，其原出于礼经，朴而饰，不断而节。及孔臧、司马迁为之，章约句制，纍不可理，其辞深而旨文，确乎其不颇者也！其趣不两，其于物无强力，若枝叶之附其根本，则贾谊之为也，其原出于屈平，断以正义，不由其曼。其气则引费而不可执，循有枢，执有庐颉，滑而不可居，开决宦突而与万物都，其终也芴莫而神明为之橐，则司马相如之为也，其原出于宋玉。扬雄恢之，胁入窍出，缘督以及节，其超轶绝尘而莫之控。其波骇石咢而没乎其无垠也。张衡旴旴，块若有余，上与造物为友，而下不遗埃墟；虽然，其神也充，其精也荼！及王延寿、张融为之，杰格拮揉，钩子戟捂而俶佹可观，其于宗也无蜕也。平敞通洞，博厚而中，大而无瓠，孙而无弧，指事类情，必偶其徒，则班固之为也，其原出于相如，而要之使夷，昌之使明。及左思为之，博而不沉，赡而不华，连犿焉而不可止。言无端厓，傲倪以为质，以天下为郛廓，入其中，眩震而谬悠之，则阮籍之为也，其原出于庄周；虽然，其词也悲，其韵也迫，幽愤之词也！涂泽律切，荟蔽纷悦，则曹植之为也，其端自宋玉，而枒其角，摧其牙，离其本而抑其末，浮华之学者，相与尸之，率以变古；曹植则可谓才士矣，揖揖乎改绳墨，易规矩，则佞之徒也！不揖于同，不独于异，其来也首首，其往也曳曳，动静与适，则陆机、潘岳之为也，其原出于张衡、曹植，矫矫乎振时之俊也！以情为里，以物为襮，镂雕风云，琢写支鄂，其怀永而不可忘，岔乎其气，煊乎其华，则谢庄、鲍照之为也，江淹为最贤，其原出于屈平《九歌》；其掩抑沉怨，冷冷轻轻，其纵脱浮宕而归大常，鲍照、江淹，其体则非也，其意则是。逐物而不反，骈宕而驳奔，俗者之囿而古是抗，其言滑滑而不背于涂奥，则庾信之为也，其规步矍骤，则扬雄、班固之所引衔而控辔；惜乎，拘于时而不能骋；然而其志达，其思哀，其体之变则穷矣！后之作者概乎其未之闻也。"见《七十家赋钞目录序》。

其《自序》曰："余少学为时文，穷日夜力，屏他务为之十余年，乃往往知其利病。其后好《文选》辞赋，为之又如为时文者三四年。余友王悔生灼见余《黄山赋》而善之，劝余为古文，语余以所受于其师刘海峰者；为之一二年，稍稍得规矩。已而思古之以文传者，虽于圣人有合有否，要就其所得，莫不足以立身行义，施天下，致一切之治。荀卿、贾谊、董仲舒、扬雄以儒。老聃、庄周、管夷吾以术。司马迁、班固以事。韩愈、欧阳修、曾巩以学。柳宗元、苏洵、轼、辙、王安石虽不逮，犹各有所执持，操其一以应于世而不穷。故其言必曰道，道成，而所得之浅深醇杂，见乎其文。无其道而有其文者，则未有也！故乃问而考之于经，求天地阴阳消息于《易》虞氏，求古先圣王礼乐制度于《礼》郑氏，庶窥微言奥义以究本原。已而更先太孺人忧，学中废。嘉庆之初，退郑学于歙金先生，三年图《仪礼》十卷，而《易义》三十九卷亦成，粗以述其迹象，辟其户牖。若乃微显阐幽，开物成务，昭古今之统，合天人之纪，若涉渊海其无涯涘。贫不能自克，复役役于时；自来京师，殆又废弃。呜呼！余生四十矣。计自知学在三十以后，中间奔走忧患，得肆力于学者才六七年；以六七年之力而求所谓道者，敢望其有得耶！使余以为时文辞赋之时毕为之，可得二十五年；其与六七年者相去当几何！惜乎其弃之而不知也。然余之知学于道，自为古文始！"见《文稿自序》。"钱鲁斯伯坰长余二十四岁，以尝从先君子受经，故余幼而兄事之。鲁斯以工作书为诗名天下，交友遍海内。余年十六七岁时，方治科举业，间以其暇学鲁斯为书，书不工；又学鲁斯为诗，诗又不工；然鲁斯尝诲之。越十余年，余学为古辞赋；乾隆戊申自歙州归，过鲁斯而示之，鲁斯大喜，顾而谓余：'吾尝受古文法于桐城刘海峰先生，顾未暇以为。子傥为之乎？'余愧谢未能。已而余游京师，思鲁斯言，乃尽屏置曩时所习诗赋若书不为而为古文，三年乃稍稍得之，而余留京师六年，归更太孺人之忧，复游浙中，转入歙；而鲁斯客湖南北久乃归，参差不得见者十三年。今年夏，余自歙来杭州；留数月，一日，方与客遇，有觊然而来者，则鲁斯也！其言曰：'吾见子古文，与刘先生言合。今天下为文，莫子若者！子方役役于世，未能还乡里。吾幸多暇，念久不相见，故来与子论古文。'鲁斯遂言曰：'吾曩于古人之书，见其法而已，今吾见拓于石者，则如见其未刻时；见其书也，则如见其未书时。夫意在笔先者，非作意而临笔也。笔之所以入，墨之所以出，魏、晋、唐、宋诸家之所以得失，熟之于中而会之于心，当其执笔也，繇乎其若存，攸攸乎其若行，冥冥乎，成成乎，忽然遇之而不知所以然，故曰意。意者非法也，而未始离乎法，其养之也有源，其出之也有物，故法有尽而意无穷。吾于为诗，亦见其若是焉；岂惟诗与书，夫古文亦若是则已耳！'呜呼！鲁斯之于古文，岂曰法而已哉！抑余之为文，何足以与此！"见《送钱鲁斯序》。

其论篆书曰："凡事得其所从入，然后可以决是非。夫篆径生隶，隶密生分，分饬生楷，原流体降，不紊由来，则笔法可知。而分楷之法，所以传者，由作者代工，而古刻多有。今篆文之存于金石者尠矣！讹赝者又甚焉！学者不见古文，各以意为点画。至如《琅邪》、《峄山》，形具焉尔，《陈仓石鼓》，世疑非真；然揆厥典型，此为最也！若乃汉人之书，碑碣额署，粲然犹存；大都奇恣纵宕，鸟骇龙扰，其笔墨之所出入，意象之所来往，隅锷之所激厉，波澜之所动澹。盖亦足以寻其毛角，会其神恉者矣！唐李阳冰书自出新意，一为工整；昔人谓其笔法如虫蚀鸟步：今观所传《怡亭石刻》，奔放跳跃，其于古法，轨辙犹存；余者率妸媚纤脆，盖是俗工摹刻，非其始然！而世之学者，局于所见，苟遂固陋，谓传刻之形为真，訾汉人之书谓诡异，谓篆法不得与楷分同，岂不谬哉！今钱献之玷以其妍俗鄙陋之书，自是所学，以为斯冰之后，直至小生。京师名士盛为篆学，大抵无虑奉为宪章，横街塞衢，牢不可破！余凤好此，未能用力，偶以意作书，为诸老先生所诃怪！独见当世能篆书者，有怀宁邓石如字顽伯，为之甚工；曾一至京师，京师之名能书者，争摈斥之，默默以去。而惜其人拓落，又无他才，众人见其容貌，因而轻之，不足以振所学！"见《与钱鲁斯序》。凡所论议，逐迹穷源，次取其语，足备考览。

养一斋文集十九卷　补遗一卷

　　武进李兆洛字申耆撰。兆洛，嘉庆进士，官安徽凤台县知县；以通儒硕望有闻州部；藏书卷逾五万，皆手加丹铅，校羡脱，正错牾；矢口举《十三经》辞，无遗失，上自汉唐，下及近世诸儒说，条别得失，不检本。尤嗜舆地学，备购各省通志，较亘千余年来水地之书，证以正史，刊定顾祖禹《读史方舆纪要》之与原史不符者。同时交好，如泾县包世臣、仁和龚自珍，敛手交推。集首冠《李凤台传》，即出包世臣手。晚年主江阴之暨阳书院；余伯祖荫湘公，讳维樾余祖榕初公，讳维桢皆受业为弟子。集中《钱君鉴远传》，即余高祖，讳士镜而卒之日："子浩，能守其业，而阔达如之，延名师课子，尽其敬。维樾、维桢皆补弟子员矣，矗然进取，所至未可量也！"又系赞曰："食其报者，其在维樾、维桢矣！"又《似山居图记》为余曾祖观涛公作，讳即浩也；文中称"使令子维桢，索余记之。"又《跋恒星图》云："命江阴六生承如、宋生景昌、六生严、徐生思错、无锡钱生维樾，谨遵《钦定仪象考》，成《岁差加减表》。"又《陆傅严元鼎易参跋》云："无锡钱生荫湘家藏是书，持以示余。"兆洛与桐城方东树、姚莹，新城陈用光、宜兴吴德旋，上下议论，四人者，皆治桐城家言，而兆洛不囿于其说，其论文以不分骈散，导源汉魏，实开同光以来不立宗派古文家法脉；张之洞《书目答问》古文家有不立宗派古文家一目。包世臣所为传，谓"时论盛推归方，崇散行而薄骈偶；君则谓唐宋传作，皆导源秦汉，秦汉之骈偶，实唐宋散行之祖"者也；以故集中所录，骈散杂出；然议论非不俊伟，而诵所作，殊未成家！骈文气敝色黯，绝无光响。散文体窳辞肤，不见精悍。时欲为魏晋之朗润，而无其风华；亦有放欧苏之机利，而逊其气调；左支右诎，无适而可；视张惠言，无其骨重；比之恽敬，又嫌气薄；阳湖三家，不无蛇足之诮！观集中《复陈石士侍讲书》曰："兆洛质仅中人，学乖深造，虽不废诵读，而以粗致驳，以驳致陋，迄无所就；至所为诗文，类多牵率酬应，阅时见之，未尝不赧然汗下也！况敢自彰露以播其恶哉！"则亦未尝无自知之明；然其至者，亦复矜平躁释，自然和雅。而遗集编录，出之及门，徒以多为贵。《初刊本》，为咸丰二年高承钰裒辑同门所藏，以聚珍板排印为二十六卷，尤卑弱猥琐，且有私意窜改糅杂其间；识者病之！此二十卷，为光绪四年戊寅，兆洛之曾孙曰阳者所重刊本，云已删汰讹伪；然犹有未尽善者！采录可诵，篇目如左。

序跋类　骈体文钞序　凤台县志序　凤台食货志序　凤台沟洫

志序　凤台选举志序　凤台人物志序　蔬园诗序　凤氏经说序　皇朝文典序　旧言集序　鸥亭诗集序　太玄阐秘序　周官记序　诗古微序　诒经堂续经解序　两汉五经博士考序　珍艺先生遗书序　小湖诗钞序　邹道乡先生集序　郑愿廷先生集序　赵厚子岱顶看云图序　姚石甫文集序　天籁集序　爱石图题辞续编序　十三经断句序　诗经申义序　过学斋诗钞序　南汉纪序　抱经堂诗钞序　说文述谊序　后汉三公年表序　杨舍郭氏宗谱序　梦游图序　师竹轩赋钞序　跋咸淳毗陵志　跋孙文介公书　跋孙虔礼书景福殿赋　跋恽南田书　跋吴山子游小幕山记后　跋米襄阳书高渤海诗真迹　书完白翁传后　唐荆川先生墨迹书后　跋杨忠烈公手札　跋左忠毅公手札　跋张子琴缙封　藏文衡山札　跋唐营若千字文　皇明修文备史书后　跋恽南田楷书杜诗　跋邓完白真书　跋方彦闻隶书　跋祝京兆小草书杜诗卷　跋元入画卷　鹅群帖跋　自题草书临本后

奏疏类　谢赐平定教匪纪略疏代

书牍类　与祝子常三首　答陶云汀宫保　答汤子垕　与方植之　与邓生守之三首　答穆鹤舫中堂

赠序类　送沈侠侯学博归老序　邓守之字说

传状类　伯兄五初先生行述　江苏学政辛公行述　光禄寺卿康公行状　孝廉方正祝君行状　附监生考取州吏目庄君行状　明登莱巡抚陶朗先传　桐城姚氏姜坞惜抱两先生传　庄珍艺先生传　循吏静溪康公传　外祖奚蕉峰先生传　无心居士小传　沈君梦塘传　董君方立传　礼部刘君传　张君翰风传　陆君劭文传　方君彦闻传　祝君赓飏家

传　贤令黄君仁山传　管生孝逸传　黄潜夫家传　沙生慎之小传　旧言集诗人小传

碑志类　永康州知州方君墓志铭　庆阳府知府盛君墓志铭　东湖县知县洪君墓志铭　旌德县知县陈君墓志铭　石如邓君墓志铭　北江邹君祠版文　署礼部左侍郎康公太夫人顾氏神道碑　魏母符宜人墓志铭　湖南巡抚左公墓志铭　贵溪县知县陆君墓志铭　庆阳府知府薛君墓志铭　涧蘉顾君墓志铭

杂记类　墨石潭顺济龙王庙碑记　玛瑙泉别墅记　移建奎星阁碑记　修凤台县署续记　怀远县重修文庙碑　修承贤馆记　赵收庵先生行药图记　同车图记　季仙九天香常伴图记　陶氏复园记　隐真居记　康竹吾主客图记　似山居图记　游浮山记

箴铭类　凤台厅壁二箴　淮南旧垒甓铭　制古砖砚橱铭其扉　闲啄斋铭　墨磨铭　端砚铭　灯屏铭　周忠毅公遗印铭　笔筒铭

颂赞类　皇上六旬万寿恭颂　再为宜兴史自怡题蒲团小照　题汪稚山独立大师禅话　题东魏永平四年玉佛造像本偈

哀诔类　赵收庵先生诔辞　青州府同知赵公沈宜人哀赞　萧母吴太宜人诔　江苏学使辛筠谷先生诔

右文一百三十四篇。论文不分骈散，论学兼综汉宋。其论治经之法曰："无独是之见者，不可与治经，蔽于所不见也，众喙若雷，此挽彼推，颓靡而已。守独是之见者，不可与治经，蔽于其所见也；盛气所铄，不顾迕错，虚诡而已。"见《诗古微序》。"是故治经之途有二：一曰专家；确守一师之法，尺寸不敢违越，唐以前诸儒类然。一曰心得；通之以理，空所依傍，惟求乎己之所安，唐以后诸儒类然。孔子曰：'述而不作，信而好古。'专家是也。孟子曰：'以意逆志，是谓得之。'心得是也。能守专家者，莫如郑氏康成，而其于经也，泛滥博涉，彼此通会，故能集一代之长。能发心得者，莫如朱子，而其于经也；搜采众说，惟是之从，故能为百世之宗。孟子曰：'博学而详说之，将以反说约也。'不约，不足以成学。不博，则约于何施！彼治专家而遂欲尽废后来之说；矜心得而遂欲悉屏前人之言；皆专己守残，自益其孤陋者也！"见《诒经堂读经解序》。"尝谓汉宋纷纭，亦事势相激使然！明代以八股取士，学士低首束缚于集注之日久；久则厌而思遁！一二才智之士，凿空造奇，一遁而之子，再遁而之史，然皆不能越集注范围。汉学兴，于是乎以注攻注，以为得计；其实非为解经，为八股耳！一二君子倡之于前，无识者乃藉以取名，或甚以此希取富贵，波流至今日而极；而掇拾愈细，其味愈薄，亦稍有厌之者矣！"见《与方植之》。

其论治经必先断句曰："授句读，童子师事也，言学者或略焉！夫经之为书，托于文字，传于声音，显于训诂，定于章句；因文以记音，音别而后求训焉；累文以成句，句别而后求章焉。独文为训，连文而殊。孤句立解，累句而异。句者，文字声音诂训之会，而发挥事理，斐然成章之所始也。故大学始事，即曰离经；离之而后合之也。独字不可诵，句而后可诵，声之引也。声之引资乎气，当讽诵时，缓急出入周疏迟速高下之节出焉，而气随之，而心之解悟因之。善讽诵者，句读明而义理自见，入于耳而不烦于言，气为之也。气之所为眇矣，能授诸神而达之于心。古人诵诗即以学乐，即诗之句读，而乐之曲直，繁缛节奏，一以贯之也。古人之文，如其口语；句读即其辞气云尔。辞气得，则诵其文，如闻其语。故《殷盘》、《周诰》，号为诘屈；

讽诵之久，心神爽然，有心能领之而口不能传之者焉！至于义理之释，凭于字句；一字之上属下属，一句之或绝或连，其差甚微，违迕斯大！刘歆移让博士，已有分文析字之讥，虎观诸儒，此类弥广。康成以下经师竞出新致，几于望文生义，各以意属；而持之成理，或末师贤于往古。此又多师之藉也；而徒以为童子师之事乎哉！"见《十三经断句序》。

其论古文之出于骈以砭末流曰："天地之道，阴阳而已；奇偶也，方圆也，皆是也。阴阳相并俱生，故奇偶不能相离，方圆必相为用。道奇而物偶，气奇而形偶，神奇而识偶。孔子曰；'道有变动，故曰爻。爻有等，故曰物。物相离，故曰文。又曰：'分阴分阳，迭用柔刚，故《易》六位而成章。'相杂而迭用，文章之用，其尽于此乎！六经之文，班班具存，自秦迄隋，其体递变，而文无异名。自唐以来，始有古文之目，而目六朝之文为骈俪；而为其学者，亦以是为与古文殊路。既歧奇与偶为二，而于偶之中，又歧六朝与唐与宋为三。夫苟第较其字句，猎其影响而已；则岂徒二焉三焉而已，以为万有不同可也。夫气有厚薄，天为之也。学有纯驳，人为之也。体格有变迁，人与天参焉者也。义理无殊途，天与人合焉者也。得其厚薄纯杂之故，则于其体格之变，可以知世焉；于其义理之无殊，可以知文焉。文之体，至六代而其变尽矣；沿其流极而溯之以至乎其源，则其所出者一也。吾甚惜夫歧奇偶而二之者之毗于阴阳也！毗阳则躁剽，毗阴则沉膇，理所必至也！于相杂迭用之旨，均无当也！"见《骈体文钞序》。"古之言文者，吾闻之矣，曰云汉之倬也，虎豹之文也，郁郁也，彬彬也；非是谓之野！今之言文者，吾闻之矣，曰孤行一意也，空所依傍也，不求工也，不使事也，不隶词也；非是谓之骈！唐以前，为文者必宗秦汉；唐以后皆曰宗韩退之。退之亦宗秦汉者也；而裴晋公之讥退之也，曰：'恃其绝足，往往奔放，不以文立律制，而以文为戏。'又曰：文之异，在气骨之高下，思致之深浅；不在碌裂章句，隳废声韵也。'昔之病退之者，病其才之强；今之宗退之者，则又病其才之弱矣！然则今之所谓文，毋乃开蒙古而便枵腹矣乎！业此者，既畏骈之名而避之；或又甘乎骈之名，而遂以齐梁为宗。夫文果有二宗乎？吾欲人知骈之本出于古也，为选以式之，而名之曰《骈体文钞》；亦欲使人知古者之未离乎骈也。"见《答庄卿珊附代作骈体文钞序》。"今之古文家，但言宗唐宋，而不敢宗两汉；所谓宗唐宋者，又止宗其轻浅薄弱之作，一挑一剔，一含一咏，口牙小慧，谫陋庸词，稍可上口，已足标异；于是家家有集，人人著书；其于古则未敢知，而于文则已难言之。窃以后人欲宗两汉，非自骈体入不可。今日之所谓骈体以为不美之名也，而不知秦汉子书，无不骈体也！窃不欲人避骈体之名；故因流以溯其源；岂第屈、司马、诸葛以为骈而已；将推而至老子、管子、韩非子等，皆骈之也，今试指老子、管子为骈，人必不能辞也；而乃欲为司马、诸葛避骈之名哉！《报任安书》，谢朓、江淹诸书之蓝本也；《出师表》，晋宋诸奏疏之蓝本也；皆从流溯源之所不能不及焉者也。其余所收秦汉诸文，大率皆如此，可篇篇以此意求之者也。"见《答庄卿珊》。"文章之道，君子之道也，贵近信，贵远暴慢，贵远鄙倍。矫饰造作，不信也。张脉偾兴，暴也。任意指挥，慢也。诙谑杂至，鄙也。不应经法，倍也。盖辞而曰气，则容貌颜色皆举之矣。古无古文之名，昌黎始发之；六代衰飒，昌黎振之也；其振之者，变其容貌颜色耳，辞气未尝有所易。后之为昌黎者日益衰，并辞气而易之；作意奋迅者，非暴则慢；率情抒写者，非鄙则倍。"见《享帚集文钞序》。"其实古所谓文者,温润缜密,有至德焉;未有佻佼鄙僿躁剽而可以为文者也!然昌黎惟序记之作,逞其笔势,小乖体裁;而堤防一坏,狂澜乘之,不可复挽,此亦风会使然!"见《答屈促甫》。"至于古文义法之说,自望溪张之。私谓义充则法自具,不当歧而二之。文之有法,始自昌黎,盖以酬应投赠之义无可立,假于法以立之,便文自营而已。习之者遂藉法为文,几于以文为戏矣!宋之诸儒,矫之以义,而讲章语录之文出焉,则又非也!荀子曰:'多言而类',兹毋乃不类矣乎?八股,义取语录,法即古文之流弊。今又徒存其法,则不类之尤者也!抱此鄙陋,故每有所述,称心而言,意尽辄止,不足与于古文之数也;然犹牵率时俗,为不衷之言,只益赧然!"见《答高雨农》。

其论骈体曰:"齐梁绮丽,都非正声。末学竞趋,由纤入俗;纵或类兔,终远大雅!施之制作,益乖其方。文章之家,遂相诟病!窃谓导源《国语》及先秦诸子,而归之张、蔡、二陆,辅之以子建、蔚宗,庶几风骨高严,文质相附。要之此事雅有实诣,非可貌袭。学不博,则不足以综蕃变之理;词不备,则不足以达蕴结之情;思不极,则不足以振风云之气。"见《答汤子垕》。

其论律赋曰:"文之制,大小惟其称。大宜宏深,小宜清省。大宜密丽,小宜疏隽。律赋体裁,尤当辨此;一语失当,全篇减色。小试之式,同于馆阁,而题益纤琐,惟有浚发巧思,加意吐属,所谓争价一字,得意数联者也。"见《师竹轩赋钞序》。

其论书法曰:"草书绍源于汉张芝;皇象始著精能;逮于二王,其体弥备。原其形用,厥有二端:或法天地之回旋,或象龙蛇之夭矫。回旋者其用圆,夭矫者其势长。右军之作,取圆者多;大令之章,于长为近。其在唐人,孙虔礼,得法于右军者也；长史《藏真》，得法于大令者也。自尔以外，合作盖寡！晋唐名贤，墨迹既不复可得，摹刻则往往失真，甚或长短乖方，点画倒置，以斯传习，遂堕迷津；非悉意追求，冥心体会，略其皮毛，取其精神，固未易语于此道矣！至于用笔之法，则虔礼所云：'始求平正，继追险绝，终归平正。'斯言不可易也！"见《自题草书临本后》。"世传《黄庭内景小楷》，为是右军换鹅书。《外景楷》，则香光以为杨羲和书；唐以前，别未闻有右军草书《黄庭》。宋徽宗乃刻此自题之；而宋以后，选刻家亦无及者；故前人品评无得而详。余偶得此，甚秘之；示泾包慎伯，绝叹赏，以流传无绪，疑黄山谷赝为之。予谓其瘦劲则山谷能之；古奥则山谷不能。怀素《自叙》，似得此法，而肆而不靖。道君《绛霄文》亦有意，而俗而不淳。《戏鸿》所刻谢客诗顿挈，不若此流行自在；且其笔中时挟篆籀遗法，当非右军不能！吴江吴山子以予言为然！江阴陈学博子珊惊异此帖，借以属孔君省吾，双钩重刻。省吾竭数月之力，始成之，极得真际；盖唐人碑版，今人无从拟似；宋人之作，尚有墙壁可傍也；自是此帖遂得不泯于世。"见《鹅群帖跋》。"宋曾开之《跋孙虔礼书景福殿赋》曰：'用笔淳古，有汉魏之风。'可谓妙会！又云；'见《书谱》真迹，与此赋极相类似。'未然也！《书谱》以隽拔取神韵，全法大王；此赋以坚劲出淳古，专追章草；用笔结字，截然分途，各诣其极！学《书谱》者，或姿媚涉俗。学此赋，则雄浑静深，自然古异；而流传不广，亦自知之者稀！"见《跋孙虔礼书景福殿赋》。"米书出于褚。褚摧刚为柔，宛转蕴藉。米恐流为软媚，尽出其锋棱，明其使转盘旋之力，则风韵稍卑矣；然夺门而出，正是智过其师！真迹不可得；得之能细审之，即可悟血脉所自。"见《跋米襄阳书高渤海诗真迹》。"文衡山先生导源诚悬，气体峭劲，而不免鼓努取势。行书则肆力怀仁《圣教》,左官右衭,动合方圆。先生喜书,作之不倦,而年又难高,故吴中传流极尠。"见《跋张子琴藏文衡山札》。"作书小楷难,小草尤难。楷以法胜;草以神胜;法可勉强合;神非绝迹无行地,不能超脱。八法之外,游行九官之中。唐褚登善《阴符经》。参以《急就》。以楷法行之,遂为千古绝作;其后无闻焉!祝京兆大草,深得右军神理而时露伧气;小草则未之见;独见瞿君子雍所藏京兆《小草书杜诗卷》,风骨开展,顿宕纯和,行间茂密,而风致萧远,所录杜诗至四十余首,岂非希世之奇!"见《跋祝京兆小草书杜诗卷》。"籀史之制远矣!今存者惟《猎碣》,其文融会六书,而增损变通之;惜许氏仅存数字;而《汗简》、《四声韵》等,多凿空虚造,不可依准也!邓完白翁《籀篆阴符经书》,乃仅见之作;意取参古文小篆而用之,行笔则一以《猎碣》为法,可为后来作籀书者轨范。"见《完白翁籀篆阴符经书后》。"完白真书,深于六朝人,盖以篆隶用笔之法行之;姿媚中别饶古泽,固非近今所有!"见《跋邓完白真书》。"方彦闻之为学善变。其为骈体也,初爱北江洪先生,效齐梁之体,绮隽相逮矣;已而曰:'此不足以尽笔势!'则改为初唐人规格,雄肆亦复逮之;自以为未成也!其为隶书,慕完白邓先生,为之传赞,精心仿之;既又以不能出完白上,思别出一奇,变为古瘦,亦未成也!方其学完白时所为,体势毕肖,而古俊之气,流溢毫端,要能自成其家!"见《跋方彦闻隶书》。于书法源流正变,缕悉如指上螺纹,尤足备后来考论云!

龙璧山房文集五卷

马平王拯字定甫撰。拯，元名锡振，号少鹤，道光二十一年进士，官至通政使。方清咸丰初，太平军洪秀全发难广西。清帝出大学士赛尚阿督师；拯以兵部曹郎随参军务。集中有《复前教授唐先生书》，于广西当日兵事利钝，言之綦详；诸将独推向荣；姚莹方以宿望为按察使，总理南北两军，拯书中亦致不满，谓"姚公虚声士耳；耄昏荒怪，与官民龃龉，竟不为用"；足备史料之考论。而其文章为梅曾亮所赏，至以归熙甫相许。尝自刻《龙璧山房诗集》；而文集五卷，都凡九十八篇，乃光绪癸未仲冬，善化向万镁刻于平南官舍，记称"此其手录，择存率经上元梅伯言郎中订正"；冠以长沙徐桢立序，而以山阳秦焕一跋殿焉。焕跋称："获睹《龙璧山房诗集》，缠绵沉着，嗣响杜陵。"惜未之见！今诵其文，虽词笔未臻洁净精微，而气调则颇倜傥岸异，在唐宋八家中，气体于柳子厚、苏东坡为近；特为子厚之警遒，而无其雅练；敦东坡之议论，面逊其疏快；而亦时喜为闲情眇状，以为归氏学史之遗，而意味不深长辞趣不隽永！采录可诵，写目如左。

论说类　汲黯论

序跋类　武夷山志序　泰山纪游图序　存恕堂遗诗序　先大父端溪砚说后序　婴磎课诵图序

书牍类　复前教授唐先生书　与朱濂甫侍御书　答彭子穆书

赠序类　送龙翰臣典试粤东序　送陈伯渊赴官东河序　送范伯崇教谕万县序　送苏虚谷序　送汪仲穆序　彭母甘太孺人寿诗序　张母王太夫人六十寿诗序　刘母蒋太宜人寿诗序

传状类　计蒙龙传　袁乐忠传　户部江南司郎中汤君行状

碑志类　休致直隶广平府知府杨君墓表　陈冀子先生墓表　翰林院编修曾君墓表　翰林院检讨时君墓表　彭子穆墓表　东城兵马司副指挥刘君墓志铭　湖北松滋县知县张君墓志铭　广东遂溪县知县曹君墓志铭　龚孝先墓志铭

杂记类　独曜斋记　待苏楼记　游百泉记　游衡山记　游石鱼山记　游七星岩记　游天湖山记　波罗观日记　罗浮观瀑记

哀祭类　张亨甫哀词　赖子莹哀词　黄香甫哀词

右文四十一篇，集中《与梅伯言先生书》，谓："熙甫之文，昌黎、庐陵而后，殆数百年一人而已！""我朝二百年间，继有明归熙甫氏起者，惟方灵皋氏、姚姬传氏。彼其所为，皆上承先圣所遗，中有关于人心学术之大，而下可征于来世。"而《与陈抱潜书》，则谓："方氏以文章为当世宗；观其治经，能得古圣微言大义，不为丛琐固僻之谈；而于《周官》《仪礼》，尤能剖析真伪，发微阐幽，举刘歆等窜乱之罪，启千古之蒙。其为文章，笃雅淳厚，去一时才人策士乡塾稗官之习；心诚好之！比来京师，稍见当时贤豪者所为文章，或博辩而多诡杂；或澹泊而实空疏；或俗俚之见，未去于胸，则其言恒弇鄙而背道；求其趋向之正，无与方氏比者！独惜其规轴微隘，而文采勿彰，未能兼采古人，如老、庄、淮南、列御寇、孙、吴、贾、朝之众长，出以弹压一世高才博学之士；此其未竟之绪，有贤哲者衍而充之，去其隘以即于宏，俾天下长短巨细魁哀奇特之众长，咸乐就吾之径途而一出于正；此为功于圣贤立言之道甚巨，所日企之而未见也！"即此可阅论文之宗趣焉。

经德堂文内集四卷　外集二卷　别集二卷　经籍举要一卷　汉南春柳词一卷　附梅神吟馆诗草一卷

临桂龙启瑞字翰臣撰。附《梅神吟馆诗草》一卷，则启瑞继室善化何慧生字莲因撰。启瑞，道光二十一年进士一甲第一人，授修撰，累官江西布政使。曾国藩《欧阳生文集序》称："乾隆之末，桐城姚姬传先生鼐，善为古文辞，慕效其乡先辈方望溪侍郎之所为，而受法于刘君大櫆及其世父编修君范，治其术益精，由是学者多归向桐城，号桐城派。其不列弟子籍，同时服膺，有新城鲁仕骥絜非，宜兴吴德旋仲伦。仲伦与永福吕璜月沧交友。月沧之乡人，有临桂朱琦伯韩、龙启瑞翰臣、马平王拯定甫，皆步趋吴氏吕氏，而益求广其术于梅伯言；由是桐城宗派，流衍于广西矣。"方启瑞仕宦京朝，与朱琦王拯论文章，必以梅氏为宗。启瑞《上梅伯言先生书》，至云："比尝与少鹤言，继自今吾党有所作，当一以寄正于先生。"是于梅氏为亲接，于桐城为转手。今诵其文，条达疏畅，意尽则言止，词足而理明，与王拯《龙璧山房文集》伯仲之间，而不同桐城之含茹吞吐，有余不敢尽。大抵明畅差似东坡，而逊其警辟；拗折亦敩半山，而无其瘦硬。《外集》后附骈文，其原出于庾信，颇为排荡开合，而意欠警炼，词未朗秀。《别集》及《经籍举要》，则视学湖北时条教，诰诫诸生而作。词工小令，凄丽清婉，颇得晏殊父子之遗焉。其子继栋以光绪四年刊于京师；文集前有吾邑邹鸣鹤序；而检词后有继栋跋，知尚有《诗内集》三卷，《别集外集》各一卷，与《文别集》同时刊，惜轶未见！采录可诵，写目如左。

骈文　跋长沙黄虎痴先生所藏颜帖后　征和芙聘女史绝命诗

启　题明茶陵陈氏文选补遗后

论说类　明论　隐公论　伊尹五就桀解　病说

序跋类　张氏说文谐声谱序　谌云帆诗序　彭子穆遗稿序　粤西团练辑略序　读曹参传书后

书牍类　到任告示　致曾涤生侍郎书

赠序类　赠潜山李大令序　送顾太守序　赠吕介存南游序　赠周熙桥序　赠唐子实序　韦寿岩先生五十寿序　座师王雁汀先生五十寿序

传状类　麻公家传　何雨人家传　皮靴和尚传　老仆秦寿传

碑志类　兵部侍郎都察院右副都御史江南河道总督杨公神道碑　陈梓丞墓志铭　谷城县知县表兄黎君墓志铭

杂记类　劝学记　过绎山记　月牙山记　东乡桐子县先茔记　大冈埠团练公局记　江亭闻笛记

哀祭类　祭座主杜文正公文　李鼎西哀辞　再祭刘恭人文

附词　临江仙　湘春夜月秋燕　蝶恋花秋海棠　如梦令　满庭芳　江城子绰约新娇生眼底侵寻旧事上眉尖问君别后愁多少得似春潮夜夜添此蔡君谟绝句也余甚爱之因作此词以寄其意　洞仙歌听书声　琐窗寒书中干蝴蝶　踏莎行　菩萨蛮　忆萝月　摊破浣溪沙　望江南　双调　南乡子　又　摸鱼儿　如梦令　探芳信　江城子　蝶恋花　阮郎归　临江仙

右文三十四篇，词二十二阕。大抵论学不废考据，而不甚重考据；论文不废义法，而不专重义法；皆承桐城家言之绪论。

其论朱子《诗集传》曰："自来说《诗》之家，厥有二道：汉儒多墨守经师之古训。宋后儒者，始务竞心得，扫弃旧说，而以己意测古人于千百载之上；其能得古人之意者，固时有之，而其空疏无据者，亦往往然矣！自朱子《集传》出，乃克荟众说而折其衷。观其集中与门人言作书之大意，实与孟子以意逆志，不以辞害志者若合符节；举凡汉儒胶固拘滞之蔽，是书出，始一洗而空之；有宋诸儒之说，亦至是始得所论定。故自春秋以来，善读《诗》者，惟孟子；而善会孟子之言，则朱子一人而已矣！后之言汉学者，以其毁斥《小序》过甚，又解诂多不从古义，遂致不满之词。不知朱子当日精择详辩于汉儒之堂奥，固已足履而身亲之；特其所见以为如此，圣经至重，不敢迁就以自成一家之说，然其教门人看《集传》者必兼读古注；是知朱子之心，原未尝因已有成书而遂废儒先之说，乃欲人并习儒先之说以知己求是之意也。近世学者于毛郑传笺，概置高阁。不知古贤传授渊源具在，而朱子取舍之意，亦藉是以识别于其间。向拟辑为一书，以朱子《集传》大旨标举于各章之下，复引《小序》而下，汉儒专门之说附焉，使学者知《集传》之外，古说诗者之家法如是，又可知朱子慎择之意之所存，名曰《诗经今义证》。"见《复闵鹤子书》。

其论古韵以《诗三百》为准曰："平上去入四声，始于永明，而定于梁陈之世；当日沈约诸人精通音律，制为四声以括天下之字，盖有必不可得而增，必不可得而减者。今以《三百篇》验之：平上去三声多通协，入声辄多独用，中惟上去二音所辨甚微，盖其高下抑扬之间，亦如平声之有阴阳也。而阴阳之分，如物之有表里；上去之辨，如音之有节奏；表里同是一物，举其表而里即在；节奏非是一声，欲废其一，则音不全；此阴平阳平之部，可以不立；而上去二声，必不可得而并也！凡入声字用平声旁纽，故凡有入声之部，皆须转音，然后得入。倘有入声在本部，而与平声为正纽者，皆非其入声字之正音也。以今音读之，如之止志职为正纽，则职当读如折，朱主住蜀为正纽，则蜀当读如濯之类。又如之部之直，支部之益，以今音皆与本部平上去三声正纽，以古音求之，则二字皆为去声，以入声于本部无正纽也。余并仿此。入声，古所谓急语，又所谓短言；并见《何休公羊解诂》盖其字多由平声矢口而得，如登为得川为祝之类，即由上去转者亦然，如趣之为促，害之为曷，恶恶度度之类，皆以两字相切而成。中间更无枢纽，不经过上去二声，即可由平得入。上去二声，由平声长言咏叹，乃可识其节族。惟入声则不然。又凡平上去三声，皆可相引而长；至入声则戛然而止，此其谓急与短之义也。凡四声相配，惟平上去可谓之叠韵；而入即谓之双声。盖平上去三声之字，其形与声皆相承而下；惟入声字不然，故皆形在此而声在彼者，为其声皆转然后得，故谓之为入；入者，言自乎此而入乎彼者也。转声之字无常，故可以数韵之平而共此一韵入声之字。转声之用又无定，故以此部之偏旁，搀入他部而不为嫌也。凡平上去之偏旁皆有自甲之乙者，必为转声，以此推之，入声之为双声益信。近之言古韵者，每谓某韵有平无上，或有平上而无去入，或有去入而无平上。吾不知所谓无者，特就古人所用之韵及《说文》谐声之字验之乎？抑将以四声递转求之乎？如以四声递转求之，则天下有有声无字者，断未有无字而并无其声者，试以《等韵》求之，可见也。如谓此字古不经见，或有此字而古未尝用为此声，遂谓某部某声，理当废绝。不知古人制字之时，原未尝求其声字俱备。且如未有四声之时，则平声可读上，上声可读平，去入声皆可读若平上，而又何有平上而无去入，有去入而无平上之可言乎？以四声较之：惟入声音节迫促，疑古韵中自为一类，其与平上去三声通用者绝少；《说文》偏旁之字，亦多与三声不合。又有偏旁之字，只有三声而无入声者；此入声无正纽之说。又有得声之字在此部，而其声多转他部者；此入声有旁纽之说。故亭林顾氏谓古无入声。而入声偏旁，又多从去声而转，此段茂堂古无去声之说所由来。要而论之：以今音证古音，以古书证古韵，其所得者已十之七；但谓某部中古无某声之字则可，谓某部中古无某声则不可也。论古韵者，自亭林以前失之疏；自茂堂以后过于密；江慎修氏酌乎其中，而亦未为尽善。亭林规模已备，中间营卫未立，小小越畔，时或有之；其考据精确，则不可磨也！茂堂细筋入骨，分肌擘理，其分之脂支三部，能发前人所未发；余所分者，求之古经，率多可据；其分配入声，未极精审，不免千虑之失；然而分合周备，条理井然。后之阳湖张氏、高邮王氏、曲阜孔氏、歙江氏诸子之学，皆博足以综其蕃变，精足以定其指归。要之诸家越分越密，皆由茂堂氏精而求之以极于无以复加之地。间尝取其书读之；则张皋文氏之分为二十一部者，与高邮王氏略同。张氏言：'凡言古韵者，分之不嫌密，合之不嫌广。惟分之密，其合之也，脉络分明，不至因一字而疑各韵可通，亦不至因各韵而疑一字之不可通。'其依据《说文》，折衷经韵。"见《古韵通说总论》。"以《诗》韵为经，以《说文》为纬；其于韵也，则丝联绳引，如祖孙父子，必有谱系之可寻；其于字也，则类聚群分，如主伯亚旅，各有部居而不越。因韵以考其字之偏旁，而知同形者，古音必同部；因字以考其韵之通转，而知异用者古韵必异音。其部分标目，以诗中先出字为建首，一洗纷纭缪葛之习；其书较段氏为密而不失之拘。嗣是刘申甫有《诗声衍》之作，分部较详，然皆推张氏之意而广之，未有能加密于此者！盖谈古韵之书，至此为集其大成也！"见《张氏说文谐声谱序》。"惟《诗经》中有明知为韵而龃龉不合者，如冲阴，谌终，调同，造士之类，顾氏江氏以为方音，或曰通用假借；段则以为合韵。三者之说，段为近理，而未为尽善！夫言方音者，无论圣人修辞立诚，何至于乐操土音！即谓方音可用，如《桑柔》以东韵殷，《小戎》以中韵骖，《云汉》以虫宫宗躬韵临，江氏以为皆西周及秦之诗；当日关中固有此音矣，何以夫子传《易》，于屯，于比，于艮，其用韵复与《诗》合？试思鲁地去关中千有余里，果其两地相同，即不得谓之方音；此固不待辩而明矣！段氏分部最严，于古韵所不可通者，皆谓之合韵，不止于冲阴谌终等也；而皆不至如顾氏江氏之无说。且其合韵多以异平同入为枢纽，即声近相转之例，于文字音韵之理，实能洞见本原；特不宜以合韵加之古人。夫古人之韵，吾既不得而见之矣，又安知何者之为合耶？宜乎笃守亭林十部之学者，群起而议之也！夫合韵不外乎转声，转声不外双声；今人所谓双声，即汉儒所谓声相近也。凡声近者皆可转，而不近者不能焉。今试取《三百篇》之龃龉者而论之，有一不出于双声者否？段氏知此理而不肯以立言，顾为合韵之说以自遁。夫言韵，则有一定之限，故出此入彼，人皆得以越畔讥之。言声，则递转而无穷，即又何必以实系可转之音，而乐就乎渺不可知之韵？故今之言古韵，言方音，不如言合韵；言合韵，不如言转声。转声之说，自钱竹汀詹事发之。詹事《声类》一书，近罕流传，故其说人多不省及；而实开字学音学之奥窔。《诗》之以双声为韵者，《宾筵》四章以呦韵傲，即转呦之音如疑；呦、疑，双声也；呦不与傲韵，而疑与傲韵矣。《谷风》三章以怨韵萎，即转怨之音如谓；怨、谓双声也；怨不与萎韵，而谓与萎韵矣。《桑柔》八章以瞻韵相，即转瞻之音如章。瞻、章，双声也；瞻不与相韵，而章与相韵矣。推之群经诸子用难韵之处，无不皆然。大抵古人作诗，兼用转韵。试以时音譬之；如东董洞独既是正韵，则登等嶝德即是转韵。今人但知东董洞独可为一韵；而不知登与东，等与董，亦可为韵；嶝德与洞独亦可互通为韵也。然古人用正韵之时多，而用转韵之时少；即其可通转者，亦必有通转之法，而今不可识矣；尚可考者，于许氏《说文》偏旁谐声之字，往往得之。夫谐声必取诸本韵，夫人而知之也；至有取诸转声者，小徐旁纽之说，略发其端绪；近日茂堂段氏注中屡言之；绿友王氏又于《说文释例》中详言之；而拘者未之信。试以数字明之：如曼，冒声也；冒音如帽，又读如墨，帽与墨皆曼双声；今必谓曼不与冒韵，当从又冒，删声字，则他处恐有不能尽删者矣！萑，萑声也；萑许书读若和，而萑读如桓，桓与和双声也；今必谓此两字当读为一韵，则未知当从萑入歌韵乎？抑从萑入寒韵乎？此两文之异读，不始于今日矣！推之敢从古，双声；近有谓从占声者，其说非是。凡双声为声之字，较之叠韵尤为亲切，以叠韵是旁行，其类尚宽，双声为直射，其法更密，非深思不悟。汎从八，双声；叢从取，双声；壮从士，双声；苋从首，双声；輄从轨，双声；泪从冥，双声；宪从害省，双声；充从育省，双声；怍从作省，双声；神明变化之中，仍复条分缕析。又可证者，凡或体中所从之字，多与小篆双声递变。如魝本日声也，而或从刃作剺，则刃与日双声矣。萉本肥声也，或从黂作黂，则肥与黂双声矣。玭本比声也，而夏书从宾作玭，则宾与比双声矣。如斯之类，不可胜言。又凡古今音韵之流变，皆由双声递转，无论假借通用与夫习讹传讹及五方言语不齐，皆可于双声求之。许书中有读若读同之例，虽非尽三代以前之韵，亦非汉以后之音；其间以双声递转者，如姐，本且声也，而读若左；操，本枭声也，而读若敖；舠，本刀声也，而读若兀；糵，本櫱声也，而读若靡；此亦可推寻其故者。凡汉儒解经，多通其音义以为训诂。郑注《礼器》，撕之为言芟也；

芰与撕为双声，盖芰之本音如殊，有糈之读若芰者可证；而芰之转音又如衫，有霰之读若芰者可证，郑注若用芰之转音，则芰撕叠韵；若用芰之本音，则芰撕又为双声；此亦如《仪礼·士虞礼注》以禫服之禫为导；《考工记》，瓬，先郑读为甫，后郑读为放，盖因禫与导双声，甫与放双声，可通借互用也。然此岂惟郑注；许君说解固恒有之，如八，别也，粤，于也，木，冒也，鼓，郭也，健，伉也之类，开卷即是，不假思索；又如打本丁声也，而今读答上声，则顶与打双声也；西本先音也，而今读入齐韵，则西与先双声也。推之喁禺，旂斤，芹开，风凡之类，又无不皆然。昔者由本音而变为转韵，今也即可由转韵而知其本音。且闽人读举如鬼，读人如灵，举鬼，人灵，双声也。秦人读风如分，读宗如租，风分，宗租，双声也。凡南人入声之字，今北人多转为去，由其所转推之，固亦无不双声也。故知双声之为用不穷，然后可以推古音之原本，可以识今音之流变，可以订方音之讹误。读《诗》而不知双声可为韵，将有本韵而谓为非韵者，读《说文》而不知双声可为声，将有本声而谓为非声者，其误岂小小哉！"见《古韵通说总论》。

其论司马光《通鉴考异》朱子《韩文考异》曰："《通鉴考异》、《韩文考异》，虽善本；然非今日学者之急务。盖此等书，不过刊正讹谬，辩别同异，于全书大致，无甚损益；在学业有成者，乐藉之以为考核之助；否则初学读《通鉴》，便当明于治乱安危之故；读《韩集》，便当学其卓然自命之志，超然越俗之文；即不观考异，未为大失！近日考据家，争持于一字半句间，往往逐其末而失其本；此二书经大贤先儒手定，固与凡经生书有别；然以云导引初学，有益后进，似尚未可也！"见《复邵蕙西书》。

其论古文义法曰："窃怪今之文所以靡弱而不逮于古者，则亦有故焉。自汉班、马、贾、董之俦，其人皆笃学早成，因以其余著书而传后世，故其文成法立；非有所规摹结束而为之也！逮唐之韩柳，宋之欧苏者出，其文乃始有法；然皆洒脱放旷，务尽其中之所欲言，且人人自为面目，初未尝画为一途，谓天下之文尽出于是也！自明归震川氏出，而论文之道，始归于一。夫归氏之文，其于韩、柳、欧、苏，诚未知何如；要可谓具体而微者也。特其生当有明文运衰薄之后，一二荒经蔑古者踏驳败坏之余，于是寻古人之坠绪，而一一以法示之；彼其心诚救时之弊耳；然而其才或有所蓄而不敢尽也！继归而起者，为本朝方灵皋侍郎，其于义法乃益深邃。方之后为刘为姚，要皆衍其所传之绪，而绳尺所裁，斵斵然如恐失之；故论文于今日，昭然如黑白之判于目，犁然如轻重长短之决于衡度也；虽高才博学之士，苟欲背而驰，其势有所不能！吁！后有作者，习归方之所传而扩而大之，可也；如专守其门径而不能追溯其渊源所自，且兢兢焉惟成迹之是循，是束缚天下后世之人才而趋于隘也！揆诸古人待后之意，庸有当耶！然其中又有不可强者。当归方之时，求韩、柳、欧、苏不可得，而况于班、马、贾、董乎！而况于百余年之后，守归、方之义法而聆姚、刘之绪论者乎！夫文之尽而至于无所用力，苟徒循文以求之，亦终见其勤苦难成而居古作者之后已！此意未可与不学者道也！"见《致唐子实书》。

其论韩昌黎诗曰："公古近诗四百一十余首，所存最精；常语皆有光彩，淡语皆有古味，故能拔出李杜之外而独树一帜！后之文人为诗者自公始；柳子厚弗能及也！有宋东坡才力杰出，纵横跌宕，然后文人之理，无不可以入诗；诗之教至此而始大，其为用亦于此始宏；较之有唐以专门名诗者，益觉其隘矣；

而其源实自公发之！公之拣辞造言，屈郁盘劲，虽东坡亦不逮也！"见《书所选昌黎诗后》。

其论近人杨性农诗文曰："所作诗文皆有标举出尘之致，而古文尤卓然为今世之所希。大约古澹而昧弥长，质直凄恻而情益永，盖学临川几得神似；而清微澹远，则又震川学《史记》之文也。"见《复杨性农》。

其论词曰："近之词家，专取曼声弱字，以为不如此则不得谓之当行；此亦如古文家之守绳尺，异己者则谓之不工也！安得一才力大、宗法正者，起其衰而返诸古乎！"见《复王少鹤书》。要删其语以俟考论。

怡志堂文初编六卷　诗初编八卷

桂林朱琦字伯韩撰。琦举道光辛卯乡试第一，乙未成进士，由翰林历官御史，章数上，有直声。太平军洪秀全起广西；琦以清廷命在籍办团练。张家祥之来降也，官吏多疑之；琦独识其人忠果可任，力保无他；后更名国梁，卒为名将。琦以团练劳，议叙道员，随浙江巡抚王有龄幕游杭州，总办团练局。既而李秀成以太平军袭陷杭州，琦死焉。琦之古文，尝奉手梅曾亮，集中有《柏枧山房文集书后》，称："梅伯言先生，道光壬午进士，不乐外吏，以赀入为户部郎，居京师二十年，笃老嗜学，名益重。一时朝彦归之，自曾涤生、邵位西、余小颇、刘椒云、陈艺叔、龙翰臣、王少鹤之属，悉以所业来质，或从容谭宴竟日。琦识先生差早，迹虽友而心师之。先生亦谓琦曰：'自吾交子，天下之士益附，而治古文辞者日益进。'"观琦为文，长于持论，文机疏快似东坡，笔情拗瘦出半山；在桂人士中，与王拯龙启瑞差相伯仲，而琦之规模稍隘。诗则自谓得法杜韩；而五七言古出入苏黄，词劲以达；律则浑脱浏亮，不为昌黎山谷之硬语拗体。独其集中《咏古》十首之八云："宋诗从韩出，欧梅颇深造。荆公独峭折，硬语自陵跨。诗教根性情，观人殊静躁。湖阴坐吟赏，于我亦私好。"又集中《答友人论诗》七古一章，有云："古声淡泊味者少，自提一律归精坚。平生宗法有数子，李、杜、韩、白、苏、黄、元。"又《六月十二日集林颖叔寓斋为山谷道人作生日》五古云："西江派自别，晁张军久敛。汗下奉瓣香，万古此坛坫。"又《月夜过润臣汀鹭次前韵》第二首云："抗今夸诗胆，望古忽懦敛。苏黄无轩轾，北宋两崇坫。"又可想见宗趣所在矣！其《诗文集》，以同治甲子冬刊于京师；而《文集》前有咸丰七年十月潘曾绶，同治七年三月谭献两人序；后有同治四年小阳中浣倭仁跋及《两浙忠义录》中《朱御史传》；《诗集》前有咸丰七年八月，阳湖杨传第序，后有钟秀及其宗人鉴成书后。采录可诵，写目如左。

诗类　群玉岩　兵书峡　浯溪镜石　漯安河　饮汤海秋师寓斋读近稿赋呈　范将军挽歌　官诫十六首　酬余小颇农部　古意一首和杨紫卿　秋感八首　酬曾涤生学士十首　林菊史移居城东出种竹图索诗　九月十日发通州　上滩五首　上滩续得三首　暮秋气渐寒作怀人诗五章寄粤中诸子同友人饮舟中二首　同王子章罗以村游隆中谒武侯祠二首　梁园三先生诗　至京馆翰臣寓斋叶润臣思归不得作江汉归舟图示意　亦梅索题天竹斋图　绣山致经堂图　润臣出示犀角槎杯席间索句　萧芗泉旧藏尺五庄探雪图笔意疏淡展玩久之因感昔时春游漫题数语图为万廉

山作西江高手也以上五言古　同竹轩宗老游隐山　石门道中　大雪示陈艺叔并简梅伯言农部　酬冯鲁川比部　老兵叹　朱副将战殁他镇兵遂溃诗以哀之　校正亨甫遗集作诗志哀　张受之空斋昼静图子贞太史既用东坡墨妙亭韵为题一诗又云受之名辛善篆刻欲得余诗镌两印见贻余感其意为次前韵奉酬　况芝房炊雪图　子寿将归作螺洲曲见志余为广其意得七章　和汤敦甫师相游龙杖歌　刘宽夫侍御招集同人寿东坡先生忽忽今数月矣为补此诗　冯少渠大令空山吟趣图　招集钱石叶饮藕园临别赠之以诗　越日湖口风未息示何镜海　湖上观打鱼再次前韵　建阳怀古寄予寿比部并呈展云廉舫　司马绣谷善绘事醉后尤奇席间出采芝图索诗　黄少兰司马自江南来席间话张殿臣镇军战事歌以纪之　酬王少摩大令即送之官豫中　符南樵索题半亩园订诗图越日复招子贞润臣同饮　同润臣仲穆至极乐寺看海棠因游万寿寺而归　润臣席上食笋甚美戏为长句并呈汀鹭　钱南园侍御画马诗为润臣阁读作以上七言古　新铙歌四十章　狼兵收宁波失利书愤　浮丘子挽歌　长安两少年行和湘帆农部即赠逸斋叔起并简子寿　钱冬士破车图歌　题金陵被难记抒愤　长沙官吏祭军门塔齐布诗以纪哀　读王子寿论史诗为广其意得七章　陈凝甫舍人出示尊甫九香大令紫云研册　四月三日叶润臣孔绣山招集同人于慈仁寺为展禊之会是日先致祭顾先生祠然后与会　绣山尊人宰瓢城有惠政作瓢城吏歌美之　六月廿一日欧阳文忠生日林颖叔水部同少鹤农部招集松筠庵拜公绢本遗像润臣舍人亦携诗龛摹本张壁间图为颖叔所藏上有乾隆御墨并晁李二跋分得宜字安园古松歌以上杂言古　陈东桥招饮秋庐　寄杨紫卿零

陵集杜五首　当阳道中　长阪瞻关坡遗迹　晨起　元夕独坐忆弟　月下再寄舍弟容庵以上五言律　彰德道中同友人作　冯展云有诗仆欧阳泰持诗送行聊答其意　饮丰乐酒自嘲　胡新泉出示石臣姻丈遗墨山水长卷自题云零落人间一角山和者多次韵适余亦编次先大夫遗诗感题卷末　移居萧芗泉侍御紫藤山馆雨后简仲穆并示陈凝甫中翰　夜雨次前韵寄鲁同甫以上七言律　李小庐招饮藤花馆赏藤花三首　杂咏十五首　湘中杂咏九首以上七言绝

论说类　辨学上中下　孟子说一二四三首　名实说

序跋类　读货殖传　读酷吏传　藤花馆诗序　蔡槩盦太史诗集序　王少参遗疏书后　书欧阳永叔答师鲁书后　自记所藏古文辞类纂旧本　书郑比部四策后　潘四农手札书后　书黄鹄山人诗卷后

右诗二百又三首，文十七篇。集中《自记所藏古文辞类纂传本》曰："自桐城方望溪侍郎以义法为文。刘耕南学博继之。而姚先生以所闻授门人管异之、梅伯言，为《古文辞类纂》七十五卷，为类十三，曰论辨，序跋，奏议，书说，赠序，诏令，传状，碑志，杂记，箴铭，赞颂，词赋，哀祭；一类内而为用不同，又别之为上下篇。先生每类自为之说，分隶简首，自明去取之意；而于先秦两汉自唐宋诸家以及本朝，尤究极端委，综核正变；故曰：'学而至者，神合焉。学而不至者，貌存焉。'学者守是，犹工之有绳墨，家之有律令也，无可疑者！惟碑志类云：'志铭不分为二，不得呼前志为序。'南雷《金石文例》颇主此说。琦谓古有有志而无铭者，亦有有铭而别属他人为志者，似志铭亦当有别。古人于叙事之文，恒曰志；志者志也，不独铭墓。若谓前志不可呼为序，必别书有序二字；此则昌黎亦不尽然，非欧公不能办也。又先生于唐以后所取稍隘，虽李习之仅录《复性书》下篇，其他存者盖尟矣；而于方刘之作，所收甚多，岂侈其师门耶？同时业古文者，有无锡秦小岘、武进张皋文，于桐城为近。而新城陈硕士最笃信师说，其学初求之鲁山木，又有朱梅崖、恽子居，亦好为文，声名藉甚。山木喜称说梅崖，而材稍粗，子居材肆矣，间入伪体。故至今言文，必曰桐城。先生弟子，今存者梅伯言。伯言文与异之上下，而劲悍或过。异之惜早逝！伯言居京师久，文益老而峻，吾党多从之游；四方求碑版者走集其门。先是吾乡吕先生以文倡粤中，自浙罢官，讲于秀峰十年。先生自言得之吴仲伦；仲伦亦私淑姚先生。是时同里诸君如王定甫、龙翰臣、彭子穆、唐子实辈，益知讲学；在京师，又皆昵伯言为文字饮，日夕讲摩。当是时，海内英俊，皆知求姚先生遗书读之；然独吾乡嗜之者多！伯言尝笑谓琦曰：'文章其萃于岭西乎！'此可以见桐城文学流衍广西之端绪焉。"又《邹抚军所藏林文忠公遗诗书后》称：邹言："过南昌时，与林文忠师弟一再见，重以姻好，且曰'毋以恒仪聘！'昔欧阳子居颍，于门下士笃爱苏长公，以女妻其子迈；今岂异是耶！故于纳采，不以他物，而俪以两《文忠集》。林公顾而笑乐。"邹，即吾邑邹壮节公鸣鹤也。前辈风流，令人神往！

邵位西遗文一册

仁和邵懿辰字位西撰。懿辰，道光举人，官内阁中书，迁刑部员外郎，充军机章京。咸丰十一年十一月，太平军陷杭州，被絷不屈死。湘乡曾国藩集中有《仁和邵君墓志铭》，谓："位西之学，初以安溪李文贞公桐城方侍郎为则，摈斥近世汉学家言，为文章务先义理，不事缛色繁声，旁征杂引以追时好。至京师，与上元梅曾亮伯言、临桂朱琦伯韩数辈游处，博览国故朝章，其文益奥美盘折。乱后，仅得文三十余首，刻之淮安。"即此册也；同治四年，盱眙吴棠刊而叙之，又有山阳丁晏一序。其文凡三十五篇，大抵于梅曾亮为亲接，于姚桐城为转手，所以辞笔颇能拗折，气息未极浑古；有时紧峭沉挚，如王半山之令人竦动；亦有纡徐往复，如归震川之发人低徊；惜其拗峭而未能盘郁，则余于劲而促于气；淡荡而未能简隽，则枵于辞而啬于神；然亦桐城家之支与流裔也！采录可诵，写目如左。

论说类　文人少达多穷

序跋类　书靳文襄生财裕饷第一疏后　书太史公自序后　题寒机夜课图后

碑志类　吴子朴墓志铭　前福建水师提督许公墓表　葛壮节公墓表　钱子方墓表　易安人墓表

传状类　孝子王立斋先生传　戴文节公行状

杂记类　仪宋堂记　仪宋堂后记　记汶上刘公抚浙事

右文十三首。此册每首有墨笔批识，尾署作人弟庞祖文拜读，不知何人，录以俟考。

寓庸室遗稿一册

诸暨余坤字小颇撰。坤，道光进士，累官雅州府知府。方在京曹，以诗古文与梅曾亮相切磋。文章学韩，未臻雄浑；而瘦硬拗折，逼真荆公，所造在邵懿辰之上。而诗则五七言古排鼻振荡，由韩学杜，而不为韩之槎枒；律体则以宋人之筋节，运唐贤之格调，乃衍惜抱翁一脉，思锐而律浑。此为坤手稿，有梅曾亮、姚莹、朱琦、杨彝珍及吾邑秦缃业同时诸公圈点评语。其曾孙重耀以民国七年戊午，在南昌付石印。采录可诵，写目如左。

诗类　题友人兰室　南国有佳人行　归宁篇　题杨检斋湖口揽胜图　不寐作　偶述　三哀诗以上五言古　骏马行　古从军行　对雪　李大令画鸡歌　即事　晨以职事入禁廷车中作以上七言古　微醉　夜过伯韩　赠姚石甫观察以上五言律　登龙山望海亭　感兴十二首　散直　夜坐述怀用伯言夜话见示元韵即奉答三首以上七言律　咏兰以上五言绝　德胜门外以上七言绝

文类　骆东溪墓表　书周赠君行状后　双卷竹笔筒铭

右诗三十七首，文三篇。

柈湖文集十二卷

巴陵吴敏树字南屏撰。敏树，道光壬辰举人，官浏阳县训导。集中《记钞本震川文后》曰："余既别钞震川之文而序之；后三年甲辰，携之京师。同年友武陵杨彝珍性农从余借去。阅数日，瑞安项孝廉傅霖来访余，盖从性农所见此书，袖以来，而乞钞其序目云。因为余言京师名能古文者，有江南梅郎中曾亮其人也。又数日，余往答项君，而梅先生适来，因相见于其座。余自是始识梅先生。梅先生既见余此书，因以语朱御史琦、邵舍人懿辰、王户部拯，皆京师古文学者。诸君皆来识余，皆以此书故。"顾曾亮最为老宿,方以桐城文派之说启导后进,其言由桐城姚、刘、方三氏,上溯明归震川氏以嗣音唐宋,为古文正宗。敏树顾谓文必得力于古书,不当建先生之言以自隘。其后曾国藩为《欧阳生文集序》,叙述桐城流派所衍,称引及敏树。敏树遂与友人书极论之,所以自别异甚力,即集中《与筴岑论文派书》,是也。其集为光绪癸巳仲夏思贤讲舍开雕,冠以长沙王先谦序,湘阴郭嵩焘《墓表》,杜贵墀《传》。《墓表》谓:"是时上元梅郎中曾亮倡古文义法京师,传其师桐城姚先生之说;唐宋以后治古文者,独明昆山归氏,国朝桐城方氏刘氏相嬗为正宗。君少习为制艺,应科举,独喜应试之文,崇尚归氏;闻归氏有古文,求得其书,择其纪事可喜者,裒然录之成册,不知其时尚也。游京师,有见者以闻于梅郎中;于是君能为古文之名日盛于京师。而君言古文,顾独不喜归氏,以为《诗》、《书》六艺,皆文也,其流为司马迁;得迁之奇者,韩氏耳!欧阳公又学韩氏而得其逸;而自言为文能得欧阳氏之逸。归氏之文,同得之欧阳氏,而语其极未逮也!故于当时宗派之说,不以自居。"又云:"湖南二百年文章之盛,推曾文正公及君。"《传》则云:"厌薄时人以摇曳取媚为归体,著《史记别钞》以正之。近今称古文者,必首曾文正及先生。"而《曾文正公集》有《复吴南屏书》,谓:"大集古文谨读一过,视昔年仅见零简断幅者,尤为卓绝!大抵节节顿挫,不矜奇辞奥句,而字字若履危石而下,落纸乃迟重绝伦;其中闲适之文,清旷自怡,萧然物外,如《说钓》、《杂说》、《程日新传》、《屠禹甸序》之类,若翱翔于云表,俯视而有至乐!国藩尝好读陶公及韦、白、苏、陆闲适之诗,观其博揽物态,逸趣横生,栩栩焉神愉而体轻,令人欲弃百事而从之游;而惜古文家少此恬适之一种。独柳子厚山水记,破空而游,并物我而纳诸大适之域,非他家所可及!今乃于尊集数数邁之;故编中虽兼众长,而仆视此等尤高也。"今观其文,体洁而气舒,志和而音雅,而亦不能无为闲情眇状,摇曳其声以取姿媚,如《杂说》一首,气感而鸣不息起句。《李公盖诗序》、《欧阳功甫遗集序》、《毛西垣诗序》、《与熊秋佩书》、《序意赠西垣》、《何恧庵外兄寿诗序》、《屠禹甸夫妻八十寿序》、《业师两先生传》、《郭依永传》、《郡中三诗人传》、《南屏山斋记》诸篇,皆是也;其体实出归有光,而于姚鼐为同调;乃多自谓能与欧阳永叔同风,以得太史公之逸,多见其不知量也!时亦润泽以《楚骚》之馨逸,而能节止淫滥,不如曾国藩之闻见杂博,喜自姿肆。国藩理侈而辞溢;敏树则文洁而体清。姚鼐响逸而味永;敏树则趣昭而事博。别有《桦湖诗录》,惜未之见;而就选家所录,则为黄山谷体,造语瘦硬,而其气震荡,其味醇深,则与曾国藩为同调,而亦衍姚鼐之一脉者也!采录可诵,写目如左。

论说类　舜避南河论上中下　文敝　行军私议　杂说一首气感而鸣不息起句

序跋类　李公盖诗序　欧阳功甫遗集序　毛西垣诗序　苍莨集诗序　阳湖赵氏先世图序　赵悔庐先生岱顶看云图序　仙亭倚醉图序　自书金革无避论后　记钞本震川文后　刘霞仙中丞游君山诗序

书牍类　与欧阳篆岑书　与篆岑论文派书　与杨性农书　再与性农书　又与性农　上曾侍郎书　己未上曾侍郎　与梅伯言先生书　与熊秋佩书　答李香洲书　与王云湖书

赠序类　送六弟退庵往游军中序　序意赠西垣　述别赠赵惠甫黎莼斋吴挚甫　为守斋五叔父暨张叔母五旬双庆之序　何

憙庵外兄寿诗序　孙田庵六十寿序　屠禹甸夫妻八十寿序　方君山寿序

传状类　业师两先生传　方稼轩传　孙劭吾先生家传　黄特轩传　太常徐先生传　郭依永传　郡中三诗人传　书谢御史　亡弟云松事状

碑志类　屈子庙碑　新墙洞庭神庙碑　万石冈阡碑　秦石畲先生墓表　福建候补通判何君墓表　翰林院侍读孙君墓表　从叔守斋府君墓表　毛西垣墓志铭　欧阳功甫墓志铭　先妣氏墓道述

杂记类　南屏山斋记　移兰记　听雨楼记　北庄记　樊圃记　游大云山记　宽乐庐记　新修吕仙亭记　君山月夜泛舟记　定香室记　半芳斋记　恬园游记

辞赋类　释讥　励志赋

哀祭类　罗懒农哀辞　梦二友辞　祭毛西垣文　祭姊氏文

右文七十二篇。观其所以自叙述，谓："少读书，喜文事，弱冠忽若有悟文章之为者，读《易》、《书》、《诗》，皆以文读之。"见《记钞本震川文后记尾》。"读《孟子》本文，及见孟子之书，实所自著，与《论语》集自门人者不同；而章间皆有孟子曰字，殆不宜尔；意其为传书者分章所加；因试置去，别写读之，则见其文意本相连属。"见《孟子考义发序》。"自是落笔为时文辄高异；而古文之道，且跃然胸中矣！时文独高明之震川归氏及本朝方舟百川以为超绝，真得古人文章之意。间从塾童《古文观止》选本，见归氏文数篇，心独异之！思窥全稿，而湖南书肆无之；及托书贾购之吴门，而掇录其可喜者，以意评骘，且叙论焉。"见《记钞本震川文后记尾》。"携之京师，江南梅郎中曾亮既见其书，为言：归氏之学，自桐城方灵皋氏后，姚姬传氏得之。曾亮盖亲受学于姚氏,而为文之道各异。"见《记钞本震川文后》。"因钞取梅氏文数篇以归案头,用洁纸正书之;即见其多不足者。"见《桲湖文录序》。"而见时学古文者,必趋梅先生以求归方之所传,心窃隘薄,以为文必古于词,则自我求之古人而已;奚近时宗派之云!"见《梅伯言先生诔辞》。"乃日书韩文碑志,细注而读之;钞孟书,评《史记》,文且至矣!"见《桲湖文录序》。"乃叹近时为古文以仿归氏,故喜为闲情眇状,摇曳其声,以为归氏学《史》之遗,而文章始衰矣!是以有《史记别钞》之选,欲正之也!韩子云:'无定体,惟其是而已。'又曰:'辞不备,不可以成文。'又曰:'惟陈言之务去,戛戛乎其难哉!'后百余年,宋有欧阳子,宗韩子,而风神独妙,又非韩之所有!余以身居野逸,为文不免类欧,且喜且惭!归氏特与我同此性质耳,焉可为天下倡乎!欧有旧本韩文,珍之如异宝,而为文辄不类之,真豪杰矣!是可师也。"见《记钞木震川文后记尾》。

其论桐城文派曰:"文章艺术之有流派,此风气大略之云尔;其间实不必皆相师,或甚有不同;而往往自无能之人,假是名以私立门户,震动流俗;反为世所诟厉,而以病其所宗主之人。如江西诗派,始称山谷、后山;而为之图,列号传嗣者,则吕居仁;居仁,非山谷、后山之比也!今之所称桐城文派者,始自乾隆间,姚郎中姬传称私淑于其乡先辈望溪方先生之门人刘海峰;又以望溪接续明人归震川;而为《古文辞类纂》一书,直以归、方续八家,刘氏嗣之,其意盖以古今文章之传系之己也。然姚氏特吕居仁之比尔;刘氏更无所置之;其文之深浅美恶,人自知之,不可以口舌争也!归氏之文,高者在神境,而稍病虚,声几欲下。望溪之文,厚于理,深于法,而或未工于言。然此二家者,皆断然为一代之文,而莫能尚焉者也!其所以能尔者，皆自其心得之于古，可以发人，而非发于人者！自来古文之家，必皆得力于古书；盖文体坏而后古文兴。唐之韩、柳，承八代之衰而挽之于古，始有此名。柳不师韩而与之并起。宋以后，则皆以韩为大宗；而其为文所以自成就者，亦非直取之韩也。韩尚不可为派，况后人乎！乌有建一先生之言以为门户涂辙，而可自达于古人者哉！"

其论为诗必本言志曰："古今作诗之旨，实尽于虞廷言志之一语；而自建安以下人，始以诗名家；至唐而其体大备。宋人遂颇轶出声律。元明渐返其流。我朝分驰唐宋，各为派别。余谓可一切无论也；要其为诗之善者，能自言其志而已！人之有其身于天地之间，其所遭值于家国各有分地，不与今世他人相同；亦竟无与古人尽合者；乃至耳目之所感触，山川草木，春秋岁序，居处行旅之所更历，皆一人自为一人之事，不可以相假代。而今之为诗者，率为众人通同之言；鲜有能于己事深切而著明之者，是以虽力为新异而终归臭腐也。若能各诗其所应有之诗，则无问所模仿体格何代，所依用声调何人；要之为其一人之诗也。抑唐人承汉、魏、六朝之后，为诗虽备诸体，尚皆尊重古之五言；诸家之集，此体为多；而以开露性情，包括人事，亦莫如此体为宜！古人中如曹子建、阮嗣宗、陶渊明，可谓善言其志者；而康乐、宣城、二谢山水，清真之趣，邈焉可怀！"见《十月复至君山归与退庵》。

其论为诗必谨造句曰："古人为诗，尤喜论句；以杜陵之圣而自道其为诗之力，则曰：'为人性僻耽佳句，语不惊人死不休。'其称李白曰：'李侯有佳句，往往似阴铿。'及以清新俊逸，比之庾鲍，皆句之云也。今之词人，动喜狂放，句之不图，而务崇其体，使人望之，庞然廓然；及取而读之，终篇而未有得焉，终卷而未有得焉，岂其诗之固难知耶？何其与古人为诗之道相谬也！得非竞于名而眩于实者耶！，欲以才贸于人而务张之者耶！宜吾之所疑而不敢与也！"见《毛西垣书》。

其自序所为诗曰："由甘入苦，出苦得甘；如是有年。章句甫脱，若意得；然书且诵之，有易者；又屡写之数日乃已，及其定也，如其意也，而非其初草矣；如是有年。"见《样湖诗录序》。可以想见其境诣焉。

移芝室诗古文合编　内诗四卷　古文附家传一卷

武陵杨彝珍字性农撰。在清道咸间，湘楚以南，以诗古文有名而不囿于桐城家言者，惟彝珍与吴敏树。彝珍，道光三十年进士，散馆授主事，走诣侍郎曾国藩，欲告归。国藩留之曰："子遂无意于斯世乎？"彝珍曰："吾居涧谷崎岖之间，因高下累岩石作堑，四阻以为固。环村居民数十家，多悍少，习勇技，与言战斗，辄攘臂起；吾归部署其众为守御，无事俾各散处力田作。以视浮沉郎署，无涓埃之补于国者何如也！"其在京师，尝奉手梅曾亮；而自以意为诗古文，不尽用其法。又与吴敏树齐名，而古文蹊径亦不同。敏树澹逸近欧归，彝珍刻炼敩韩柳；大抵下笔紧健出韩，而无其雄大；造语雕饰似柳，而逊其警秀；转不如吴敏树之载其清静，怡然有以自得。至于诗则自组丽雕饰中来，而造于古淡，自然高绮，突过其文；大抵得陶之意兴，杜之体气，苏之波澜；而五言古出入陶谢，尤臻超艳。诗文皆自序，而诗则有监利王柏心序，及吾邑薛福成跋。采录可诵，写目如左。

诗类　咏怀三首　春晓泛南川　舟中寄家人　登严子陵钓台　桐庐舟中　偕何子毅由韬光陟北高峰望海归宿僧房作　庚子九月十八日夜下作　古诗　山居杂诗六首　杂诗二首　冬日　群儿　辰州道中纪事　寄朱伯韩侍御　乙巳岁暮感事　四责诗犬猫豕鸡　宿山家　感事一首仍次前韵　移居三首　自丁未夏孟与独山莫子偲孝廉遇于澧城一面即别已逾五载今春忽蒙枉集见示开帙急读譬如闻韶几有不图之叹爱而不置难已于言因奉简一首即次集中赠黄虎痴教谕诗韵　癸丑夏日用渊明拟古九首诗韵寄王子寿比部　贼退示邻里六首　观园叟艺蔬和渊明始春怀古田舍韵二首　酬薛晓驷大令见赠之作　抚屏顾余山中用前韵示之　感事用前韵　海门前辈以晨灯酬唱集见示即次其韵奉赠以上五言古　送余小颇出守雅州兼简姚石甫年丈　六月于役辰州欲游桃源洞不果　泽国叹六首　鄂城哀　寄郑子尹广文即次其集中窀字诗韵　仍用前韵简莫子偲黔中　予夙不喜金石顷读郑子尹取卢丰碑石歌颇有欣然之意适刘子重广以所拓河间献王君子馆八砖墨本索题因为长歌兼以志感以上七言古　赠傅青余孝廉健儿二首　乌雅兵以上杂言古　道中　晓征　孝感道中以上五言律　客舍除夕以上七言律　北归以上五言长律

论说类　正师　治生

赠序类　赠族子序　送林少穆制府引疾还里序　送张东墅观察守永顺序

传状类　诰授振威将军湖南提督喀屯巴图鲁予谥忠武塔公行状　太宜人行略　先伯兄仲兄事略　先从兄海樵传　亡室周孺人事略　继室金安人事略

碑志类　蝙蝠岭墓表　女兰圹志铭
杂记类　移芝室记　重至湘上园记　柚村记　求阙斋钱别
　　　记　河洑榷署记　书事五则　瑞芝室记
哀祭类　祭贺侍御文
　　右诗七十五首文二十一篇。